utb 4420

Eine Arbeitsgemeinschaft der Verlage

Böhlau Verlag · Wien · Köln · Weimar
Verlag Barbara Budrich · Opladen · Toronto
facultas · Wien
Wilhelm Fink · Paderborn
A. Francke Verlag · Tübingen
Haupt Verlag · Bern
Verlag Julius Klinkhardt · Bad Heilbrunn
Mohr Siebeck · Tübingen
Nomos Verlagsgesellschaft · Baden-Baden
Ernst Reinhardt Verlag · München · Basel
Ferdinand Schöningh · Paderborn
Eugen Ulmer Verlag · Stuttgart
UVK Verlagsgesellschaft · Konstanz, mit UVK/Lucius · München
Vandenhoeck & Ruprecht · Göttingen · Bristol
Waxmann · Münster · New York

Lydia Prexl

Mit digitalen Quellen arbeiten

Richtig zitieren aus Datenbanken, E-Books, *YouTube* & Co.

2., aktualisierte und erweiterte Auflage

Ferdinand Schöningh

Die Autorin:
Lydia Prexl, geboren 1985 in Heidelberg, studierte Diplom-Anglistik mit wirtschaftswissenschaftlicher Qualifikation an der Universität Mannheim. Im Anschluss absolvierte sie ein einjähriges Presse- und Redaktionsvolontariat bei der Landesbank Baden-Württemberg in Stuttgart, bevor sie im Fach Amerikanische Literaturwissenschaft an der Universität Mannheim promovierte. Derzeit arbeitet Lydia Prexl als Schreibberaterin an der Universität Mannheim sowie freiberuflich als Trainerin und Journalistin.

Umschlagabbildung: © bloomua, Fotolia #55657702

Online-Angebote oder elektronische Ausgaben sind erhältlich unter
www.utb-shop.de

Bibliografische Information der Deutschen Nationalbibliothek

Die Deutsche Nationalbibliothek verzeichnet diese Publikation in der Deutschen Nationalbibliografie; detaillierte bibliografische Daten sind im Internet über http://dnb.d-nb.de abrufbar.

2., aktualisierte und erweiterte Auflage 2016

(Verlag Ferdinand Schöningh GmbH & Co. KG, Jühenplatz 1,
D-33098 Paderborn)

Internet: www.schoeningh.de

Printed in Germany.
Herstellung: Ferdinand Schöningh, Paderborn
Einbandgestaltung: Atelier Reichert, Stuttgart

UTB-Band-Nr: 4420
ISBN 978-3-8252-4702-7

Inhalt

Vorwort zur 2. Auflage

Vor zwei Jahren spielte ich zum ersten Mal mit dem Gedanken, die vielen Fragen der Studierenden zum Zitieren von elektronischen Quellen in einem kleinen Büchlein festzuhalten. Damals hätte ich nie vermutet, dass dieses Büchlein auf so rege Resonanz stoßen würde. Doch je mehr ich mich in die vorhandene Literatur einlas und recherchierte, umso schneller merkte ich, wie groß die Unsicherheit beim korrekten Umgang mit diesen elektronischen Quellen war. Aus dem Büchlein wurde rasch ein Buch und ich freue mich sehr, dass sich die zweite Auflage noch umfassender der Thematik widmet. So habe ich ein Kapitel zur Wissensorganisation und mehrere Übungen ergänzt, gehe stärker auf Plagiate und weitere Grauzonen des Zitierens ein und habe weitere Sonderfälle wie das Zitieren von Werbung oder von amtlichen Dokumenten mit aufgenommen. Zahlreiche Grafiken sollen die Leserfreundlichkeit erhöhen und fassen die Kernaussagen visuell zusammen. Neu sind auch die Infokästen, in denen ich Fragen aus Sprechstunden aufgreife und zu beantworten versuche. Allerdings – und dies gilt für weite Teile dieses Buches – handelt es sich dabei oft (noch) nicht um einen breiten Konsens, sondern um meine ganz persönlichen (und daher vollkommen subjektiven) Empfehlungen und Einschätzungen. Aus diesem Grund appelliere ich an alle Leserinnen und Leser dieses Buches: Seien Sie kritisch und machen Sie sich selbst ein Bild. Sie sind die Autoren Ihrer Texte und Sie entscheiden, welche Tipps und Argumente Sie überzeugend finden und welche nicht.

Leider bleibt auch die vorliegende zweite Auflage unvollständig – zu breit und vielfältig sind die Quellen, die der Wissenschaft dank der technischen Errungenschaften des Internets heutzutage zur Verfügung stehen. Insofern bin ich für weitere Ideen, Ergänzungen und Kommentare dankbar und bin gespannt auf Ihre kritischen Rückfragen.

Herzlich
Lydia Prexl (im April 2016)

Ein paar Worte vorab: Worum es in diesem Buch geht

Forschung ist ohne geschriebene Texte nicht denkbar (Kruse/ Jacobs 1999: 20). Die Fähigkeit, wissenschaftliche Erkenntnisse zu verschriftlichen und dadurch einem breiteren Publikum zugänglich zu machen, ist daher eine wesentliche akademische Schlüsselkompetenz. Mit Ihrer Seminar- oder Bachelorarbeit sollen Sie unter Beweis stellen, dass Sie diese Kompetenz besitzen.

Wissenschaftliches Schreiben ist dabei ein komplexer Prozess, der sehr viel Übung erfordert. Sie müssen zeigen, dass Sie sich Fachwissen aneignen und auf eine bestimmte Fragestellung hin auswerten können, dass Sie sich kritisch mit Theorien, Modellen und Standpunkten Ihres Fachgebiets bzw. Ihres Themas auseinandersetzen und Ihre Ergebnisse strukturiert und leserorientiert aufbereiten können.

Insofern setzt Schreibkompetenz neben inhaltlichem Wissen auch sprachliches und rhetorisches Wissen voraus. Nur wer Texte als kommunikative Ereignisse mit Absender und Adressat versteht, kann sich in die Fach- und Diskursgemeinschaft einbringen. Für Kruse und Jakobs geht Schreibkompetenz aus diesem Grund über das „Verfassen von Texten mit korrekter Grammatik und Rechtschreibung" hinaus und bezieht sich auf die Fähigkeit, den kompletten Schreibprozess derart bewusst zu steuern und zu reflektieren, dass ein „sach-, genre- und adressatenangemessene[r]" Text entsteht (Kruse/ Jakobs 1999: 23).

Wer schreibt, findet sich unweigerlich mit Problemen des Fachs konfrontiert und ist gezwungen, Position zu beziehen und kritisch nachzudenken. „Benutze ich den richtigen Begriff?", „Ist meine Argumentation hier schlüssig?", „Stimmt mein Gedanke mit der Theorie überein?" – das sind nur einige von vielen Fragen, denen Sie beim Verfassen wissenschaftlicher Arbeiten begegnen. Darüber hinaus ist Schreiben explizit intertextuell und interdisziplinär ausgelegt und verlangt neben einer Kontextualisierung innerhalb des Fachs und über Fachgrenzen hinaus auch die Offenlegung der Quellen[1] (Kruse 2007: 7).

Speziell beim Verfassen wissenschaftlicher Texte müssen Sie also folgende fünf Dimensionen beherrschen (Kruse/Jakobs 1999: 23f.):

- Textsortenwissen
- sprachliches Geschick, gutes Ausdrucksvermögen
- Rhetorikkenntnisse
- Fähigkeit zur Herstellung von Text-Text-Bezügen
- Lese- und Rezeptionskompetenz

Diesen fünf Dimensionen gerecht zu werden, ist selbst für renommierte Wissenschaftler[2] nicht immer leicht. Dieses Buch wurde konzipiert, um Ihnen einen guten Start in Ihr Schreibprojekt zu ermöglichen.

Es konzentriert sich dabei auf die Frage, wie Sie geeignete Quellen finden und bewerten und das von anderen Autoren übernommene Wissen korrekt kennzeichnen. Denn wissenschaftliche Texte müssen das Kriterium der Nachvollziehbarkeit erfüllen und intersubjektiv überprüfbar sein. Für Sie bedeutet das, dass Sie alle verwendeten Quellen sorgfältig

---

1 Anmerkung zum Begriff der Quelle: In der Geschichtswissenschaft versteht man unter einer Quelle eine mündliche, schriftliche oder auch gegenständliche Überlieferung aus früherer Zeit. Quelle suchen Im vorliegenden Buch umfasst der Begriff hingegen nicht nur historische Quellen, sondern auch selbständig erhobene Daten, wissenschaftliche Berechnungen und Statistiken, schriftliche Publikationen jeder Art sowie andere mediale Veröffentlichungen wie etwa Videos oder Bildmaterial.

2 Im Folgenden wird aus Gründen der Lesbarkeit immer die maskuline Form verwendet. Selbstverständlich sind Wissenschaftlerinnen, Dozentinnen, Betreuerinnen und Studentinnen gleichermaßen angesprochen wie ihre männlichen Kollegen.

dokumentieren und Hypothesen und Behauptungen belegen müssen.

Das Buch gliedert sich in drei Teile:

- Der erste Teil widmet sich der Frage, wie Sie Informationen finden, selektieren und mithilfe geeigneter Lesestrategien für die Weiterverwendung in Ihrer eigenen Arbeit aufbereiten.
- Der zweite Teil führt in die Grundlagen des Zitierens ein und erläutert mögliche Fallstricke.
- Der dritte Teil schließlich geht auf die Besonderheiten elektronischer Quellen ein und gibt konkrete Zitationsempfehlungen für Quellen, die Sie digital abrufen. In diesem Sinne ist der letzte Teil auch als Nachschlagewerk zu verstehen.

Sie können das Buch dabei von vorne bis hinten durcharbeiten, dann haben Sie nach circa vier Stunden Lesezeit einen guten Überblick rund ums Thema Zitieren und den Umgang mit Quellen. Sie können auch einzelne Kapitel und Abschnitte lesen, die Sie gerade besonders interessieren oder die für Ihr gegenwärtiges Schreibprojekt besonders wichtig sind. Damit Sie einzelne Kapitel losgelöst vom Gesamtwerk verstehen, lassen sich manche Wiederholungen aus didaktischen Gründen nicht vermeiden. Ich bitte dies zu entschuldigen. Für eilige Leser gibt es zudem Leitfragen und Kurzzusammenfassungen für eine rasche Orientierung.

Vielleicht fragen Sie sich, inwiefern Sie überhaupt auf digitale Quellen zugreifen sollten. Oder umgekehrt: Vielleicht sind digitale Quellen für Sie zur Selbstverständlichkeit geworden und Sie wundern sich, weshalb sich die Mühe überhaupt lohnt, darüber ein Buch zu schreiben? Beide Standpunkte haben ihre Berechtigung. Denn die meisten Ratgeber zum Zitieren sind zu einer Zeit geschrieben worden, als gedruckte Literatur die Grundlage für wissenschaftliche Forschung bildete. Mittlerweile gehören jedoch auch Social Media- und Blogeinträge, *YouTube*-Videos, Online-Datenbanken und andere elektronische Quellen zum wissenschaftlichen Alltag dazu. Obwohl immer mehr wissenschaftliche Beiträge ausschließlich oder zumindest zusätzlich im Internet veröffentlicht werden, finden sich in Ratgebern kaum verbindliche Vorgaben zum Umgang mit solchen Publikationen.

Der digitale Wandel bringt zudem mit sich, dass die Qualität dieser Veröffentlichungen mitunter schwer zu bewerten ist, da jeder unkompliziert und kostenlos im Netz publizieren kann. Studierende sind daher oft unsicher, ob sie solche Quellen verwenden dürfen und falls ja, wie diese zu zitieren sind.

Dieses Buch bietet konkrete Zitationsempfehlungen aus der Schreibberatung, in die zahlreiche Fragen der Studierenden ebenso eingeflossen sind wie eigene Recherchen. Es orientiert sich dabei am Harvard-Stil, und zwar aus einem ganz pragmatischen Grund: Obwohl dieser Zitationsstil sehr verbreitet ist, gibt es bislang kaum verbindliche deutschsprachige Literatur zum Umgang mit elektronischen Ressourcen. Dies ist bei den beiden wichtigsten Konkurrenzstilen, dem APA-Stil und dem MLA-Stil, anders. Wer hier zitiert, findet umfassende Handreichungen von den jeweiligen Organisationen sowie zahlreiche deutsche Leitfäden.

Nicht alle Empfehlungen sind dabei für jede Arbeit gleichermaßen relevant oder zielführend. Manchmal kann es sogar erforderlich sein, dass Sie sich von den Vorschlägen distanzieren. Bedenken Sie daher bitte, dass es sich hier nicht um eine in Stein gemeißelte Wahrheit, sondern um eine Orientierungshilfe handelt, die auf jahrelanger Schreiberfahrung beruht. Sie sollte daher auch als solche verstanden werden: als Orientierung, nicht als Doktrin. Möge sie Ihnen in diesem Sinne viel Erfolg bei Ihrer Arbeit bescheren.

Wenn Sie dieses Buch gelesen haben, sollten Sie ...

- verschiedene Arten der Literatur kennen und Informationen gezielt suchen können
- imstande sein, die Wissenschaftlichkeit einer Quelle zu beurteilen
- wissen, wie Sie Lesetechniken und Lesestrategien passend zu Ihren Bedürfnissen auswählen und umsetzen
- Texte gezielter lesen und exzerpieren können
- die Sinnhaftigkeit und Notwendigkeit des Zitierens erkannt haben und wissen, worauf es beim Zitieren ankommt
- unterschiedliche Zitationssysteme kennen
- in der Lage sein, den Harvard-Stil anzuwenden und ein Literaturverzeichnis zu erstellen
- wissen, wie Sie Plagiate vermeiden
- im Zitieren von elektronischen Quellen sicherer sein

1 Literatur finden und bearbeiten

Quellen suchen und gezielt auswerten zu können, gehört zu den Grundkompetenzen im Studium. Wer nach Literatur sucht, wird oft von einer unübersichtlichen Fülle an Treffern erschlagen – oder das Gegenteil ist der Fall und er findet kaum wissenschaftliche Quellen. Die Selektion und Einordnung der Quellen ist komplex und setzt ein fundiertes Lese- und Rezeptionsverständnis voraus. Denn in der Regel ist es wenig zielführend, einen Text von vorne bis hinten durchzulesen und anschließend zum nächsten Text überzugehen. In diesem Teil erfahren Sie, worauf Sie bei der Suche nach Quellen achten sollten und wie Sie Ihren Leseprozess optimieren können. Außerdem lernen Sie die Methode des Exzerpierens kennen und verstehen, worauf es bei der Gattung der Literaturübersicht ankommt.

Fragen, auf die Sie eine Antwort bekommen

- Welche Arten von Literatur gibt es?
- Wie finde ich Literatur? Welche Suchstrategien bieten sich an?
- Welche Quellen darf ich benutzen? Wie beurteile ich die Wissenschaftlichkeit einer Quelle?
- Wie kann ich Texte effektiv und effizient lesen und auswerten? Wie organisiere ich den Leseprozess?
- Was sind Lesestrategien und Leseziele und warum sind sie wichtig?
- Wie behalte ich den Überblick über viel Literatur?
- Wie gehe ich bei sehr schwierigen Texten vor?
- Wann und wie verfasse ich ein Exzerpt?
- Was ist eine Literaturübersicht und worauf ist beim Schreiben einer Literaturübersicht zu achten?

1.1 Grundsätzliches zur Informationssuche und -bewertung

Wesentliches Merkmal eines wissenschaftlichen Textes ist, dass er sich auf andere wissenschaftliche Beiträge bezieht. Wenn Sie empirisch arbeiten, beruht ein Großteil Ihrer Forschung auf selbständig erhobenen Daten wie beispielsweise Umfragen, qualitativen Experteninterviews oder Experimenten. Neben diesen empirischen Informationen benötigen Sie jedoch immer auch ein Fundament, mit dessen Hilfe Sie Ihre Methoden verankern und Ihre Hypothesen ableiten. Insofern versteht es sich von selbst, dass Sie relevante Fachliteratur heranziehen und auswerten, um Ihre Forschungsfrage zu beantworten.

Eine umfassende Literaturrecherche zu Ihrem Thema ist daher unumgänglich. Gleichzeitig ist es unmöglich (und auch nicht sinnvoll), alle Texte zu einem bestimmten Thema lesen zu wollen. Nicht alle Informationen sind relevant und nicht alle Texte zitierfähig. Um die Suche effizient zu gestalten, ist es sinnvoll, in verschiedenen Arten von wissenschaftlicher Literatur zu suchen und spezielle Suchstrategien zu nutzen.

1.2 Arten von Literatur

Für Ihre Recherche stehen Ihnen ganz unterschiedliche Publikationen zur Verfügung. Allerdings ist nicht jede Informationsquelle gleichermaßen für Ihre Arbeit geeignet. Allgemeine oder spezielle Lehrbücher unterstützen Sie beispielsweise dabei, einen breiten Überblick über das generelle Themengebiet zu erhalten und Ihr Thema einzuordnen. In Fachzeitschriften hingegen finden Sie meist deutlich spezifischere Forschungsergebnisse zu stark eingegrenzten Aspekten auf hohem Ni-

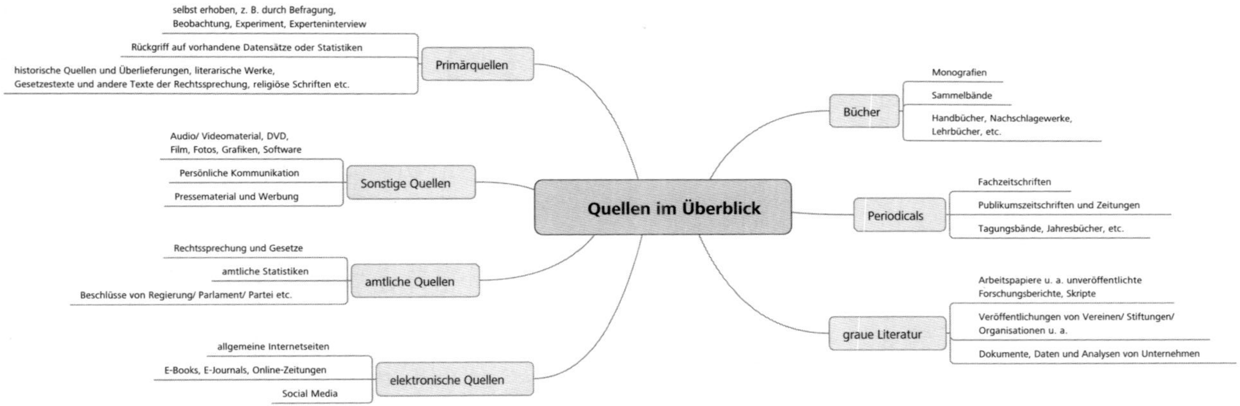

Abb. 1: Übersicht über mögliche Quellen

veau. Dissertationen bieten meist ein sehr fundiertes und tiefes Wissen über ein enges Thema und dienen gut als Anhaltspunkt für weitere Literaturrecherchen. Branchenbezogene Zeitschriften sowie fachfremde Tages- und Wochenzeitungen liefern aktuelle Bezüge zum Weltgeschehen, neue Wirtschaftszahlen oder Hinweise auf Umfrageergebnisse oder Entwicklungen und bieten sich etwa an, um die Relevanz oder den Praxisbezug Ihres Themas zu illustrieren. Auch das Internet kann eine wertvolle Quelle sein, um Fallstudien, Arbeitspapiere oder Daten zu erhalten, wobei die Qualität der Aussagen mit Vorsicht zu genießen ist. Abbildung 1 gibt einen Überblick über mögliche Quellen.

Bücher lassen sich grob vereinfacht in Monografien, Lehrbücher, Handbücher und Herausgeberbände bzw. Sammelbände einteilen. Monografien sind Einzelschriften und widmen sich umfassend einem Thema, einem Sachverhalt oder einer Persönlichkeit, und zwar mit einem holistischen Anspruch. Sie können von einem oder von mehreren Autoren verfasst sein. Die Grenze der Monografie zu einem Lehrbuch sowie zu einem Handbuch ist dabei fließend: Ein Lehrbuch richtet sich eher an Schüler und Studenten, eine Monografie eher an (Fach-)Kollegen. Allerdings kann auch eine Monografie durchaus ein Lehrbuch sein, wenn sie Inhalte umfassend und von mehreren Standpunkten aus aufbereitet. Ein Handbuch ist im Gegensatz zur Monografie meist breiter angelegt und häufig von mehreren Autoren geschrieben. Beispielsweise würde sich ein Handbuch mit den Epochen der Kunstgeschichte zwischen 1500 und 1900 befassen und eine Monografie eher eine bestimmte künstlerische Strömung oder einen einzelnen Künstler aus dieser Zeit aufgreifen. Ein Herausgeber- oder Sammelband hingegen fasst einzelne Texte unterschiedlicher Autoren zu einem bestimmten Thema zusammen. Es wird von einem Herausgeber publiziert, der (meist im Einleitungskapitel) zu den Einzelbeiträgen hinleitet und Gemeinsamkeiten und Unterschiede herausstellt. Oft sind die Einzelbeiträge nur lose miteinander verbunden. Insofern kann ein Handbuch nicht nur als Monografie, sondern auch als Sammelband erscheinen.

Periodika sind regelmäßig erscheinende Werke. Hier sind insbesondere die Fachzeitschriften als wichtigste Literaturquelle für Ihre Arbeit zu nennen. Zudem gibt es Magazine und Zeitungen, die jedoch nicht als wissenschaftliche Publikationen gelten und daher nur in beschränktem Maße Eingang in Ihre Arbeit finden sollten. Ebenfalls von untergeordneter Relevanz sind Jahrbücher und Tagungsberichte, die meist im Nachgang zu einer wissenschaftlichen Konferenz herausgegeben werden und die dort gehaltenen Vorträge zusammenfassen.

Forschungsberichte oder **Working papers** zählen zur sogenannten ‚grauen Literatur' und sind daher nicht so einfach zu beschaffen. Mittlerweile bieten die meisten Universitätsbibliotheken jedoch die Möglichkeit, zumindest Veröffentlichungen von universitätseigenen Mitarbeitern und Professoren (meist im Volltext) einzusehen. Veröffentlichungen anderer Universitäten können Sie über die OPUS-Metasuche recherchieren (einfach bei Google eingeben oder folgende Adresse eingeben: elib.uni-stuttgart.de/opus/gemeinsame-suche.php). Bei Veröffentlichungen von nicht-wissenschaftlichen Institutionen, z. B. von kommerziellen Marktforschungsinstituten oder Unternehmensberatungen, ist im Einzelfall zu prüfen, ob die Informationen zitierwürdig sind, also wissenschaftlichen Qualitätsstandards entsprechen (siehe Abschnitt 1.4).

Gesetzestexte, **Statistiken** sowie **Mikro- und Makrodaten** sind über entsprechende Datenbanken zugänglich. So stellt das Bundesministerium der Justiz und für Verbraucherschutz in einem gemeinsamen Projekt mit der juris GmbH nahezu alle Gesetze und Rechtsverordnungen auf Bundesebene im Internet (abrufbar unter http://www.gesetze-im-internet-de) bereit. Auf europäischer Ebene können Sie über EUR-Lex ebenfalls sämtliche Verordnungen, Richtlinien, Beschlüsse und andere öffentliche EU-Dokumente einsehen. Vergleichbare Dienste finden Sie ebenfalls auf Ebene der Bundesländer. Auf geeignetes Zahlen- und Datenmaterial können Sie auf verschiedenen Wegen zugreifen. Öffentliche Anbieter wie das Statistische Bundesamt, Eurostat, die Weltbank oder die OECD stellen aggregierte Forschungsdaten auf Makroebene in der Regel kostenlos und direkt über das Internet zur Verfügung. Sensible Daten auf Mikroebene sind aus Datenschutzgründen hingegen oft nicht ohne Weiteres zu erhalten. Hier gibt es jedoch möglicherweise einen Zugang über Ihre Bibliothek oder den jeweiligen Lehrstuhl. Über die Bibliothek erhalten Sie in der Regel auch eine valide Auskunft darüber, inwieweit Verträge mit kommerziellen Datenanbietern bestehen. Eine hervorragende Übersicht über Zugangswege zu Datenmaterial bietet die Publikation „Auffinden, Zitieren, Dokumentieren: Forschungsdaten in den Sozial- und Wirtschaftswissenschaften", welche vom Leibniz-Informationszentrum Wirtschaft (ZBW) in Kooperation mit dem Leibniz-Institut für Sozialwissenschaften (GESIS) und dem Rat für Sozial- und Wirtschaftsdaten (RatSWD) herausgegeben wird. Sie können das Dokument (unter dem Link http://auffinden-zitieren-dokumentieren.de) kostenlos im Internet einsehen und herunterladen.

Bei **sonstigen Quellen** wie **Jahresberichten** von Unternehmen, **Marketingbroschüren** oder **allgemeinen Internetseiten** ist grundsätzlich Vorsicht geboten. Sie sollten nur beschränkt als Quellen herangezogen werden und im Zweifelsfall um weitere Belege aus Büchern und Periodika ergänzt werden. Auch **Vorlesungsskripte** oder -folien eignen sich ebenso wenig als Quelle für wissenschaftliche Arbeiten wie **Mitschriften** oder **Seminarprotokolle**. Bei solchen Dokumenten handelt es sich um Gebrauchstexte und nicht um eigenständige Publikationen. Sie können die Informationen gerne als Anregung für Ihre Recherche nutzen, doch nur in Ausnahmefällen zitieren. Auch Schriften von Verbänden und Ministerien, Flugblätter oder Audio-, Video- und Bildmaterial zählt zu den sonstigen Quellen.

Von obigen Literaturarten zu unterscheiden sind Ihre **Primärtexte**, also Texte, die den Gegenstand Ihrer Untersuchung bilden. Hier sind die Freiheiten sehr groß, denn im Prinzip kann alles von wissenschaftlichem Interesse sein – sei es nun die Sprache in Marketingbroschüren oder *Twitter*-Einträgen, die politische Aussagekraft von Karikaturen und Comics oder christliche Werte in Kinder- und Jugendliteratur. Auch die Webseiten von *Xing* oder *Facebook* können zu wichtigen Informationsquellen werden – vorausgesetzt, Sie schreiben eine Arbeit über soziale Netzwerke.

Aufgepasst Übersetzungen: Wenn immer es Ihnen möglich ist, lesen Sie die Quellen im Original und nicht in einer Übersetzung. Dies gilt insbesondere für Ihre Primärquellen: Wenn Sie sich beispielsweise mit Voltaires Kritik am Optimismusbegriff befassen, so versteht es sich von selbst, dass Sie die Schriften von Voltaire auf Französisch lesen müssen. Und wenn Sie über die Medienzensur in der Türkei schreiben wollen, so sollten Sie auch türkische Quellen auswerten können. Eco sieht die Verwendung von Übersetzungen besonders kritisch, wenn er schreibt: „*Eine Übersetzung ist keine Quelle*: sie ist eine Prothese wie das künstliche Gebiß oder die Brille, ein Hilfsmittel, um in beschränktem Umfang etwas zu erreichen, was einem sonst nicht zugänglich wäre." [Hervorhebung im Original] (Eco 2015: 70) Greifen Sie daher bei Ihrem Forschungsgegenstand nur in Ausnahmen auf übersetzte Texte zurück, da Sie sonst immer Gefahr laufen, mit verzerrten, verkürzten oder fehlerhaften Versionen zu arbeiten.

Die folgende Tabelle gibt eine vereinfachte Übersicht über die verschiedenen Literaturarten und ihre möglichen Funktionen.

Abb. 2: Unterschiedliche Merkmale und Einsatzmöglichkeiten von gedruckten Quellen

Art der Quelle	**Typische Eigenschaft(en)**	**Verwendungsmöglichkeit**
Lehrbücher	Breiter Überblick über ein Themengebiet, Fokus liegt in der Regel auf Grundlagen, Inhalte verhältnismäßig alt	Thema einordnen, Einstieg in die Literaturrecherche
Monografien zu einem bestimmten Thema	Je nach Thema sehr breit oder sehr speziell, Qualität variiert erheblich, in den Geisteswissenschaften oftmals Dissertationen oder Habilitationen; teilweise jedoch auch von Laien geschriebene pseudo-wissenschaftliche Abhandlungen	Je nach Qualität geeignet für einen allgemeinen Zugang zum Thema bis hin zur Bereitstellung von spezifischem Wissen zu konkretem Thema
Sammelwerke	Breites Spektrum an diskutierten Themen, die meist unverbunden nebeneinander stehen, Qualität variiert teilweise stark je nach Beitrag, oft eine Mischung aus theoretischen und praktisch-orientierten Beiträgen	Überblick über verschiedene Forschungsrichtungen und Teilbereiche einer Disziplin gewinnen, einzelne Beiträge für die eigene Arbeit können sehr hilfreich sein (meist aber nicht der komplette Band)
Fachzeitschriften	Hohes wissenschaftliches (theoretisches, methodisches) Niveau, aktuelle und detaillierte Forschungsergebnisse, empirische Studien	Spezifische Argumente, Theorien, empirische Befunde etc. zu konkretem Thema sammeln

Art der Quelle	Typische Eigenschaft(en)	Verwendungs-möglichkeit
Zeitungen/ Magazine	Tages- oder wochenaktuell, für Laien geschrieben, komplexe Zusammenhänge werden sehr anschaulich und vereinfacht dargestellt	Aktuelle Zahlen, Daten, Informationen zum Tagesgeschehen aus Politik, Wirtschaft und Gesellschaft, eignet sich oft für Einstieg ins Thema oder Ausblick am Schluss der Arbeit
Lexika/ Enzyklopädien/ Fachhandwörterbücher	Knappe Darstellung von Fachterminologie, großer Unterschied zwischen allgemeinen Nachschlagewerken und speziellen Fachlexika	Zentrale Begriffe und Definitionen nachschlagen, schnellen Überblick gewinnen, hilfreiches Werkzeug bei anspruchsvollen Texten
Arbeitspapiere/ Konferenzbeiträge/ Forschungsberichte	Meist fundierte und spezielle Informationen, oft sehr aktuell, teilweise fragliche Qualität, da meist keine externe Prüfung	Je nach Qualität geeignet, um spezifisches Wissen zum Thema zu sammeln und zu vertiefen; Erkenntnisse darüber gewinnen, an was ein Wissenschaftler gerade forscht (z. B. der eigene Betreuer)
Amtliche Veröffentlichungen (Gesetze, Statistiken, Bekanntmachungen, Datenreihen etc.)	Verlässliche juristische und statistische Informationen aus Gesetzgebung, Gerichtsbarkeit und Verwaltung, seriöse Quellen für Zahlenmaterial und anderes Faktenwissen	Geeignete Datenquellen zur Fundierung der eigenen Arbeit, teilweise selbst der Untersuchungsgegenstand

Quelle: modifiziert nach Kornmeier 2013: 76f. und Brink 2013: 52-71.

Primärquellen vs. Sekundärquellen

Bei den Quellen werden manchmal Primär- von Sekundärquellen unterschieden. Dies trifft insbesondere auf die Literaturwissenschaften, aber auch auf andere Disziplinen zu. rimärquellen stellen dabei den eigentlichen Untersuchungsgegenstand dar; sie bilden gewissermaßen die Grundlage Ihrer Forschung und sind äquivalent zu empirischen Daten. Sekundärquellen hingegen sind Hilfsmittel, die sich kritisch mit dem Thema bzw. Ihren Primärquellen befassen.

Dass ein Text je nach Kontext sowohl Primär- als auch Sekundärquelle sein kann, zeigt folgendes Beispiel. Nehmen wir an, Sie schreiben eine Arbeit zum Thema „Narzissmus in der französischen Malerei im 18. Jahrhundert". Um zu erklären, was Narzissmus ist, ziehen Sie unter anderem auch den Text „Zur Einführung des Narzissmus" (1914) von Sigmund Freud heran. In diesem Fall handelt es sich um eine Sekundärquelle, da Sie mit Hilfe des Freud'schen Aufsatzes mehr darüber erfahren wollen, wie sich Narzissmus in der Kunst einer bestimmten Epoche widerspiegelt. Anders sieht es aus, wenn Sie sich mit dem Thema „Narzissmus bei Sigmund Freud" befassen. In diesem Fall zählen alle Schriften von Sigmund Freud, die sich mit Narzissmus im weitesten Sinne befassen, zu Ihrer Primärliteratur. Diese Quellen sind Ihr Untersuchungsgegenstand.

1.3 Suchstrategien

Wenn Sie mit der Literaturrecherche für Ihre Arbeit beginnen, werden Sie zunächst relativ unspezifisch vorgehen. Erst wenn Sie sich einen Überblick über das Thema verschafft haben, können Sie gezielter jene Texte auswählen, die für Ihre Arbeit tatschlich relevant sind. Folgendes Vorgehen ist zu empfehlen:

In einem ersten Schritt verschaffen Sie sich zunächst einen groben Überblick über Ihr Thema bzw. mögliche Fragestellungen. Falls Sie das Thema noch nicht eingegrenzt haben, bieten sich Einträge in Lexika, Enzyklopädien oder einschlägigen Lehrbüchern an, die grundlegendes Wissen vermitteln. Hier genannte Querverweise oder weiterführende Literatur können Ihnen helfen, Ihr Thema zu spezifizieren und im jeweiligen Fachdiskurs zu verorten.

Falls Sie Ihr Thema bereits grob skizziert haben, hilft Ihnen das Schneeballsystem weiter. Bei diesem Suchverfahren orientieren Sie sich an (möglichst aktuellen) Fachartikeln und gehen dann den dort genannten Literaturverweisen nach. Auf diese Weise erhalten Sie rasch eine Vielzahl zitierfähiger Titel.

Zusätzlich können Sie im Katalog der Universitätsbibliothek sowie in einschlägigen Datenbanken nach Schlagworten suchen. Bestimmen Sie relevante Begriffe und Fachtermini ihres Themas auf Deutsch und auf Englisch sowie geeignete Synonyme und führen Sie am besten eine Liste jener Schlagworte, die Sie bereits eingegeben haben. Arbeiten Sie mit Operatoren (wie beispielsweise AND, OR, NOT, NEAR) und Trunkierungen (wie beispielsweise *, ?, #), um Ihre Treffer zu optimieren und überschaubar zu halten. Aber Achtung: Leider unterscheiden sich die einzelnen Suchbefehle je nach Datenbank, sodass Sie hier etwas Zeit zur Einarbeitung einplanen müssen.

Um Ihre Suche zu erleichtern, helfen Ihnen auch sogenannte Trunkierungen und Maskierungen weiter. Beides sind Platzhalter, mit denen Sie ein oder mehrere Zeichen in einem Suchbegriff aussparen können. Trunkierungen ersetzen dabei beliebig viele Zeichen am Ende eines Wortstammes. Dadurch lässt sich die Anzahl der Treffer erheblich erweitern. Manche Datenbanken erlauben auch die Linkstrunkierung, also das Abschneiden von Zeichen vor dem Wortstamm. Achten Sie jedoch in beiden Fällen darauf, den Wortstamm möglichst nicht zu früh abzuschneiden, sonst ist die Trefferanzahl zu groß. Je nach

Suchmaschine werden häufig ein Sternchen (*), das Dollarzeichen ($) oder ein Fragezeichen (?) als Trunkierungszeichen genutzt. Bei der Maskierung wird hingegen nur ein Zeichen innerhalb eines Wortes ersetzt. Auf diese Weise können Sie gleichzeitig nach mehreren Schreibweisen eines Begriffes suchen. Auch hier gibt es Unterschiede zwischen den Datenbanken; üblich sind Fragezeichen (?) oder Rautezeichen (#).

Zuletzt können Sie in manchen Datenbanken wie *Business Source Premier* – analog zur rückwärts gerichteten Suche des Schneeballsystems – auch vorwärts gerichtet suchen: Spüren Sie eine zentrale Quelle auf und überprüfen Sie anschließend, wer diese Quelle in späteren Beiträgen zitiert bzw. aufgegriffen hat.

Angenommen, Sie befassen sich mit der effizienten Organisation von Unternehmen, so können Sie durch Maskierung „organi?ational effectiveness" sowohl nach der britischen als auch der amerikanischen Schreibweise des englischen Begriffes suchen. Ähnliches gilt, wenn Sie nach einer der Autorin Judith Ma?er suchen. Hier erhalten Sie sowohl „Mayer", „Maler" oder „Maier", nicht jedoch Personen, die etwa „Machmeier" oder „Mahler" heißen. Um mehrere Zeichen zu ersetzen, wäre die Trunkierung ein geeignetes Werkzeug.

Wie viele Quellen muss ich zitieren?

Einer der häufigsten Fragen, die mir Studierende beim Schreiben einer wissenschaftlichen Arbeit stellen, ist die Frage, wie viele Bücher, Fachartikel und sonstige Quellen sie in ihrer Arbeit eigentlich berücksichtigen sollen. Diese Frage ist nachvollziehbar, und dennoch muss ich Sie enttäuschen: Eine pauschal zutreffende Antwort gibt es nicht. Stattdessen ist die Anzahl der Quellen immer auch abhängig von der Fragestellung, der Aktualität des Themas und dem Forschungskontext.

Insofern gibt es hervorragend benotete Bachelorarbeiten, die im Literaturverzeichnis nur fünf Aufsätze zitieren, während andere Bachelorarbeiten mit 50 oder mehr aufgeführten Quellen dennoch als Mittelmaß bewertet werden. Entscheidend ist also weniger die Quantität als die Qualität: Nutzen Sie nur Quellen, die für Ihre Fragestellung relevant sind, und vermeiden Sie es, das Literaturverzeichnis künstlich mit unspezifischen Quellen aufzublähen.
Allerdings gilt auch: Sie müssen in Ihrer Arbeit zeigen, dass Sie sich mit dem Literaturraum auseinandergesetzt haben. Falls innerhalb eines Diskurses (wie fast immer) konträre Positionen oder Strömungen existieren, so dürfen Sie nicht einfach eine Position ausblenden, nur weil Sie Ihnen ‚nicht in den Kram' passt.
Wenn Sie bei der Literaturauswahl und -anzahl unsicher sind (etwa, weil es zu Ihrem speziellen Thema bislang kaum publizierte Literatur gibt), dann fragen Sie Ihren Betreuer. Er soll Ihnen sagen, welche Leistung er von Ihnen in der wissenschaftlichen Arbeit erwartet und welche Leistung Sie (noch) nicht zeigen müssen. Meist sind die Betreuer auch bereit, Ihnen zumindest einen groben Richtwert zu nennen, wie viele Quellen Sie auswerten sollen.

In Kürze

Übersicht Suchstrategien

- grober Überblick über Ihr Thema in Lexika, Enzyklopädien oder einschlägigen Lehrbüchern
- rückwärts gerichtete Suche (Schneeballsystem)
- Schlagwortsuche im Bibliothekskatalog sowie in einschlägigen Datenbanken
- Durchsicht relevanter Fachzeitschriften
- vorwärts gerichtete Suche

Tipps zur Schlagwortsuche
- relevante Begriffe und Fachtermini Ihres Themas auf Deutsch und auf Englisch identifizieren
- geeignete Synonyme suchen
- mit Operatoren (AND, OR, NOT, NEAR), Trunkierungen (*) und Maskierungen (?, #) arbeiten
- Schlagworte, nach denen Sie bereits gesucht haben, aufschreiben

Zum Weiterlesen:

Brink, A. (2013): Anfertigung wissenschaftlicher Arbeiten. Ein prozessorientierter Leitfaden zur Erstellung von Bachelor-, Master- und Diplomarbeiten. 5. Aufl., Wiesbaden: Springer Gabler.

Eh, D./ Schütte, S. (2013): Literatur finden. In: Franck, N./ Stary, J.(Hrsg.): Die Technik wissenschaftlichen Arbeitens, 17. Aufl., Paderborn, Ferdinand Schöningh, 33-64.

Krajewski, M. (2013): Elektronische Literaturverwaltungen. Kleiner Katalog von Merkmalen und Möglichkeiten. In: Franck, N./ Stary, J.(Hrsg.): Die Technik wissenschaftlichen Arbeitens, 17. Aufl., Paderborn, Ferdinand Schöningh, 91-109.

Stickel-Wolf, C./ Wolf, J. (2013): Wissenschaftliches Arbeiten und Lerntechniken. Erfolgreich studieren – gewusst wie! 7. aktual. und erw. Aufl., Wiesbaden: Springer Gabler, Kap. 3.4.

1.4 Erste Literatursichtung: Die Wissenschaftlichkeit von Quellen

Wenn Sie mit einer ersten Recherche erfolgreich waren, liegen Ihnen vermutlich sehr viele Literaturquellen vor, die Sie nun sichten und bewerten müssen. Klar ist: Nicht jede Quelle ist ein guter Treffer. Die Suche nach der „richtigen" Literatur ist oft schwierig. Dies ist umso mehr dann der Fall, wenn Sie auf kaum „konventionelle" Quellen wie Bücher und Fachzeitschriften zurückgreifen können – sei es, weil das Thema zu aktuell ist oder dazu allgemein noch kaum geforscht wurde.

Welche Quellen sollen und dürfen Sie also benutzen? Diese Frage stellen sich viele Studierende. Eine pauschale Antwort gibt es leider nicht. Grundsätzlich sollten die von Ihnen verwendeten Quellen jedoch drei Kriterien genügen:

1. Die Quelle sollte zitierfähig sein.
2. Die Quelle sollte zitierwürdig sein.
3. Die Quelle sollte relevant sein.

Nur wenn Sie alle drei Kriterien mit ‚Ja' beantworten können, sollten Sie den entsprechenden Text gründlicher lesen (siehe Abschnitt 1.5). Abbildung 3 fasst das Vorgehen zur Bewertung von Quellen nochmal zusammen. Sehen wir uns zunächst an, was es mit den drei Kriterien auf sich hat.

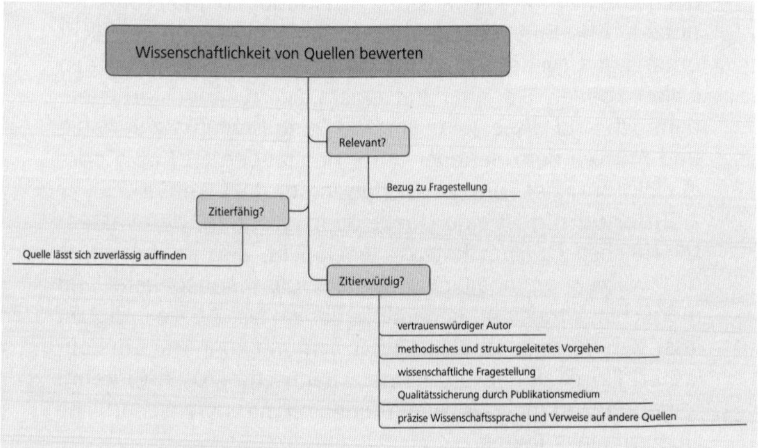

Abb. 3: Die Wissenschaftlichkeit von Quellen bewerten

Zitierfähig ist eine Quelle dann, wenn der Leser uneingeschränkt auf sie zugreifen kann. Es geht hier also um die Frage, ob es dem Leser problemlos möglich ist, die gewünschte Quelle rasch aufzufinden, um die von Ihnen gemachten Angaben selbst zu überprüfen. Werke, die über den Buchhandel, Bibliotheken, Archive oder Dokumentlieferservices bezogen werden können oder die im Internet beispielsweise über einen permanenten Link dauerhaft hinterlegt sind, sind demnach grundsätzlich zitierfähig. Schwieriger sieht es bei sogenannter ‚grauer Literatur' aus, also Publikationen, die nicht allgemein zugänglich sind. Dies trifft etwa auf Haus-, Bachelor- oder Masterarbeiten, unveröffentlichte Skripte und Arbeitspapiere oder Privatkorrespondenz zu. Gleiches gilt, wenn Sie etwa bei einem Unternehmen oder über ein Unternehmen eine wissenschaftliche Arbeit schreiben (etwa im Rahmen eines Praktikums, einer Werkstudententätigkeit oder einer dualen bzw. berufsbegleitenden Ausbildung). Hier haben Sie als Mitarbeiter vermutlich Zugriff auf unternehmenseigene Broschüren und Firmenschriften. Möglicherweise können Sie auch interne Strategiepapiere, Präsentationen und Protokolle nutzen, die unter Umständen der Verschwiegenheitspflicht unterliegen (siehe hierzu auch Abschnitt 3.9.4). In solchen Fällen können Sie zwar mit einem Sperrvermerk arbeiten, dennoch sind diese Texte sind nur eingeschränkt zitierfähig und müssen dem Betreuer unter Umständen als Kopie oder in elektronischer Form zur Verfügung gestellt werden.

Zitierwürdig ist eine Quelle dann, wenn sie den wissenschaftlichen Qualitätskriterien entspricht, also insbesondere nachvollziehbar, inhaltlich anspruchsvoll, theoriegeleitet und möglichst aktuell und generalisierbar ist. Die Zitierwürdigkeit lässt sich deutlich schwerer bewerten und kann nur am konkreten Einzelfall geprüft werden. Bagusche (2013: 6) nennt folgende Merkmale als Gütekriterien für die wissenschaftliche Qualität eines Textes:

- Behandlung einer wissenschaftlichen Fragestellung,
- klare Gliederung und Strukturierung,
- wissenschaftliche, präzise Terminologie
- Text-Text-Bezüge
- angemessene Methodik und theoretische Fundierung

Allerdings weist Bagusche darauf hin, dass ein Text nicht alle Anforderungen gleichermaßen erfüllen muss, um zitierwürdig zu sein. Ohnehin ist es in der Praxis kaum möglich, die Seriosität einer Quelle zweifelsfrei festzustellen. So ist es beispielsweise in der Vergangenheit immer wieder vorgekommen, dass Wissenschaftler ihre Daten und Forschungsergebnisse manipulierten und in renommierten Fachzeitschriften veröffentlichten.

Dabei soll das unlautere Verhalten einiger weniger Wissenschaftler weder Fachzeitschriften noch die wissenschaftliche Forschung per se diskreditieren, zumal die ganz überwiegende Mehrheit nach besten Wissen und Gewissen forscht. Die Anmerkungen sollen jedoch deutlich machen, dass auch das Renommee eines Wissenschaftlers nicht immer mit qualitativ hochwertiger Forschung gleichzusetzen ist. Umgekehrt können je nach Forschungsdisziplin und Forschungsgegenstand auch nicht-wissenschaftliche Studien wertvolle Hinweise enthalten.

Nichtsdestotrotz ist die Wahrscheinlichkeit, valide Informationen zu erhalten, bei wissenschaftlichen Texten deutlich größer als bei Texten, die sich an ein interessiertes Laienpublikum richten. Aus diesem Grund ist bei allgemeinen Nachschlagewerken und Internetseiten, bei Praktikerbüchern, journalistischen Beiträgen, Artikeln in Boulevard- und Wochenmagazinen sowie bei Lehrbüchern und Seminar- oder Übungsarbeiten grundsätzlich Vorsicht angebracht. Zwar ist es durchaus möglich, einen tagesaktuellen Beitrag aus der Qualitätspresse wie der *ZEIT* oder der *New York Times* als Einstieg ins Thema zu verwenden, doch sollten Sie dies auf wenige Fälle beschränken.

Um die Zitierwürdigkeit einer Quelle etwas genauer zu beurteilen, bieten sich insbesondere zwei Fragen an: die Frage nach dem Autor und die Frage nach dem Publikationsmedium.

Wer ist der Autor? Ist er ein Wissenschaftler, finden sich im Internet meist problemlos andere seiner Forschungsarbeiten, anhand derer Sie Rückschlüsse auf sein Forschungsfeld ziehen können. Auch Nicht-Wissenschaftler können Sie oft gut im Internet suchen und anhand der Ergebnisse deren Expertenstatus überprüfen. Ist hingegen keine Autorenschaft ersichtlich, sollten Sie sich näher ansehen, wer der Herausgeber ist. Manchmal tauchen hier Organisationen oder Verbände auf, die einen parteiischen oder werblichen Ansatz verfolgen. So sind Studien zum Thema Müllvermeidung von *Greenpeace* sicherlich anders zu bewerten als vom Statistischen Bundesamt. Nehmen wir als weiteres Beispiel eine Publikation der *Metropolregion Rhein-Neckar GmbH*. In der Broschüre „Der Immobilienmarktbericht 2014 der Metropolregion Rhein-Neckar" finden Sie unter anderem zahlreiche Zahlen und Fakten über den Wirtschaftsstandort, die Sie sicherlich in einer wissenschaftlichen Arbeit über diese Region zitieren können. Andere Aussagen und Botschaften aus dieser Broschüre sind hingegen weniger neutral. So ist der nachfolgende Satz vermutlich nicht falsch: „Die drei Oberzentren Heidelberg, Ludwigshafen und Mannheim bilden zusammen mit mittelgroßen Städten wie Worms, Speyer und Bensheim eine ausgewogene Raumstruktur." Er dient an dieser Stelle jedoch dem Standortmarketing und will Investoren anlocken. Damit hat dieser Satz einen anderen Stellenwert als wenn er in einer unabhängigen Studie eines Forscherteams auftauchen würde.

Wo wurde publiziert? Verlässliche Fachliteratur finden Sie in der Regel bei Fachverlagen und in Fachzeitschriften und nicht auf Seiten wie hausarbeiten.de oder beim GRIN-Verlag.

Mittlerweile publizieren auch immer mehr Wissenschaftler ihre Bücher und Forschungsergebnisse im Selbstverlag, etwa über Books on Demand (BoD). Hier sollten Sie mehr über den Autor herausfinden, um die Qualität der Quelle zu bewerten (siehe oben). Bei Zeitschriften sollten Sie überprüfen, ob es ein Review-Verfahren gibt. Das gängigste Verfahren der Qualitätsprüfung vor der Veröffentlichung der Artikel ist das sogenannte Peer-Review-Verfahren. Dabei begutachten unabhängige Wissenschaftler des gleichen Fachgebietes (die „Peers") den wissenschaftlichen Beitrag und geben eine Stellungnahme ab. Bei Institutionen und Organisationen als Herausgebern sollten Sie kritisch fragen, welche möglichen nicht-wissenschaftlichen Interessen diese mit der Publikation verfolgen. Oft werden Studien durch die Bundesregierung oder ein Ministerium in Auftrag gegeben und finanziert. Diese Studien sind dann meist unabhängiger, als wenn ein Konzern oder eine Interessensvertretung hinter solchen Publikationen stehen.

Im Zweifelsfall vertrauen Sie am besten Ihrer eigenen Einschätzung der Quelle. Sie sind gut mit Ihrem Thema und Ihrer Fragestellung vertraut und wissen daher am zuverlässigsten, ob Sie die Quelle tatsächlich brauchen oder ob Sie nur zu bequem oder zu stark unter Zeitdruck sind, um nach seriöseren Quellen zu suchen. Haben Sie selbst beim Zitieren der Quelle Bauchschmerzen, dann lassen Sie besser die Finger davon.

Relevant ist eine Quelle dann, wenn sie einen konkreten Bezug zu Ihrem Thema und Ihrer Fragestellung aufweist. Fragen Sie beim Lesen daher immer, ob ein Zusammenhang zwischen dem Titel der gefundenen Publikation und dem eigenen Thema besteht. Allerdings gilt es auch hier zu priorisieren: Aktuelle Quellen aus renommierten Fachzeitschriften oder von renommierten Wissenschaftlern sind wichtiger als ältere Forschungsarbeiten oder Beiträge, die von Praktikern oder Journalisten verfasst worden sind.

Impact Factor und Zitationsanalyse

Der *Impact Factor* einer Fachzeitschrift ist eine von mehreren Kennzahlen, um den Einfluss der Fachzeitschrift innerhalb der Wissenschaftsgemeinde zu beurteilen. Das Grundprinzip ist dabei sehr einfach: Je häufiger Artikel aus der Fachzeitschrift von anderen Wissenschaftlern zitiert werden, desto größer ist ihr Einfluss. Der Journal Impact Factor (JIF) wird auf Grundlage des sogenannten *Web of Science* berechnet, einer kommerziellen Rechercheoberfläche, die vom Medienkonzern Thomson Reuters vertrieben wird und mit der Nutzer zahlreiche Literatur- und Zitationsdatenbanken durchsuchen können. Der JIF berücksichtigt sämtliche Zeitschriften und Zitierverweise, die Teil des *Web of Science* sind (Lewandowski 2006).

Aus diesem Grund ist der *Impact Factor* nicht unumstritten. Zwar ist die Datenbasis im *Web of Science* sehr groß, doch sind nicht alle Disziplinen gleichermaßen vertreten. Hinzu kommt, dass gerade in den geisteswissenschaftlichen Fächern noch immer viel außerhalb der Fachzeitschriften publiziert wird. Auch andere Faktoren wie etwa Selbstzitate oder der Fokus auf englischsprachige Veröffentlichungen verzerren die Aussagekraft des *Impact Factor*. Dennoch spielt der JIF gerade in den Naturwissenschaften und der Medizin eine große Rolle, weil er einen Vergleich verschiedener Zeitschriften erlaubt.

Daneben gibt es andere bibliometrische Verfahren der Zitationsanalyse. So versuchen der *h-Index* (auch Hirschfaktor oder Hirschindex genannt) oder der *Science Impact Index*

Aussagen über den Einfluss eines einzelnen Wissenschaftlers innerhalb seines Fachgebietes zu treffen. Diese Kennzahlen gehen also der Frage nach, wie oft ein Wissenschaftler von anderen Wissenschaftlern zitiert wird.

Für Ihre Literaturrecherche sollten Sie beachten, dass all diese bibliometrischen Kennzahlen lediglich einen Aufschluss über die Häufigkeit von Zitierungen und nicht über die Qualität einer einzelnen Zeitschrift oder einer einzelnen Quelle geben können.

Aufgabe 1: Bitte sehen Sie sich nachfolgende Quellen zum Thema „Kultursponsoring" an. Wie bewerten Sie diese Quellen anhand der Kriterien „Zitierfähigkeit", „Zitierwürdigkeit" und „Relevanz"?

[1] Bortoluzzi Dubach, E./ Frey, H. (2011): Sponsoring. Der Leitfaden für die Praxis, Bern [u.a.], Haupt.

[2] Bruhn, M. (2003): Sponsoring. Systematische Planung und integrativer Einsatz, Wiesbaden, Gabler [u.a.].

[3] Dettmer, S. (2005): Das Kultursponsoring als Instrument der Unternehmenskommunikation, Fachhochschule Hildesheim/Holzminden/Göttingen, Hausarbeit.

[4] Grüßer, B. (1991): Kultursponsoring. Die gegenseitigen Abhängigkeiten von Kultur, Wirtschaft und Politik, Universität Tübingen, Dissertation.

[5] Hermanns, A./ Marwitz. C. (2008): Sponsoring. Grundlagen, Wirkungen, Management, Markenführung. München, Vahlen.

[6] Hielscher, H. (2013): Festivals. Wenn der Jetset den Jazz ermöglicht, in: Spiegel ONLINE Kultur, erschienen am Samstag, 17.08.2013 – 07:44 Uhr, online unter: http://www.spiegel.de/kultur/musik/sponsoring-bei-jazzfestivals-a-916833.html, 07.04.2015.

[7] Knöfel, U. (2008): Sponsoring. Die Zeit der großen Deals ist vorbei, in: DER SPIEGEL, Ressort Kultur, Ausgabe 42, S. 167.

[8] Lange, C. (o. J.): Sponsoring. Hrsg. Lange Kommunikation, Agentur für Public Relations, online unter: http://www.lange-pr.de/sponsoring.pdf, 07.04.2015.

[9] Wikipedia (2015): Sponsoring, online unter: http://de.wikipedia.org/wiki/Sponsoring, 07.04.2015.

Die Lösungen finden Sie auf S. 273.

1.5 Tiefergehende Literaturauswertung: Texte gezielt lesen

Haben Sie das gefundene Material reduziert, so müssen Sie dieses in einem nächsten Schritt auswerten und aufbereiten. Dazu müssen Sie zunächst keine Bücher oder Aufsätze von vorne bis hinten durcharbeiten. Allerdings ist es hilfreich, je nach Leseziel eine andere Lesestrategie parat zu haben und flexibel anpassen zu können. Denn speziell beim Verfassen wissenschaftlicher Texte müssen Studierende in der Lage sein, sich mit ihrem eigenen Text innerhalb eines Diskurses durch Verweise auf andere Texte zu positionieren. Voraussetzung hierfür ist eine grundlegende „Lese- und Rezeptionskompetenz" (Kruse/Jakobs 1999: 24): Wissenschaftliche Texte müssen Sie also anders lesen und verarbeiten als etwa Unterhaltungsliteratur oder ein Kochrezept. Wie Sie Ihr Leseverhalten verbessern und gezielt steuern können, darum geht es auf den folgenden Seiten.

1.5.1 Wie lesen wir? – Erkenntnisse der Leseforschung

Informationen aus der Leseforschung versuchen herauszufinden, wie unsere Augen und unser Gehirn Texte aufnehmen und verarbeiten. Schon Ende des 19. Jahrhunderts entdeckte der US-amerikanische Psychologe James McKeen Cattell den sogenannten Wortüberlegenheitseffekt (Ahrens-Drath 2007: 5). Dieser besagt, dass ein Leser eine Buchstabenfolge, die ein bekanntes Wort ergibt, schneller erkennt als eine willkürliche Buchstabenkombination, auch wenn diese aus denselben Buchstaben besteht.

Weihnachtsmarkt vs. Hwemaacsinrkhtt

Wir können Buchstaben innerhalb eines Wortes demnach leichter entschlüsseln als wenn diese einzeln stehen. Dies gilt auch dann, wenn einzelne Buchstaben groß geschrieben sind.

WeiHNachTSMarkT vs. HWeMaacSiNrkhTT

Wir können sogar Texte lesen, bei denen nur der erste und der letzte Buchstabe an der richtigen Stelle stehen – vorausgesetzt allerdings, es handelt sich um einen relativ einfachen Text ohne Fachausdrücke und mit einem klaren Kontext.

Geübte Leser dekodieren also nicht Buchstabe für Buchstabe, sondern fassen Buchstaben zu sinnvollen Einheiten zusammen, die sie dann strukturiert verarbeiten (Ahrens-

Drath 2007: 6). Dies wird durch die Augenbewegungen beim Lesen unterstützt. Denn unser Auge gleitet nicht von links nach rechts gleichförmig über die Zeilen, sondern wechselt ab zwischen Fixationen und ruckhaften, schnellen Bewegungen (sogenannte Saccaden) (Ahrens-Drath 2007: 7). Die Spanne an Buchstaben und Worten, die Leser während einer Fixation wahrnehmen können, variiert je nach Bekanntheitsgrad des Wortes, Konzentration und Übung: Unbekannte Worte werden langsamer gelesen, und Grundschüler springen in Texten deutlich häufiger vor und zurück als Erwachsene.

Tipp

Übrigens: Im Netz finden sich zahlreiche Tests, mit denen Sie Ihre Lesegeschwindigkeit ermitteln können, beispielsweise vom Institut für Hochschulbildung (siehe: http://www.hochschulbildung.com/files/HSB_Lesegeschwindigkeitstest.pdf). Auch Ratgeber zum Schnelllesen steigen meist mit Tests zur Ermittlung des Status Quo ein.

1.5.2 Wie lesen wir schneller? – Leseeffizienz und Leseeffektivität

Die gute Nachricht zuerst: Die Wahrnehmungsspanne und das Lesetempo lassen sich trainieren. Die schlechte Nachricht: Nicht immer ist das sinnvoll.

Fangen wir mit der guten Nachricht an: Schnell zu lesen ist lernbar. Tony Buzan verspricht Lesern seines Klassikers *Speed reading* etwa, dass sie ihr „geistiges Auge zum ‚Adlerauge' entwickeln" werden und die Zeit, um ein 250 Seiten umfassendes Buch zu lesen, von etwa zehneinhalb Stunden auf eine Stunde reduzieren können (Buzan 2013: 11). Mittlerweile gibt es sogar Meisterschaften im Schnelllesen. Eine der schnellsten

Leserinnen auf der Welt ist laut Buzan die Britin Anne Jones (Buzan 2013: 18). Sie las den siebten Band von Harry Potter in nur 47 Minuten und brachte es damit auf eine beachtliche Rate von 4.251 Wörtern pro Minute. Zum Vergleich: Durchschnittliche Leser sind in der Lage, etwa 200 Wörter pro Minute zu lesen (Schmitz 2008: 119), bei geübten Lesern sind es 400 Wörter pro Minute (Boeglin 2012: 101). Schnellleser schaffen es auf über 1.000 Wörter pro Minute (Boeglin 2012: 101).

Auch eine Studie der *Stiftung Warentest* (2015) kommt zu dem Ergebnis, dass sich das Lesetempo steigern lässt. Die Verbraucherorganisation rekrutierte 88 Personen, die insgesamt sechs E-Learning-Angebote und Schulungen besuchten und im Anschluss Vorher-Nachher-Vergleich unterzogen. Das Erfreuliche: Alle getesteten Methoden wirken tatsächlich und erhöhen Ihre Lesegeschwindigkeit. Diese Botschaft mag all jene Studierenden hoffnungsvoll stimmen, die das Gefühl haben, ineffizient zu lesen und „nicht richtig voranzukommen". Wenn Sie sich für die Techniken des Schnelllesens interessieren, verweise ich auf entsprechende Ratgeber (siehe Literaturangaben).

Doch aufgepasst: Nicht immer hilft es, schneller zu lesen. Denn wie Michelmann/ Michelmann (1995: 110f.) betonen, ist es durchaus möglich, effizient zu lesen und dennoch ineffektiv zu sein. Überspitzt formuliert bringt es Ihnen wenig, wenn Sie zwar viele Texte schnell lesen, vom Gelesenen aber nichts oder kaum etwas hängen bleibt. Nicht minder ärgerlich ist es, wenn Sie zwar schnell, aber die falschen Texte lesen. So kommt beispielsweise Carver (1990: 401-420, 448f.) anhand einer Literaturübersicht zu dem Ergebnis, dass bei einer zu hohen Lesegeschwindigkeit das Textverständnis abnimmt. Kruse (2010: 17) plädiert aus diesem Grund bewusst für das „Erlernen der Langsamkeit", da es seiner Auffassung nach Zeit braucht, um komplexe Gedankengänge nachzuvollziehen.

Ähnlich hält Brink (2013: 35) fest, dass Leseeffizienz nur eine Seite der Medaille ist. Es geht nicht nur darum, Texte schnell zu lesen, sondern dabei je nach Ziel einen bestimmten Verständnisgrad zu erreichen und insbesondere themenrelevante Texte zu berücksichtigen (Leseeffektivität).

Zunächst sollten Sie daher darauf achten, Ihr Leseziel und Ihre Lesestrategie aufeinander abzustimmen (siehe Abschnitte 1.5.3 und 1.5.5). Was sich für populärwissenschaftliche Texte möglicherweise als hilfreich erweist, ist auf komplexe Fachartikel oft nicht übertragbar. Als problematisch erachte ich etwa die Aufforderung, beim Lesen **keine** Notizen zu machen oder Nicht-Verstandenes explizit **nicht** nachzuschlagen (Buzan 2013: 24f.) Um nur die groben Kernaussagen eines Textes zu identifizieren, mag ein diagonales Lesen ausreichen; geht es Ihnen hingegen darum, einen philosophischen Text in seinen Feinheiten zu verstehen, werden Sie um ein langsameres und unter Umständen mehrmaliges Lesen nicht umhin kommen.

Allerdings gibt es durchaus Gewohnheiten, die Ihren Leseprozess bremsen. Dazu zählen unter anderem das stumme Mitsprechen des Gelesenen (sogenanntes Subvokalisieren), das bewusste Rückwärtsspringen auf bereits Gelesenes oder das Mehrfachlesen von Passagen aufgrund von mangelnder Konzentration. Auch schlechte Lichtverhältnisse, laute Hintergrundgeräusche und Musik können den Lesefluss hindern. Oft hilft es, wenn Sie Ihr Mobiltelefon ausschalten und einen Ort aufsuchen, an dem Sie keinen Internetzugang haben. Denn allzu oft verlocken soziale Netze, *WhatsApp*-Nachrichten oder aktuelle Ticker-Meldungen dazu, den Text beiseite zu legen (Boeglin 2012: 100; Schmitz 2008: 23-28). Wenn Sie dann wieder in den Text hineinfinden müssen, kostet Sie das wertvolle Zeit.

In Kürze

Übersicht Lesebremsen

- Subvokalisieren (stummes Mitsprechen)
- Regression (Zurückspringen im Text)
- Enger Blickfokus
- Zu wenige Pausen
- Lesen mit gleichförmiger Strategie und Geschwindigkeit
- Abschweifen vom Text

Übersicht Lesebeschleuniger

- Sinngruppen erfassen, statt Wort für Wort lesen
- Vorwärtsorientiert lesen (Augenbewegungen drängen weiter)
- Regelmäßige kurze Pausen nach 10 bis 15 Minuten
- Flexible Lesestrategien je nach Leseziel und Schwierigkeitsgrad des Texts
- Störquellen und mögliche Ablenkungen abschalten bzw. reduzieren

Quelle: modifiziert nach Schmitz (2008): 22-29.

Zum Weiterlesen:

Backwinkel, H./ Sturtz, P. (2004): Schneller lesen. Zeit sparen, das Wesentliche erfassen, mehr behalten. Planegg/München: Haufe.

Buzan, Tony (2013): Speed reading. Schneller lesen mehr verstehen besser behalten, München: mvg.

Chambers, P. (2013): Brilliant speed reading: whatever you need to read, however you want to read it – Twice as quickly, Harlow, U.K.: Pearson.

Koch, G. (2015): Speed Reading fürs Studium, Paderborn: Ferdinand Schöningh.

Konstant, T. (2011): Successful speed reading, London: Hodder Education.

Michelmann, R./ Michelmann, W. U. (1995): Effizient lesen. Das Know-how für Zeit- und Informationsgewinn, Wiesbaden: Gabler.

Schmitz, W. (2008): Schneller lesen – besser verstehen, Reinbek bei Hamburg, Rowohlt-Taschenbuch-Verlag.

Seip, R. (2012): Train your brain for success: read smarter, remember more, and break your own records, Hoboken, N.J.: Wiley.

Sutz, R. (2009): Speed reading for dummies, Hoboken, N.J.: Wiley.

Wenger, R. (2005): Alphaskills: Effizienter lesen, besser zuhören, entspannter arbeiten, Frankfurt/Main [u.a.]: Campus.

1.5.3 Warum lesen wir? – Die Bedeutung von Lesezielen

Vielleicht kennen Sie das Gefühl, dass Sie einen Text gelesen haben und nach dem Lesen nicht mehr recht wussten, worin es in dem Text eigentlich ging? Oder dass Sie sich nach dem gründlichen Durcharbeiten gefragt haben, warum Sie überhaupt so viel Zeit in diesen Text gesteckt haben, obwohl er für Ihre eigene Arbeit kaum relevant ist? Möglicherweise fürchten Sie auch, dass Sie vor lauter Literatur den Überblick verlieren und gar nicht mehr wissen, wie Sie die Informationsflut bewältigen sollen?

Oft rühren diese Gefühle der Unzufriedenheit daher, dass sich Studierende auf Texte stürzen, ohne sich vorab zu fragen, warum sie diesen Text eigentlich lesen und welche Ziele sie mit ihm verfolgen. Denn laut Schoenbach et al. (2006: 32f.) ist Lesen nicht nur eine Grundfertigkeit, bei der Buchstabenketten dekodiert werden, sondern ein komplexer Prozess der Problemlösung. Ähnlich definiert die OECD die Lesekompetenz in ihren PISA-Studien als „die Fähigkeit, geschriebene Texte zu verstehen, zu nutzen und über sie zu reflektieren und sich mit ihnen auseinanderzusetzen, um eigene Ziele zu erreichen, das eigene Wissen und Potenzial weiterzuentwickeln und aktiv am gesellschaftlichen Leben teilzunehmen" (OECD 2014: 188).

Lesen ist also, wie Schreiben auch, komplex. Gerade im wissenschaftlichen Kontext ist es nicht damit getan, einen Text zu verstehen und seinen Inhalt wiedergeben zu können. Vielmehr müssen Sie in der Lage sein, andere wissenschaftliche Texte im Hinblick auf eine bestimmte Fragestellung auszuwerten, zu synthetisieren und mit anderen Texten in Bezug zu setzen.

Um Ihren Leseprozess zu optimieren, hilft es daher, wenn Sie vorab ein Leseziel definieren und sich eine Lesestrategie überlegen, die zu eben jenem Leseziel passt (dazu gleich mehr). Denn es macht einen Unterschied, ob Sie etwa ganz gezielte Belege für Ihre These suchen, sich auf eine Prüfung vorbereiten oder sich einen groben Überblick über ein Thema verschaffen wollen (Lange 2013: 24f.). Die folgende Übersicht gibt mögliche Leseziele wider:

In Kürze

Mögliche Leseziele

- Sich einen Überblick über ein Thema verschaffen
- Einen Text für eine Seminardiskussion vorbereiten
- Einen Text zur Prüfungsvorbereitung vorbereiten
- Einen Text als Modell für die eigene Arbeit nutzen
- Eine Argumentationsstruktur nachvollziehen
- Einen Text analysieren, der Untersuchungsgegenstand ist
- Einen Text ästhetisch auf sich wirken lassen, z. B. ein Gedicht
- Prüfen, ob der Text zu einem Thema passt
- Informationen aus einem Text filtern
- Unterhaltung und Entspannung

1.5.4 Lesen ist doch kinderleicht, oder? Die Phasen des Leseprozesses

Viele Menschen unterliegen dem Trugschluss, dass der Lesevorgang aus nur einer Phase besteht. Lesen besteht laut Stickel-Wolf/ Wolf (2009: 12) jedoch aus drei Phasen: der Phase vor, während und nach dem Lesen. In jeder Phase sollten Sie unterschiedliche Aspekte beachten.

Die Vorbereitung des Lesens: Vor dem Lesen sollten Sie vor allem Ihr Leseziel klären, also die Frage beantworten, was Sie sich von dem Text erhoffen (siehe oben). Außerdem sollten Sie Ihr Vorwissen aktivieren und Fragen an den Text stellen, z. B. Was weiß ich bereits über das Thema? Welche Position vertritt Autor XY? Welche Annahmen liegen dem Modell oder Theorie von XY zugrunde? Auch die Grundinformationen über den Text wie etwa das Erscheinungsdatum, der Autor, die Wirkungsgeschichte oder die Adressaten sollten Sie beachten. Es macht nämlich einen großen Unterschied, ob Sie einen aktuellen oder einen sehr alten Text lesen oder ob sich der Text an Fachkreise oder ein Laienpublikum richtet. Auch der Entstehungshintergrund und politische und geschichtliche Kontext können manchmal von großer Bedeutung sein. So werden Sie ein kommunistisches Pamphlet, das während des Zweiten Weltkriegs erschienen ist, sicherlich anders bewerten (müssen) als einen Wahlprospekt der Kommunistischen Partei der Russischen Föderation aus dem Jahre 2012. Ähnliches gilt für eine zeitgenössische Quelle zur Rolle der Frau im 18. Jahrhundert: Obgleich die dort geäußerten Meinungen aus heutiger Sicht sicherlich befremdlich wirken mögen, müssen sie unter Berücksichtigung des historischen Kontexts ausgewertet und relativiert werden.

Um sich auf das Lesen einzustimmen, empfiehlt es sich außerdem, dass Sie sich geeignete Rahmenbedingungen schaffen. Dazu gehört die Wahl eines für Sie stimmigen Ortes ebenso wie ein Zeitpunkt, zu dem Sie sich gut konzentrieren können. Wichtig ist dabei nur Ihr persönliches Wohlbefinden. Es muss also nicht die Bibliothek sein; Sie können ebenso in einem lauten Café oder im Park arbeiten. Allerdings sollten Sie sich nicht zu viel auf einmal vornehmen, sondern das Lesepensum in mehrere kleinere Einheiten herunterbrechen und genügend Pausen einplanen.

Das eigentliche Lesen: Bei vielen Lesezielen bietet es sich an, den Text erst einmal grob zu überfliegen und sich einen Überblick zu verschaffen (siehe unten). Spätestens beim zweiten Durchgang sollten Sie sich jedoch Notizen machen oder Wichtiges im Text markieren; andernfalls gehen Ihre Fragen, Gedanken und Einwände zu schnell verloren. Wenn Sie während des Lesens hingegen schreiben, setzen Sie sich intensiver mit dem Text auseinander. Je nach persönlicher Vorliebe arbeiten manche Studierende lieber mit visuellen Markierungen (etwa mit verschiedenen Farben oder Unterstreichungen); andere notieren sich in Randkommentaren Stichpunkte zur Argumentation oder zum Inhalt. Einen Überblick über mögliche Notationen gibt Abbildung 4. Am besten experimentieren Sie selbst, was Ihnen zusagt. Eine hilfreiche Übung hierzu finden Sie auch in Abschnitt 1.6 zum Thema Exzerpieren.

Folgende Dinge sollten Sie zudem während des Lesens tun:

- Textinhalte und bestehendes Wissen vergleichen und in Bezug setzen
- Verstehenslücken wahrnehmen
- Unbekanntes aus dem Kontext erschließen
- Unverstandenes markieren
- Fragen zum Gelesenen entwickeln

Randmarkierungen		Randkommentare		Markierungen im Lauftext
!	wichtig	Bsp.	Beispiel	Einkreisen
!!	sehr wichtig	Def.	Definition	Unterstreichen
?	fragwürdig oder nicht verstanden	A_1	Argument Nr. 1	Farbige Markierungen
?!	schlecht, stimmt nicht, unlogisch	FF	Forschungsfrage	Schwärzen
X	Widerspruch	Th	These	Unterwellen
//	Erläuterung	vgl.	s.	Durchstreichen
...		...		...

Abb. 4: Mögliche Notationen zur Arbeit am Text

Die Nachbereitung des Lesens: Viele Studierende legen den Text nach dem Lesen einfach beiseite. Um Textinhalte in bestehendes Wissen zu integrieren und zu strukturieren, reicht das oftmals jedoch nicht aus. Nachhaltiger ist es, wenn Sie sich nochmal Ihr Leseziel vergegenwärtigen und kurz schriftlich festhalten, inwiefern der Text Ihre Erwartungen erfüllt hat oder auch nicht (Textreflexion). Hilfreich ist es auch, wenn Sie die Kerngedanken nochmals in eigenen Worten wiedergeben oder das Gelesene in einen größeren Kontext betten. Auch hier gilt: Halten Sie Ihre Gedanken schriftlich fest. Je mehr Sie verschriftlichen, desto mehr wird hängen bleiben.

Arbeiten mit Visualisierungstechniken: Eine sehr empfehlenswerte, wenngleich zeitaufwendige Nachbearbeitung ist die Umwandlung der Textinhalte in eine andere Darstellungsform. Hier bieten sich beispielsweise Mind Maps oder Concept Maps an (Lange 2013: 55-62).

Eine **Mind Map** ist eine Visualisierungstechnik, die ausgehend von einem zentralen Begriff wichtige über- und unter-

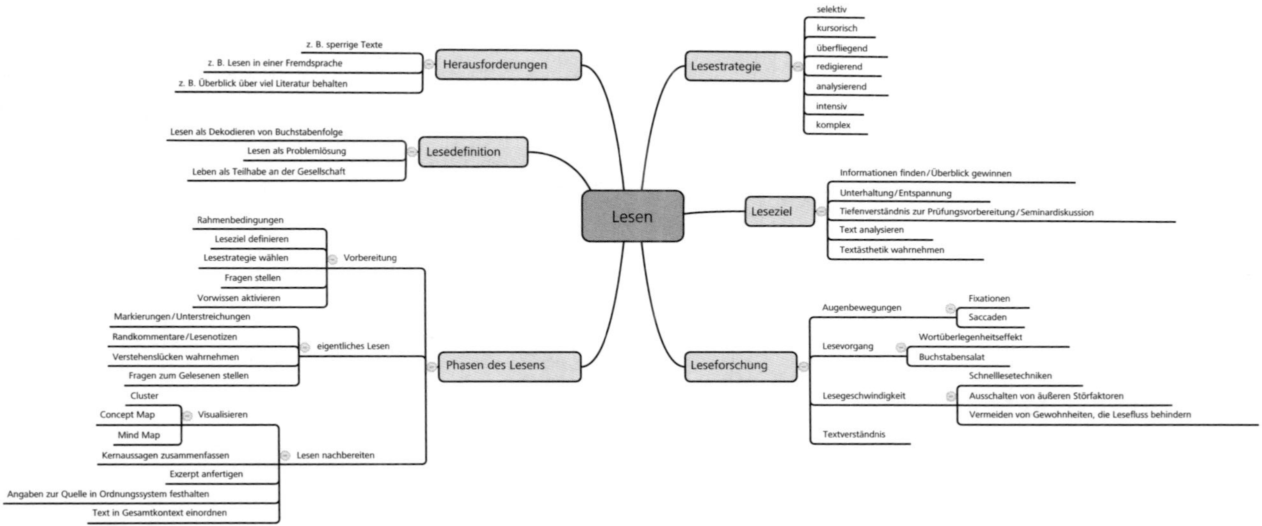

Abb. 5: Beispiel einer Mind Map zum Thema Lesen

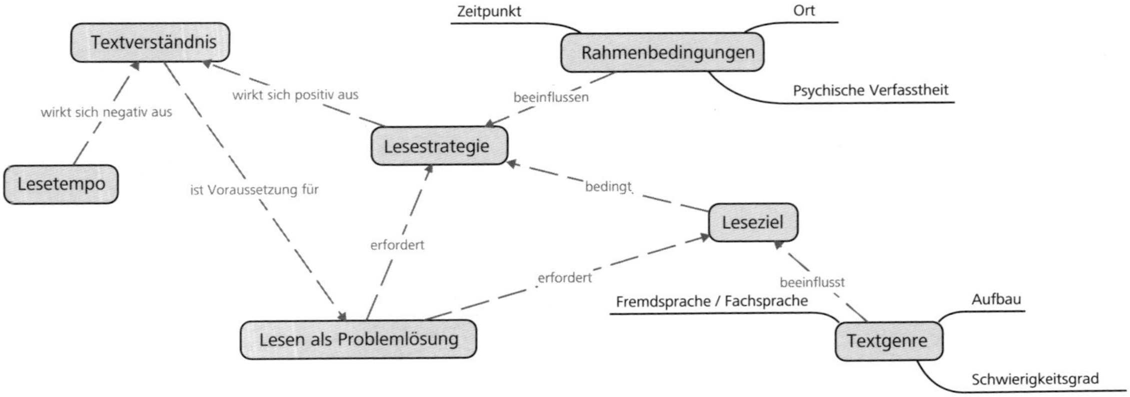

Abb. 6: Beispiel einer Concept Map zum Thema Lesen

geordnete, thematisch verwandte Aspekte und Schlagworte hierarchisch zuordnet. Bei einer Mind Map schreiben Sie das Thema des Textes in die Mitte eines horizontalen Blattes und fügen anschließend die wichtigsten Aspekte des Themas in Unterästen hinzu. Dabei können Sie die Mind Map beliebig stark untergliedern. Auf diese Weise können Sie Inhalte gut strukturieren und kategorisieren.

Eine **Concept Map** ist eine Gedankenlandkarte, die einen Text auf wenige zentrale Begriffe reduziert und Zusammenhänge zwischen diesen Begriffen grafisch darstellt. Im Gegensatz zur Mind Map geht die Concept Map also von mehreren, meist gleich gewichteten Begriffen aus und stellt Querverbindungen her. Sie eignet sich weniger zur Abbildung von Hierarchien als zur Abbildung von Beziehungen und (wechselseitigen oder einseitigen) Einflüssen.

Als Vorstufe zu einer Mind Map oder Concept Map bietet sich oft ein **Cluster** an. Bei einem Cluster notieren Sie ausgehend von einem zentralen Begriff weitere Schlagwortketten, die Sie damit assoziieren. Sobald Sie einen Einfall beendet haben, kehren Sie zur Mitte zurück und starten eine neue Kette. Jede Kette bildet einen thematischen Strang; davon abgesehen ist das Cluster jedoch weitgehend unstrukturiert. Durch mehrfache Überarbeitungen können Sie auf Grundlage des Clusters dann eine Mind Map oder Concept Map erstellen.

Michelmann/Michelmann (1995: 90-118) empfehlen zudem die Arbeit mit Textbildern. Textbilder sind dabei in ihrer Gestaltung freier als Mind Maps oder Concept Maps. Auch hier notieren Sie wenige zentrale Schlüsselbegriffe auf einem weißen Blatt Papier und stellen Verbindungen und Zusammenhänge zwischen diesen Begriffen grafisch dar. Die Begriffe selbst werden bewusst nicht umrandet, um sie nicht hervorzuheben. Außerdem gilt der Grundsatz: Je spartanischer, umso besser. Beide Autoren plädieren daher lieber für meh-

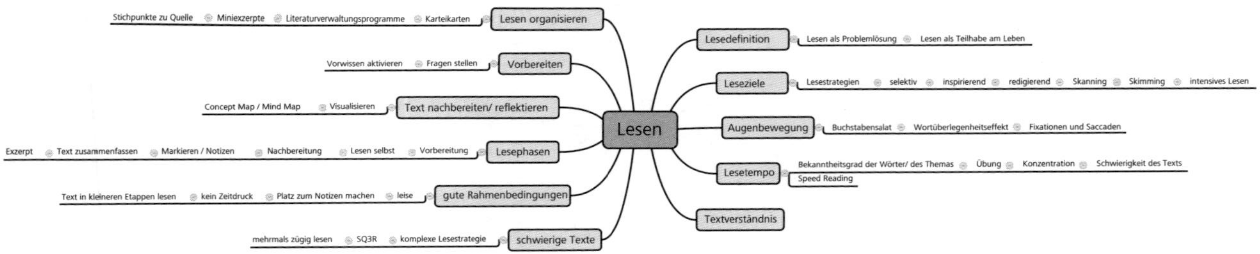

Abb. 7: Beispiel eines Clusters zum Thema Lesen

rere übersichtliche Textbilder als zu versuchen, alles auf einem Bild unterzubringen.

Tipp
Ein Hinweis zum Markieren: Viele Studierende können ein Lied davon singen, dass sie Texte farbig markieren und am Ende vor einem fast komplett gelb oder grün angestrichenen Exemplar sitzen. In diesem Fall können die Betroffenen mit den Markierungen meist nur wenig anfangen. Wenn Sie sich angesprochen fühlen und eine Lesehilfe brauchen, um die Bewegung der Augen zu steuern, benutzen Sie besser ein Lineal oder ein weißes Blatt Papier, mit dem Sie den Text abdecken. Um mit den Markierungen sinnvoll arbeiten zu können, sollten Sie maximal 25 Prozent des Textes anstreichen (Paetzel 2001: 51) und verschiedene Farben für unterschiedliche Elemente (zum Beispiel grün für Definitionen, blau für Beispiele, gelb für Argumente) verwenden. Außerdem sollten Sie in einem ersten Schritt zunächst mit Bleistift unterstreichen und erst im zweiten Durchgang entscheiden, was **wirklich** relevant ist.

1.5.5 Welche Lesestrategie für welches Leseziel? – Ein Überblick

Lesestrategien[3] sind Vorgehensweisen, um den Lesevorgang zu steuern. Nicht jede Strategie eignet sich dabei für jeden Text und jedes Leseziel. Es macht beispielsweise einen Unter-

3 In der Fachliteratur wird der Begriff Lesestrategie häufig synonym zum Begriff der Lesetechnik verwendet. Andere Autoren wie beispielsweise Lange (2013: 24) oder Brink (2013: 35) sprechen ausschließlich von Lesetechnik; Stickel-Wolf/ Wolf (2013: 19) hingegen von Lesestilen. Eine genaue Abgrenzung der Begriffe ist schwierig und an dieser Stelle weder zielführend noch notwendig. Festzuhalten ist jedoch, dass die Lesestrategie strenggenommen den Handlungsplan vorgibt, um einen Text gezielt zu bearbeiten. Die dazu angewandten, kleineren Schritte sind dann die Lesetechniken.

schied, ob Sie einen Krimi zur Unterhaltung lesen, eine Ausgabe des *Spiegels* bei einem Arzt- oder Friseurbesuch durchblättern oder ein Fachbuch durcharbeiten. In allen Fällen verfolgen Sie (meist unbewusst) ganz unterschiedliche Ziele und nutzen dementsprechend (ebenfalls meist unbewusst) unterschiedliche Strategien und Techniken. So werden Sie bei einem Krimi wohl kaum ein Wort nachschlagen, das Sie nicht verstehen; oder bei der Titelstory im *Spiegel* farbig unterstreichen. Einem Text, den Sie für das Studium brauchen, werden Sie sich hingegen ganz anders nähern. Wichtig ist daher, dass Sie unterschiedliche Lesestrategien kennen und diese bewusst – je nach Leseziel und Textgenre – auswählen. Im Folgenden konzentriere ich mich auf jene Strategien, die für die Bearbeitung von Fachtexten am wichtigsten sind[4]. Dazu gehören:

- das überfliegende Lesen (Skimming)
- das kursorische Lesen (Scanning)
- das selektive Lesen
- das intensive Lesen (Close Reading)
- das kreative Lesen
- das redigierende Lesen (Korrekturlesen)

Das überfliegende Lesen (Skimming): Das überfliegende Lesen verfolgt das Ziel, im Schnelldurchgang so viel wie möglich vom Textinhalt zu erfassen und erste Leseeindrücke zu sammeln. Es bietet sich dann an, wenn Sie sich zunächst einen Überblick über den Text verschaffen wollen, um daraufhin entscheiden zu können, ob sich eine gründlichere Lektüre lohnt. Achten Sie dabei auf alles, was Ihnen Rückschlüsse auf die wesentlichen Informationen und den Textaufbau gibt. Bei einem Buch sind das beispielsweise Inhaltsverzeichnis, Titel

[4] In der Literatur finden sich zudem Strategien wie das entspannte Lesen oder Freizeitlesen. Da sich diese Formen im Unialltag jedoch nur für Texte eignen, die nicht gelesen werden müssen oder deren Thema bereits gut bekannt ist, werden sie hier ausgeblendet.

und evtl. Untertitel, Einleitung und Fazit sowie Literaturverzeichnis, Glossar oder Register. Bei einem Artikel eignen sich zudem das Abstract sowie Überschriften und Unterüberschriften. Hilfreich ist es auch, sich graphische Elemente und Schlüsselworte anzusehen und sich vorzugsweise auf die ersten und letzten Sätze eines Abschnittes sowie auf die Einleitungs- und Schlusskapitel zu konzentrieren.

Das kursorische Lesen (Scanning): Beim kursorischen Lesen suchen Sie nach bestimmten inhaltlichen Aspekten und haben einen bestimmten Fokus. Häufig ist das kursorische Lesen dem überfliegenden Lesen nachgelagert. Die Strategie ist nützlich, um nach Schlüsselbegriffen oder Zahlen zu suchen oder in bereits gelesenen Texten Zitate oder Ähnliches wiederzufinden. In der Regel sichten Sie dabei den gesamten Text und konzentrieren sich auf vorher definierte Informationen und Reizworte.

Das selektive Lesen: Bei dieser Technik lesen Sie eine oder mehrere bewusst ausgewählte Teile. Die Entscheidung für einen Textabschnitt folgt meist aus der Phase des orientierenden oder kursorischen Lesens. Sie wenden das selektive Lesen beispielsweise an, wenn Sie sich in mehreren Artikeln ausschließlich die Methodenteile ansehen und diese miteinander vergleichen oder Sie sich für die Auslegung einer Theorie bei verschiedenen Autoren interessieren.

Das intensive Lesen (Close Reading): Ziel dieser Leseweise ist es, einen Text sehr detailliert zu verstehen und zu analysieren. Sie lesen dabei besonders gründlich und langsam und gehen im Text zurück, wenn Sie etwas nicht verstehen. Das intensive Lesen ist Studierenden oft aus der Schule bekannt. In der Regel halten Sie öfter inne, um das gerade Gelesene zu verinnerlichen oder sich Notizen zu machen. Eine besondere Bedeutung kommt dem intensiven Lesen in den Geisteswissenschaften zu, doch auch wenn Sie sich in anderen Fächern mit Ihrer Primärliteratur befassen, werden Sie fast automatisch auf die Strategie des intensiven Lesens zurückgreifen.

Das kreative Lesen: Diese Strategie zielt nicht auf eine genaue Textwiedergabe ab, sondern darauf, auf Basis des gelesenen Texts eigene neue Ideen, Gedanken oder Hypothesen zu entwickeln. Hier weiß der Leser oft noch nicht genau, wonach er eigentlich sucht, sondern will sich vom Text inspirieren lassen und die eigenen Gedanken sortieren oder festigen. In der Praxis des akademischen Schreibens kommt das kreative Lesen insbesondere in der Phase der Themenfindung zum Einsatz, wenn Studierende zwar eine grobe Vorstellung ihres Themas, aber noch keine konkret ausgearbeitete Forschungsfrage haben. Die Art der Inspiration betrifft dabei nicht nur Inhalte, sondern auch den Aufbau einer Argumentation oder eine mögliche Strukturierung der Arbeit.

Das redigierende Lesen: Diese spezielle Form des Lesens zielt darauf ab, Mängel in eigenen oder fremden Texten zu beheben, z. B. Formulierungen, Satzbau, Stringenz der Argumentation oder Aufbau der Arbeit. Auch die Überprüfung auf Fehler wie Rechtschreibfehler, Zeichensetzung oder Grammatik können Schwerpunkte des Redigierens sein, in diesem Fall spricht man eher von einem Korrekturlesen. Das redigierende Lesen zeichnet sich dadurch aus, dass der Text vollständig gelesen wird.

Komplexe Lesestrategien: Darüber hinaus gibt es Lesestrategien, die unterschiedliche Methoden kombinieren und recht aufwendig sind. Lange nennt diese Lesestrategien „komplex“ (2013: 31) und spielt damit auf die Tatsache an, dass diese Strategien auf ein Tiefenverständnis abzielen. Komplexe Lesestrategien sollten Sie daher dann einsetzen, wenn Sie etwa Texte für eine Seminardiskussion oder eine Prüfung benötigen oder es mit einem sehr schwierigen Text zu tun haben.

Ein prominentes Beispiel für eine komplexe Lesestrategie ist die **SQ3R-Methode**. Diese Methode ist bereits recht alt und wurde von Francis Robinson in seinem 1946 veröffentlichten und 1961 überarbeiteten Buch *Effective Study* vorgestellt. Sie wurde später mehrfach weiterentwickelt und erweitert oder verkürzt (Stickel-Wolf/ Stickel 2013: 11).

Das Akronym SQ3R steht für **S**urvey – **Q**uestion – **R**ead – **R**ecite – **R**eview und meint folgende Schritte (Robinson 1961: 29f.):

1. In einem ersten Schritt verschaffen Sie sich einen Überblick über den Text (survey) (siehe auch die Hinweise zum Skimming). Sehen Sie sich dabei insbesondere Einleitung, Schlusskapitel, falls vorhanden das Abstract, Abbildungen, Tabellen und Überschriften an.
2. Anschließend stellen Sie Fragen an den Text (question), um Ihr Vorwissen zu aktivieren. Wichtig ist insbesondere die Frage, welche Antworten Sie vom Text erwarten. Haben Sie vielleicht schon Vermutungen, zu welchen Schlussfolgerungen der Autor kommt? Haben Sie bereits andere Texte zu dem gleichen Thema oder vom gleichen Autor gelesen? Auch W-Fragen können eine hilfreiche Lektüre-Stütze sein (Boeglin 2012: 109-111).
3. In einem dritten Schritt lesen Sie den Text genau durch (read) und rekapitulieren die Kernaussagen. Wichtige Schlüsselwörter können Sie farbig markieren oder unterstreichen.
4. Als viertes sollten Sie über den Text nachdenken (recite). Wichtige Punkte sollten Sie zudem schriftlich zusammenfassen oder als Mind Map veranschaulichen.
5. Zuletzt lesen Sie den Text nochmals, um ihn zu vertiefen und mögliche Ungereimtheiten zu beseitigen (review). Außerdem sollten Sie überlegen, wie der Text in den gesamten thematischen Kontext passt, beispielsweise welchen Stellenwert er für Ihre eigene wissenschaftliche Arbeit besitzt oder in welchem Zusammenhang er mit anderen Seminartexten steht.

1.5.6 Wie erkenne ich den Wald trotz der vielen Bäume? – Herausforderungen beim Lesen

Gerade wenn Sie vor einem größeren wissenschaftlichen Projekt wie einer Bachelorarbeit sitzen, wird es vorkommen, dass Sie mit vielen Texten parallel arbeiten, Ihnen schwer verständliche Texte begegnen, Sie in einer Fremdsprache lesen oder alle drei Herausforderungen gleichzeitig meistern müssen. Besonders hilfreich ist dabei die Arbeit mit einem Metasystem, welches Sie darin unterstützt, den Überblick über Ihre Texte zu behalten. Auch Wissenskarten in Form von Mind Maps oder Concept Maps helfen Ihnen dabei, die Ergebnisse Ihrer Literaturrecherche zu organisieren. Außerdem sollten Sie sich ein Lektürejournal angelegen. Nicht zuletzt kann es erforderlich sein, dass Sie Abstriche an Ihrer eigenen Anspruchshaltung machen, denn wissenschaftliche Arbeiten sind – wie alle Produkte des geistigen Schaffens – nie endgültig abgeschlossen. Doch die Tipps der Reihe nach:

Metasystem einsetzen: Um bei sehr vielen Quellen den Überblick zu behalten, schlägt Lange (2013: 15) ein Metasystem vor. Wie Sie dieses Metasystem gestalten, ist letztendlich Ihnen überlassen. Falls Sie gerne von unterwegs aus arbeiten, bieten sich vielleicht elektronische Notizen auf Ihrem Laptop oder Tablet-PC an. Ebenfalls empfehlenswert sind Exceltabellen oder Literaturverwaltungsprogramme wie *Citavi*, *Mendeley* oder *Zotero*. Diese Programme bieten den Vorteil, dass Sie Ihre Kommentare direkt im Text markieren und verschlagworten können. Näheres zum Thema Wissensmanagement mit Softwareunterstützung erfahren Sie auch in Abschnitt 1.7.

Studierende, die lieber handschriftlich arbeiten, können auf Karteikarten zurückgreifen. Andere Studierende drucken sich alle Texte aus und bilden unterschiedliche Stapel, die sie komplett im Raum verteilen. Selbstverständlich können Sie auch verschiedene Arbeitsweisen miteinander kombinieren;

etwa, indem Sie den „guten alten Zettelkasten" elektronisch mit Ordnern und Unterordnern abbilden oder mit einem Tablet-PC arbeiten, auf dessen Oberfläche Sie auch handschriftlich Notizen machen und diese automatisch abspeichern können.

In Ihrem Metasystem können Sie unterschiedliche Farben je nach Thematik oder Relevanz des Texts vergeben. Mögliche Einträge können folgende Aspekte betreffen (modifiziert nach Lange 2013: 16):

- Informationen zur Recherche (z. B. Stichworte, nach denen Sie gesucht haben, sowie Ort/ Datenbank)
- Titel, Autor, Erscheinungsjahr
- Standort der Texte (z. B. abgelegt in Ordner XY, Bestandsexemplar in Bibliothek A)
- Informationen zum Bearbeitungsstand des Textes (z. B. unbrauchbar, Kapitel 1 relevant für Einleitung, S. 42-67 später lesen)
- Notizen zum Inhalt des Texts
- Wichtige wörtliche Zitate (mit Seitenangabe)
- Fragen an den Text

Tipp

Es bietet sich an, nicht nur positive, sondern auch negative Suchergebnisse festzuhalten. Sprich: Notieren Sie auch, welche Schlagwortsuche beispielsweise kaum Treffer gebracht hat oder welche Texte für Ihr Thema explizit ungeeignet sind.

Texte kontextualisieren: Insbesondere bei sehr vielen Quellen ist es wichtig, dass große Ganze nicht aus dem Blick zu verlieren. Wie bereits bei der Nachbereitung des Lesens in Abschnitt 1.5.4 angerissen, eignen sich Mind Maps und Concept Maps besonders gut, um Wissen übersichtlich zu strukturieren und zu kategorisieren. Daher können Sie beide Techniken nicht nur für einzelne Texte, sondern auch für Ihren gesamten Literaturraum nutzen und dadurch den Kontext sichtbar machen.

Mind Maps fokussieren sich dabei eher auf hierarchische Anordnungen mit Haupt- und Nebensträngen. Im Gegensatz zur Mind Map geht die Concept Map von mehreren, meist gleich gewichteten Begriffen aus und stellt Querverbindungen her. Sie eignet sich weniger zur Abbildung von Hierarchien als zur Abbildung von Beziehungen und (wechselseitigen oder einseitigen) Einflüssen.

Lektürejournal nutzen: Sehr hilfreich ist es, während des Lesens ein Schreibjournal zu führen, in dem Sie sämtliche Anmerkungen oder Ergänzungen zum Gelesenen festhalten. Dabei reicht ein kleines Notizheft, ein einfaches Word-Dokument auf dem Laptop oder die Notizfunktion im Handy. Wichtig ist, dass Sie das Lektürejournal immer bei sich führen, damit Sie auch von unterwegs aus wichtige Ideen und Fragen niederschreiben können. Denn die besten Einfälle hat man erfahrungsgemäß nicht am Schreibtisch. Das kann zum Beispiel ein spannender Zeitungsartikel sein, oder ein plötzlicher Geistesblitz in der Straßenbahn oder in einer Vorlesung. Mit der Zeit ergibt sich hier ein ganzes Potpourri an Gedanken, die Sie darin unterstützen, Ihr Thema und ihre Literatur besser zu verstehen.

Mut zur Lücke: Davon abgesehen sollten Sie sich kritisch fragen, wie viel Zeit Sie in die Recherchephase investieren wollen bzw. zeitlich können. Selbst bei einer Dissertation oder einem anderen langfristig ausgerichteten Forschungsprojekt werden Sie niemals den vollständigen Literaturraum bearbeiten können. An einem bestimmten Punkt sollten Sie daher auch bewusst einen Schlussstrich ziehen und akzeptieren, dass Ihre Arbeit lückenhaft ist. Sicher: Ein gewisses Maß an Perfektionismus und Gewissenhaftigkeit hat noch keiner wissenschaftlichen Arbeit geschadet, im Gegenteil. Aber es gibt auch Grenzen. Und bei einem engen Zeitplan von meist nur sechs bis zwölf Wochen für eine Bachelorarbeit ist auch klar, dass Sie eben nicht jeden existierenden Artikel zu Ihrem Forschungsgebiet lesen und auch nicht den zwanzigsten Experten befragen können. Der Mehrwert, den Sie dadurch erreichen, steht – eine fundierte Literaturauswertung vorausgesetzt – in keinem Verhältnis zum zusätzlichen Aufwand. Achten Sie daher darauf, die Recherche einzugrenzen, anstatt jede kleine Facette Ihres Themas ausleuchten zu wollen.

Umgang mit sperrigen oder schwierigen Texten: Immer wieder wird es vorkommen, dass Sie mit Texten konfrontiert sind, die Sie auch beim zweiten oder dritten Lesen nicht vollkommen verstehen. Zunächst einmal gilt hier: Ruhe bewahren. In Anlehnung an Elbow (2008: 1f.) und Lange (2014: 12) empfiehlt sich in einem ersten Schritt eine grundlegende Haltung des Vertrauens. Elbow nennt diese Phase das „believing game": Gehen Sie davon aus, dass der Autor etwas zu sagen hat, das wichtig und richtig ist. Widmen Sie sich zunächst jenen Passagen, die Sie (zumindest einigermaßen) verstanden haben. Machen Sie sich Notizen über die wichtigsten Inhalte und lassen Sie Lücken, wo Sie Verständnisschwierigkeiten haben. Versuchen Sie dann herauszufinden, warum es Ihnen schwer fällt, den Text zu verstehen. Fehlt Ihnen thematisches Hintergrundwissen? Sind die Sätze mit Fremdwörtern durchspickt, die Sie nicht kennen? Oder liegt es eher an der Argumentationsstruktur, die Ihrer Meinung nach widersprüchlich ist? Diese kritischen Fragen bildet den Übergang zum zweiten Schritt, den Elbow als „doubting game" bezeichnet: Unterziehen Sie den Text einer skeptischen Prüfung und äußern Sie Ihre Zweifel. Entscheidend ist dabei die Offenheit gegenüber dem Text: Es geht nicht darum, eine Gegenposition zu vertreten, sondern sich auf einen Sokratischen Dialog mit dem Autor einzulassen, an dessen Ende im Idealfall ein besseres Textverständnis steht.

Manchmal hilft es auch, schwierige Passagen zunächst zu ignorieren und erst den Gesamtzusammenhang zu verstehen.

Wenn Sie bis zum Schluss lesen und den Kontext kennen, lösen sich die Anfangsprobleme teilweise von selbst. Falls nicht, schlagen Sie unbekannte Fachtermini in Fachlexika nach oder versuchen Sie, einen Einführungstext zu dem Thema zu finden. Bei schwierigen Primärquellen gibt es meist gute und verständliche Sekundärtexte, die Ihnen den Zugang zum Ursprungstext erleichtern.

Darüber hinaus bieten sich komplexe Lesestrategien wie die SQ3R-Methode an. Hilfreich ist es auch, sich mit Kommilitonen über den Text auszutauschen und die Inhalte gemeinsam im Gespräch zu erarbeiten (Lange 2013: 85). Lange empfiehlt zudem, unbekannte Worte in Fachlexika nachzuschlagen und komplexe Sätze Schritt für Schritt zu zerlegen (2013: 77-81). Zuletzt sollten Sie anspruchsvolle Texte in kleineren Etappen von etwa 10 bis 15 Minuten lesen (Schmitz 2008: 29) und in dieser Zeit mögliche Störquellen abschalten.

Lesen in einer Fremdsprache: Oben beschriebene Strategien und Techniken empfehlen sich auch, wenn Sie Texte in einer Fremdsprache lesen. Schlagen Sie nicht jedes unbekannte Wort nach, sondern versuchen Sie zunächst, den Kontext zu erschließen. Den Sinn mancher Worte werden Sie auf diese Weise von selbst erarbeiten. Lange (2013: 84) empfiehlt zudem, wichtige fremdsprachige Fachbegriffe in einem Lektürejournal festzuhalten und auch Grundlagenliteratur in der Fremdsprache zu lesen, um sich gezielt den notwenigen Fachwortschatz anzueignen.

Zum Weiterlesen:

Lange, U. (2013): Fachtexte – lesen, verstehen, wiedergeben, Paderborn: Ferdinand Schöningh.

Stary, J. (2013) Wissenschaftliche Literatur lesen und verstehen. In: Franck, N./ Stary, J.(Hrsg.): Die Technik wissenschaftlichen Arbeitens, 17. Aufl., Paderborn, Ferdinand Schöningh, S. 65-90.

Stickel-Wolf, C./ Wolf, J. (2013): Wissenschaftliches Arbeiten und Lerntechniken. Erfolgreich studieren – gewusst wie! 7. aktual. und erw. Aufl., Wiesbaden: Springer Gabler.

1.6 Literatur bearbeiten: Das Exzerpt

Ein Exzerpt ist ein nützliches Instrument, um eine Quelle auf eine spezifische Fragestellung hin auszuwerten und dabei die wesentlichen Kerngedanken und den Grundaufbau des Textes in knapper Form wiederzugegeben. Das Wort „exzerpieren" leitet sich vom lateinischen Wort „excerpere" ab, was so viel wie „auswählen" oder „herausnehmen" bedeutet. Schweikle (2007: 225) definiert das Exzerpt als eine „knappe Zusammenstellung der für den jeweiligen Benutzer oder einen bestimmten Leserkreis wichtigen Gesichtspunkte eines Buches oder einer Abhandlung". Ein Exzerpt ist also weder eine Inhaltsangabe noch eine Aneinanderreihung von wörtlichen Zitaten, sondern ein Auszug aus einem Text, bei dem Sie jene zentralen Thesen und Argumente herausfiltern, die für Ihre eigene Arbeit von Interesse sind. Dabei sind Ihre persönlichen Reflektionen und Kommentare des Gelesenen wichtiger Bestandteil des Exzerpts.

Viel Aufwand, großer Nutzen: Exzerpte stammen aus einer Zeit, in der Quellen ausschließlich im Präsenzbestand einer Bibliothek eingesehen und noch nicht kopiert oder gescannt werden konnten. Den Studierenden blieb damals nichts anderes übrig, als vor Ort alle relevanten Textstellen herauszuschreiben, um später am eigenen Schreibtisch auf diese Notizen zurückgreifen zu können. Angesichts zunehmender elektronischer Bücher und Zeitschriften und der Möglichkeit, Texte auszuleihen und zu vervielfältigen, geraten Exzerpte immer mehr in Vergessenheit. Nichtsdestotrotz sollten Sie das Exzerpieren nicht leichtfertig als veraltete Technik verwerfen. Zugegeben: Exzerpte anzufertigen ist aufwendig und verlangt Disziplin. Doch der Aufwand lohnt sich, denn Exzerpte bieten zwei große Vorteile:

- Exzerpte sind hervorragende Hilfsmittel, um sich ein Thema oder Wissensgebiet zu erarbeiten. Weil Sie den Text nicht nur lesen, sondern auch schriftlich bearbeiten, sind Sie automatisch gezwungen, sich tiefer mit dem Material zu befassen. Die intensive Auseinandersetzung mit einem Text trägt dazu bei, dass Sie die Aussagen besser verstehen und länger in Erinnerung behalten. Darüber hinaus unterstützt Sie das Exzerpt dabei, sich kritisch mit dem Gelesenen auseinanderzusetzen und sich innerhalb des Diskurses zu positionieren.
- Exzerpte fungieren als Brücke zwischen Ihrer eigenen Arbeit und der fremden Quelle. Indem Sie die wichtigsten Aussagen in eigenen Worten formulieren, lösen Sie sich vom Gelesenen und entgehen Sie der Gefahr des Plagiats. Je besser Sie sich dabei von der Argumentation und der Sprache des Texts lösen, desto besser können Sie Ihr Exzerpt später in die eigene Arbeit einbetten.

Bestandteile des Exzerpts: Das Exzerpt umfasst in der Regel folgende Teile:

1. Bibliografische Angaben zur Quelle, also alle Angaben, die Sie später für einen Eintrag im Literaturverzeichnis benötigen (mindestens aber Autor und Titel der Quelle).
2. Schlag- oder Schlüsselwörter, die den Beitrag thematisch einordnen.
3. Kurze Zusammenfassung zentraler Aussagen, Kernthesen und Ergebnisse; je nach Fragestellung kann es hier auch angebracht sein, die Argumentation zu skizzieren.
4. Wörtliche Zitate (immer mit genauer Seitenangabe) → sparsam verwenden (bieten sich insbesondere bei prägnanten Aussagen und Definitionen an).
5. Eigene Kommentare, Querverweise zu anderen Quellen oder Fragen zum Gelesenen, z.B. wofür der Text im Hin-

blick auf Ihre eigene Arbeit relevant sein könnte. Auch Zweifel oder Kritik an der Quelle sollten Sie festhalten. Auf diese Weise kann Ihnen das Exzerpt später dabei helfen, Ihre Argumentation stringent aufzubauen.

6. Unter Umständen kann es nützlich sein, festzuhalten, in welcher Bibliothek und unter welcher Signatur Sie die Quelle gefunden haben.

Wann bietet sich ein Exzerpt an? Wie oben erwähnt, ist ein Exzerpt eine nützliche Methode, um sich studienrelevante Texte sorgfältig zu erschließen. Sie eignen sich also immer dann, wenn Sie sich neue Informationen einprägen wollen oder Sie den Text für ein Seminar oder eine wissenschaftliche Arbeit brauchen. Bedenken Sie allerdings, dass Exzerpte in der Regel reine Hilfstexte sind, die Sie in Ihrem individuellen Arbeits-, Lern- und Schreibprozess unterstützen sollen. Dementsprechend können Sie die Exzerpte sehr frei gestalten und alles hineinschreiben, was Ihnen in den Sinn kommt oder für Sie hilfreich scheint. Es ist dabei egal, ob Sie Ihr Exzerpt klassisch auf Blättern oder Karteikarten oder digital festhalten. Entscheidend ist, dass Ihr System für Sie persönlich funktioniert. Lediglich einige wenige Grundregeln sollten Sie beherzigen:

Ihr Exzerpt sollte ohne Kenntnis des zugrunde liegenden Textes verständlich sein. Daher empfiehlt es sich, in vollständigen Sätzen zu schreiben, damit Sie Ihre Notizen und Ihre Argumentation später noch nachvollziehen können. Stichworte und Satzfragmente hingegen bergen das Risiko, dass Sie später keine Zusammenhänge mehr erkennen.

Machen Sie kenntlich, was Rekonstruktion des Textes und was Ihre eigenen Anmerkungen und Kommentare sind. Andernfalls kann es passieren, dass Sie später unwissentlich eigene und fremde Meinung vermischen.

Falls Sie direkte oder indirekte Zitate verwenden, machen Sie diese kenntlich und notieren Sie immer die genaue Seitenzahl. Das erspart Ihnen später viel Aufwand, wenn Sie das Zitat in Ihren eigenen Text einbauen wollen. Sekundärzitate sollten Sie im Originaltext überprüfen.

Welche Formen des Exzerpts gibt es? Wie ausführlich Sie exzerpieren, sollten Sie insbesondere davon abhängig machen, wofür Sie die Quelle verwenden wollen. Wenn Sie sich einen ersten Überblick über ein bestimmtes Thema verschaffen wollen, sind kurze, schlagwortartige Exzerpte sehr sinnvoll, in denen Sie die Kernargumente des Textes zusammenfassen. Diese ähneln dann dem in Abschnitt 1.5.6 skizzierten Metasystem. Wenn Sie die Quelle für ein Seminar, eine Prüfung oder eine eigene wissenschaftliche Arbeit brauchen, bieten sich ausführlichere Exzerpte an. Diese können Sie dann als Grundlage zum Lernen oder Schreiben nutzen, ohne immer wieder die Originalquelle nutzen zu müssen.

Nicht immer müssen Sie den gesamten Text exzerpieren. Gerade wenn Sie eine konkrete Forschungsfrage haben, reicht es oft aus, nur einzelne Abschnitte (etwa den Methoden- oder Ergebnisteil) zu exzerpieren. Noch zielgerichteter können Sie vorgehen, wenn Sie den Text innerhalb Ihres Forschungsüberblicks einordnen wollen. Wenn Sie hingegen nur über geringe Vorkenntnisse verfügen und sich allgemeiner in ein Thema einlesen wollen, ist es vorteilhaft, den Text unter einem sehr breiten Blickwinkel zu betrachten.

Wie gehe ich beim Exzerpieren vor? Folgendes Vorgehen hat sich bewährt:

1. Zunächst sollten Sie sich einen groben Überblick über den Text verschaffen. Vor allem Abstract, Einleitung und Schluss sowie bei Büchern auch das Inhaltsverzeichnis helfen Ihnen dabei, sich einen ersten Eindruck von der Relevanz des Texts zu verschaffen.
2. In einem zweiten Schritt gehen Sie den Text absatzweise durch. Es bietet sich an, zunächst das Thema in einem Schlüsselwort an den Rand zu notieren oder mit einer

Überschrift zu versehen. Falls Sie den Text auf eine bestimmte Fragestellung hin lesen, halten Sie beim Exzerpieren bereits die Antworten fest, die der Text auf die Frage gibt. Wenn Sie ein allgemeines Exzerpt ohne bestimmten Fokus anfertigen, formulieren Sie für jeden Abschnitt oder Absatz zunächst das Thema und dann die wichtigsten Hauptaussagen.

3. Vergessen Sie nicht, zu sämtlichen Anmerkungen immer fortlaufend am Seitenrand die Seitenzahlen anzugeben (also nicht nur bei Zitaten).
4. In weiteren Schritten können Sie den Text weiter verdichten oder im Hinblick auf eine bestimmte Fragestellung hin konkretisieren. Möglich ist auch, dass Sie Ihr Exzerpt in einem Schaubild visualisieren.

Übung: Methoden zum wissenschaftlichen Exzerpieren

Gerade wenn Sie vor einem größeren wissenschaftlichen Projekt wie einer Bachelorarbeit sitzen, ist es sinnvoll, etwas Zeit zu investieren, um herauszufinden, welches System zur Textbearbeitung Ihnen am besten liegt. Hierzu finden Sie im Folgenden drei verschiedene Methoden, die sich in zahlreichen Workshops mit Studierenden bewährt haben. Nicht jede Methode eignet dabei für jeden Lesetyp. Am effektivsten ist es, wenn Sie sich eine DIN-A4 Seite Text aus einem Fachartikel suchen und diesen Text mit allen drei Methoden bearbeiten. Im Anschluss können Sie gut vergleichen, mit welcher Methode Sie am besten zurecht kommen.

Methode 1: Assoziative Textanalyse

1. Lesen Sie den Text in einem Fluss.
2. Legen Sie den Originaltext beiseite und schreiben Sie in einem Free-Writing auf (fünf Minuten), worum es in dem Text geht, was Ihnen an dem Text gefallen hat, was Sie

kritisch finden und welche Fragen Sie möglicherweise an den Text haben.
3. Lesen Sie den Text erneut und halten Sie wichtige Aspekte des Texts in Form eines Clusters fest.
4. Legen Sie den Originaltext beiseite und verfassen Sie mit Hilfe Ihres Clusters einen eigenen Text.

Methode 2: Visuell gestützte Textanalyse
1. Lesen Sie den Text und unterstreichen Sie mit einem Bleistift, was Ihnen wichtig erscheint.
2. Lesen Sie den Text erneut und unterstreichen Sie farbig, was Ihnen noch immer wichtig erscheint. Benutzen Sie dabei unterschiedliche Farben für unterschiedliche Werte (z.B. Definitionen, Beispiele, Behauptungen).
3. Worum geht es in dem Text? Ordnen Sie jedem Absatz ein inhaltliches Leitwort zu und schreiben Sie es an den Textrand.
4. Schreiben Sie nun eine Zusammenfassung des Textes auf Basis Ihrer Unterstreichungen und Anmerkungen.

Methode 3: Absatzbezogene Textanalyse
1. Lesen Sie den Text in einem Fluss.
2. Nummerieren Sie die Absätze des Textes durch und schreiben Sie die Nummern in etwas größeren Abständen senkrecht auf ein Blatt Papier.
3. Formulieren Sie nun zu jedem Absatz eine Überschrift oder eine Hauptaussage oder eine Frage und schreiben Sie sie zu der jeweiligen Nummer auf das Blatt.
4. Legen Sie den Originaltext beiseite und verfassen Sie mit Hilfe Ihrer Überschriften, Hauptaussagen oder Fragen einen eigenen Text.

Quelle: Abgewandelt nach Grieshammer/ Liebetanz (2013): 194 sowie Frei (2013: unveröffentlichte Workshop-Unterlagen).

In Kürze

Ein gutes Exzerpt besteht aus folgenden Angaben:

- Titel und Verfasser der Quelle
- Kurze Einordnung des Beitrags bzw. eine Hinführung zum Thema (manchmal reicht ein thematisches Stichwort)
- Zentrale Aussagen, Kernthesen und Ergebnisse
- Wörtliche Zitate (immer mit genauer Seitenangabe)
- Eigene Kommentare oder Fragen zum Gelesenen
- Zweifel oder Kritik an der Quelle sowie mögliche Verknüpfungen oder Querverweise zu anderen Artikeln

Zum Weiterlesen:

Boeglin, M. (2012): Wissenschaftlich arbeiten Schritt für Schritt. 2. Aufl., Paderborn, München: Fink, 114f.

Esselborn-Krumbiegel, H. (2014): Von der Idee zum Text. Eine Anleitung zum wissenschaftlichen Schreiben. 4., aktual. Aufl., Paderborn [u.a.]: Ferdinand Schöningh.

Frank, A./ Haacke, S./ Lahm, S. (2007): Schlüsselkompetenzen – Schreiben in Studium und Beruf. Stuttgart, S. 39-41.

Paetzel, U. (2001): Wissenschaftliches Arbeiten. Überblick über Arbeitstechnik und Studienmethodik. Berlin: Cornelsen, 56f.

Stickel-Wolf, C./ Wolf, J. (2013): Wissenschaftliches Arbeiten und Lerntechniken. Erfolgreich studieren – gewusst wie! 7. aktual. und erw. Aufl., Wiesbaden: Springer Gabler, S. 38-41.

1.7 Wissen organisieren mit Software – Überblick über die Literatur behalten

Sie haben inzwischen Ihr Thema recherchiert, das gesammelte Material gesichtet, Ihre Texte mehr oder weniger intensiv oder selektiv gelesen und erste Quellen stichwortartig exzerpiert.

Glückwunsch! Damit haben Sie bereits viele zentrale Aufgaben der Literaturarbeit bewältigt. Doch wie das Wissen organisieren?

Im Prinzip sind Ihnen hier keine Grenzen gesetzt, solange Ihr System für Sie persönlich funktioniert. Das können physisch greifbare DIN-A4-Ordner oder virtuelle Ordner auf dem PC ebenso gut sein wie handschriftliche Notizen, bunte Post-it-Zettel oder große Mind Maps. Erlaubt ist alles, mit dem Sie sich wohl fühlen. Allerdings haben die meisten Systeme zur Wissensverwaltung das Problem, dass es schwierig ist, Informationen gezielt abzurufen.

So kennen Sie vielleicht die Situation, dass Sie einen Artikel suchen, den Sie vor einigen Wochen oder Monaten mal überflogen und elektronisch abgespeichert oder in einem Ordner abgeheftet haben und nun dringend benötigen? Möglicherweise haben Sie eine ausgeklügelte Struktur an Ordnern und Unterordnern auf Ihrem PC, in denen Sie Ihre Dateien sowohl thematisch als auch chronologisch ablegen, und dennoch dauert es eine gefühlte Ewigkeit, bis Sie das gewünschte Dokument finden?

Glücklicherweise gibt es mittlerweile eine Vielzahl an Programmen, die sich dem Problem der Wissensorganisation annehmen. Viele von ihnen sind jedoch entweder für eine Einzelperson zu teuer oder viel zu komplex. Im Folgenden sind einige nützliche Programme aufgeführt, die sich insbesondere für wissenschaftliche Arbeiten als hilfreich erweisen könnten. Die Auswahl erhebt allerdings keinen Anspruch auf Vollständigkeit, sondern soll Ihnen Ideen geben, wie Sie Ihre Quellenarbeit sinnvoll technisch unterstützen können.

1.7.1 Wissen organisieren mit Literaturverwaltungssoftware

Insbesondere beim Schreiben längerer wissenschaftlicher Arbeiten sind Literaturverwaltungsprogramme ein nützliches

Hilfsmittel. Mit diesen Programmen können Sie Ihre Literaturbestände übersichtlich ordnen und ablegen, wie in einer eigenen kleinen Bibliothek. Ihre abgespeicherten Bücher, Aufsätze, eigenen Exzerpte und anderen Quellen können Sie thematisch kategorisieren, kommentieren, mit Schlagworten versehen oder wichtige Zitate herauskopieren. Wenn es dann an das eigentliche Schreiben geht, haben Sie den Titel der Quellen, ausgewählte Zitate und Ihre Kommentare gleich parat. Außerdem erstellt die Software automatisch Ihre Literaturverweise im Fließtext und das Literaturverzeichnis, und zwar im gewünschten Zitationsstil.

Die Vielzahl an Programmen ist mittlerweile sehr groß. An Universitätsbibliotheken besonders verbreitet sind die Literaturverwaltungsprogramme *Citavi*, *EndNote*, *RefWorks* und *JabRef*. Sie bieten besonders umfangreiche Funktionen hinsichtlich der Datenbearbeitung und -recherche sowie der Verknüpfungen mit Textverarbeitungsprogrammen.

Neben diesen kommerziellen Lösungen gibt es auch kostenlose Software zur Literaturverwaltung. Dazu zählen etwa *Zotero*, *Mendeley* und *Docear* . Letzteres ist ein freies Literaturverwaltungsprogramm, das nach eigenen Aussagen durch ein besonders umfassendes Bearbeiten und Klassifizieren der Literatur besticht. So ist es nicht nur möglich, einzelne Dokumente zu kategorisieren und zu kommentieren, sondern auch Anmerkungen innerhalb eines Dokuments verschiedenen Kategorien zuzuweisen. Auf diese Weise lassen sich die eigenen Ideen und Gedanken mit den Quellen gut in Beziehung setzen und zugleich systematisch und strukturiert darstellen. Zusätzlich empfiehlt *Docear* wissenschaftliche Literatur aus der eigenen Bibliothek (mit zwei Millionen Artikeln). Außerdem bietet *Docear* die Möglichkeit, Mind Maps zu erstellen und Anmerkungen und Notizen wissenschaftliche Arbeiten direkt in *Docear* zu erstellen. Vorhandene Pdfs und Notizen können unmittelbar in den Entwurf kopiert und später alles in eine Word-Datei umgewandelt werden.

Qiqqa (ausgespochen wie "quicker" für "schneller") dient ebenfalls der Verwaltung von Dateien und Literatur. Auch hier können Sie Referenzen je nach gewünschtem Zitationsstil einfügen, Ihre Pdfs verwalten und umfassend kommentieren und Mind Maps erstellen. Darüber hinaus empfiehlt Ihnen *Qiqqa* anhand der Referenzen, Autoren und Schlagworte, welche Literatur Sie als nächstes lesen sollten. Gerade bei sehr vielen Pdfs eine willkommene Hilfe. Erwähnenswert ist der Zugriff von allen internetfähigen Geräten aus sowie die Möglichkeit, gemeinsam im Team an Dokumenten oder Projekten zu arbeiten. Über *Evernote* können Sie mit Ihren Kommilitonen diskutieren und Inhalte und Informationen teilen.

Tipp
Weiterführende Informationen und Schulungen bieten in der Regel die Universitätsbibliotheken an. Hier erhalten Sie auch Auskunft darüber, für welche Programme Ihre Hochschule über Lizenzen verfügt. Einen übersichtlichen Vergleich der Vor- und Nachteile verschiedener Literaturverwaltungsprogramme bietet die Universitätsbibliothek der Technischen Universität München (Stand Juni 2015): Softwarevergleich Literaturverwaltung (5. aktualisierte Version), online unter: https://mediatum.ub.tum.de/doc/1271693/1271693.pdf)

1.7.2 Zettelwirtschaft 2.0: Post-its und Notizen digital verwalten

Wer gerne mit Post-it-Zetteln arbeitet, findet mittlerweile zahlreiche digitale Umsetzungen für Laptops oder mobile Endgeräte.

Zu einem Klassiker zählt *Evernote*. Mit der kostenlosen Basisversion können Sie Ihre Notizen und Inhalte aus dem Netz (zum Beispiel Bild- oder Audiodateien) sammeln. Wer mobile

Geräte nutzt, kann seine Daten synchronisieren. Außerdem können Sie Inhalte oder Aufgaben in *Evernote* freigeben und diskutieren.

Ebenfalls praktisch ist *Wunderlist*. Es funktioniert mit allen Geräten und hilft Ihnen dabei, Pläne und Listen nach Lust und Laune zu erstellen und mit anderen Menschen zu teilen. So können Sie den Überblick über Ihre Aufgaben behalten, Fälligkeitsdaten und Erinnerungen festlegen und Aufgaben gleich delegieren.

Wer seinem Zettelchaos auf seinem Schreibtisch ein Ende bereiten will, der könnte bei *Dynamic Notes, Freebie Notes, PNotes, Crawler Notes, Sticky Notes, Klebezettel NG* oder *Stickies* fündig werden – um nur einige wenige kostenlose Programme zu nennen. Gemein ist allen diesen Lösungen, dass Sie Ihre Notizzettel digital erstellen und bequem auf dem Desktop abspeichern können. Weg mag, kann den Zetteln unterschiedliche Farben oder Textformatierungen zuweisen – beispielsweise um zwischen privaten und beruflichen Aufgaben klarer zu trennen. Je nach Programm können Sie die Aufgaben mit einem Alarm versehen, um rechtzeitig daran erinnert zu werden, weitere Dateien wie Bilder oder Dokumente an die Notizen heften und die Aufgaben mit anderen Diensten wie *Evernote* synchronisieren.

Besonders umfangreich ist *Zettels*. Hier können Sie neben Texten auch Fotos, Musik oder Videos an einem zentralen Ort ablegen, und zwar mit jedem internetfähigen Gerät. Auf diese Weise haben Sie auch von unterwegs einen einfachen Zugriff auf Ihre Inhalte. Ihre Privatsphäre bleibt dabei nach Aussagen des Anbieters unangetastet, da die Inhalte nur für Sie persönlich zugänglich sind. Für wissenschaftliche Arbeiten besonders praktisch ist die Möglichkeit, Querverweise anzulegen und Quellenangaben im BibTeX-Format zu exportieren.

1.7.3 Das Gedankenchaos strukturieren dank virtueller Wissenskarten

Gerade für das Gestalten von Mind Maps gibt es mittlerweile zahlreiche Tools und Programme. Sie bieten im Gegensatz zu handschriftlichen Mind Maps den großen Vorteil, dass sich Äste und Zweige der Mind Map einfach hin- und herschieben lassen. Sie müssen also beim Überarbeiten nicht jedes Mal von vorne beginnen oder alte Inhalte umständlich überschreiben. Außerdem können Sie digitale Mind Maps besser im Team mit Kommilitonen bearbeiten und eher in Präsentationen einsetzen. Hier eine kleine Auswahl an kostenlosen oder günstigen Optionen:

Freemind und *Freeplan*e sind einfach zu bedienen und eignen sich gut für einfache, puristische Mind Maps ohne Schnickschnack. Beide Programme laufen auf Apple und Windows und sind gratis. Für Linux-, Unix- und Mac-Plattformen eignet sich ebenfalls das Tool *ViewVourMind*, das im Gegensatz zu *Freemind* und *Freeplane* auch buntere Mindmaps erstellt.

Nicht ganz kostenlos, aber dafür mit deutlich mehr Funktionen, sind die beiden Programme *MindNode* und *Simplemind*. Beide sind nutzerfreundlich, intuitiv zu bedienen und bieten optisch ansprechende Mindmaps. *MindNode* läuft auf allen Apple-Produkten und eignet sich daher auch gut für unterwegs, z. B. für das iPhone oder iPad. Kostenpunkt zwischen 10 Dollar als App und 30 Dollar für den Laptop. *Simplemind* gibt es als Desktop-Version für Windows und Mac sowie als App für iPhone bzw. iPad und Android. Gemessen an den Lizenzgebühren (je nach Version zwischen 7 und 24 Euro) ist der Funktionsumfang hoch: Die Mind Maps lassen sich etwa als Pdf oder Bilddatei exportieren und in einem LAN-Netzwerk gemeinsam mit anderen gleichzeitig bearbeiten. *Mindomo* (für einmalig 40 Euro) bietet darüber hinaus die Möglichkeit, Ihre Mindmaps mit iPad oder Android zu synchronisieren und in Echtzeit mit anderen Benutzern gemeinsam an Mindmaps zu arbeiten. So sind Sie mobil und können Ihre Ergebnisse durch Passwörter schützen und per Dropbox abspeichern.

Noch teurer und umfangreicher sind *iMindMap* und *XMind*. Zwar gibt es hier jeweils kostenlose Basisfunktionen, für mehr Komfort und Funktionen muss man als Student jedoch jeweils einmalig 80 Euro bezahlen. Dafür kann man dann neben Mind Maps auch Gantt-Diagramme für das Projektmanagement oder andere Diagramme anlegen.[5]

Eine Online-Lösung bieten *MindMup* oder *Coggle*. Hier können Sie online Mindmaps erstellen und anschließend als Pdf oder in einem anderen Format exportieren. Möglich ist auch, die Mindmap für alle oder ausgewählte Nutzer im Netz zu veröffentlichen, sodass Sie kollaborativ und ortsunabhängig daran weiterarbeiten können.

Wem normale Mindmaps nicht ausreichen, für den könnte *iMapping* das Richtige sein. Dahinter versteckt sich ein kostenloses Programm, mit dem Sie Ihr Wissen während des gesamten Studiums wunderbar organisieren und kontinuierlich erweitern können. Klingt kompliziert, ist es aber nicht, denn die Idee ist denkbar einfach: *iMapping* bietet Ihnen eine virtuelle und zoombare Pinnwand oder Wissenskarte. Umgesetzt wird das durch einen unbegrenzten Desktop, auf dem Sie Flächen mit Titeln anlegen und anordnen können. Jede dieser Flächen können Sie weiter untergliedern und mit Unterordnern, Notizen, Fotos oder Links füllen.

Spannend daran ist nun, dass Sie im Gegensatz zu Mind Maps auch Querverbindungen machen können, wobei immer nur jene Verbindungen eingeblendet werden, die dem

---

5 Andere noch teurere Anbieter mit dem Fokus auf Geschäftskunden und Unternehmen (wie etwa *MindMeister* oder *MindManager*) sind hier bewusst nicht aufgeführt.

jeweiligen Objekt zugewiesen sind. Auf diese Weise können Sie sowohl sehr feingliedrig untergliedern und Tausende von Informationen abspeichern, ohne die Übersichtlichkeit zu verlieren.

1.7.4 Weitere sinnvolle Dienste

Bookmark-Dienste: Manchmal haben bereits Kleinigkeiten wie die Arbeit mit Bookmark-Diensten einen großen Effekt. Schon bei der Recherche können Sie dadurch wichtige Webseiten für spätere Zugriffe als Lesezeichen speichern und die Informationen strukturieren. Mehr Funktionen als die Standardausstattungen von Firefox, Internet Explorer & Co. bieten Add-ons wie *Delicious* (für Chrome) oder *ScrapBook* (für Firefox). So speichern beide Add-ons nicht nur die komplette Webseite, sondern lassen Sie die Seite auch kommentieren.

LexiCan: Eine weitere gute Möglichkeit, um Wissen zu verwalten, ist die Arbeit mit der Software *lexiCan*. *lexiCan* funktioniert wie ein Wiki und ermöglicht es, multimediale Inhalte zu einem Thema zu sammeln, zu strukturieren und miteinander über Hyperlinks zu vernetzen. Dabei organisiert *lexiCan* das Wissen in Wissensgebiete und einzelne Artikel. Ein Artikel kann frei aus Texten, Bildern und Tabellen zusammengestellt werden, wobei Sie existierende Word- oder Pdf-Dateien und Ordner einfach importieren können. Referenzen können Sie mit *lexiCan* verwalten und mehreren Artikeln zuweisen. Die Kosten belaufen sich einmalig auf 40 Euro.

Digital Binder: *Digital Binder* ist ein virtueller Aktenordner. Die Erfinder verstehen das Tool als Brücke zwischen Papierstapeln und virtuellen Dokumenten: Im *Digital Binder* können Sie wie im Aktenordner Inhalte abheften, organisieren und beschriften wie in einer ausgedruckten Version. Für 40 US-Dollar können Sie zehn digitale Ordner mit 32 Karteireitern anlegen. Besonders praktisch: Sie haben Ihre Ordner bequem auf dem Laptop oder Tablet-PC dabei und können Sie mit Kommilitonen teilen. Läuft bislang leider nur auf Windows.

1.8 Exkurs: Die Literaturübersicht

Literaturübersichten spielen eine wichtige Rolle in der Forschung. Ihr Ziel ist es, das vorhandene Wissen zu einem spezifischen Themengebiet in kompakter Form darzustellen. Dabei kann eine Literaturübersicht sowohl ein eigenständiger Text als auch Teil einer wissenschaftlichen Arbeit sein.

Jesson et al. (2011: 14-16; 105) unterscheiden zwei unterschiedliche Ansätze oder Annäherungen an eine Literaturübersicht: einen traditionellen und einen systematischen Ansatz. Der traditionelle Ansatz basiert meist auf einer persönlichen Auswahl der Literatur, die nach Ansicht des Autors besonders hervorzuheben ist oder einen besonderen Stellenwert einnimmt. Die Selektion der Literatur erfolgt meist auf persönlicher Einschätzung des Verfassers und zielt darauf ab, einen breiten Überblick über das Forschungsgebiet zu geben.[6] Der systematische Ansatz unterscheidet sich durch das methodische Vorgehen und ist enger angelegt. Hier werden vorab Kriterien definiert, anhand derer bestimmte Literatur systematisch ein- oder ausgeschlossen wird, wobei die Kriterien offengelegt werden. Im Gegensatz zur traditionellen Literaturübersicht versucht der Verfasser hier, im Hinblick auf eine spezifische Fragestellung den kompletten Literaturraum zu berücksichtigen.

---

[6] Innerhalb der traditionellen Literaturübersicht differenzieren Jesson et al. (2011: 15) weitere Unterkategorien und führen unter anderem einen konzeptionellen, einen kritischen oder einen zukunftsweisenden Review an. Diese weitere Untergliederung zu erläutern erscheint mir an dieser Stelle nicht zielführend und ich verweise auf die Sekundärliteratur.

Die folgenden Hinweise beziehen sich insbesondere auf die systematische Literaturübersicht als einen eigenständigen Text. Sie lassen sich jedoch teilweise auch auf Kapitel übertragen, die innerhalb eines größeren Kontextes den aktuellen Forschungsstand darlegen und somit eher dem traditionellen Ansatz zuzurechnen sind. Übrigens macht Ridley (2008: 2) zu Recht darauf aufmerksam, dass sich die Literaturübersicht sowohl auf das fertige Produkt als auch den Prozess selbst bezieht: Sie müssen also vor dem Schreibprozess die Literatur erst sichten.

Was ist Sinn und Zweck einer Literaturübersicht? Eine Literaturübersicht dient dazu, den aktuellen Forschungsstand systematisch aufzuarbeiten und kritisch zu bewerten. Insofern ist eine Literaturübersicht mehr als eine Aneinanderreihung von Inhaltsangaben zu verschiedenen Quellen. Wie jeder wissenschaftlichen Arbeit liegt auch der Literaturübersicht eine Fragestellung zugrunde. Ihre Aufgabe besteht also nicht darin, eine Quelle nach der anderen zusammenzufassen, sondern die verfügbare Literatur zu einem bestimmten Thema zu sichten, zu rekonstruieren, zu vergleichen und daraus eigene Schlussfolgerungen zu ziehen. Darin besteht Ihre Eigenleistung, die wiederrum von Ihrem Betreuer bzw. Ihrer Betreuerin benotet wird. Indem Sie verschiedenen empirische Studien oder andere Fachartikel zusammenbringen, kategorisieren und vergleichen, generieren Sie neues Wissen und bieten dem Leser eine gute Orientierung.

Wie viele Studien und Fachartikel sollten Sie in einer Literaturübersicht berücksichtigen? Diese Frage lässt sich nicht pauschal beantworten. Seminararbeiten werten häufig zwischen 10 und 25 Beiträge aus; einer Bachelor- oder Masterarbeit liegen grob zwischen 50 und 100 Artikel zugrunde. Bei publizierten Literaturübersichten können es teilweise deutlich mehr Texte sein. Dies ist jedoch immer auch abhängig von der Fragestellung und dem Forschungskontext. Bitte sprechen Sie hier direkt mit Ihrem Betreuer bzw. Ihrer Betreuerin. Falls Sie zu viel oder zu wenig relevante Quellen finden, ist es notwendig, das Thema einzugrenzen bzw. zu erweitern. Auch dies sollten Sie mit dem Betreuer abstimmen.

Wie ist eine Literaturarbeit aufgebaut? In der Regel gliedert sich eine Literaturübersicht ähnlich wie eine empirische Arbeit in Einleitung, Theorie und Methode, Ergebnisse und Diskussion, eventuell mit einem separaten Schluss. Wie bei jeder wissenschaftlichen Arbeit brauchen Sie auch für eine Literaturübersicht eine konkrete Forschungsfrage. Sie können etwa verschiedene theoretische Ansätze oder Modelle miteinander vergleichen oder herausarbeiten, wie sich Konzepte, Theorien oder Modelle über die Zeit hinweg verändert haben. Denkbar ist auch, dass Sie konträre Forschungsstandpunkte einander gegenüberstellen und diskutieren oder allgemeine Trends im Forschungsgebiet identifizieren. Überlegen Sie sich daher, welche Aspekte Sie in Ihrer Arbeit interessieren und was Sie anhand der Literaturübersicht herausfinden oder betonen möchten.

Darüber hinaus ist es aufgrund der immensen Fülle an Artikeln besonders wichtig, den Auswahlprozess klar zu dokumentieren. Denn eine gute Literaturübersicht steht und fällt mit der Auswahl der Literatur. Damit Ihre Literaturübersicht aussagekräftig ist, müssen Sie genau angeben, wie Sie bei der Suche und Auswahl der Literatur vorgegangen sind. In welchen Datenbanken haben Sie gesucht? Nach welchen Schlagworten? Nach welchen Kriterien haben Sie Quellen ein- und ausgeschlossen? Wie viele Quellen und Untersuchungen sind letztendlich in Ihre Literaturübersicht eingeflossen? Dieses Vorgehen erläutern Sie im Methodenteil. Dabei kann auch eine Tabelle als Übersicht über die einzelnen Quellen hilfreich sein.

Wie strukturiere ich die Literatur? Je nach Thema stehen Ihnen ganz unterschiedliche Möglichkeiten offen. Achten Sie darauf, dass Sie die Arbeiten nicht nur nach Autoren zusammenfassen, da die Ideen und Konzepte auf diese Weise nur schwer miteinander zu vergleichen sind. Besser ist es, die Arbeiten nach inhaltlichen Aspekten zu ordnen. Bei der *historischen Organisation* etwa wird die existierende Literatur chronologisch vorgestellt. Auf diese Weise können Sie die Entwicklung eines Diskurses oder eines bestimmten Themengebietes nachzeichnen. Die *konzeptionelle oder thematische Organisation* fasst Quellen mit gleichen oder ähnlichen theoretischen Konzepten bzw. mit einem ähnlichen thematischen Schwerpunkt zusammen. Bei einer *methodischen Organisation* betrachten Sie Arbeiten mit vergleichbare methodischen Ansätzen bzw. Vorgehensweisen gemeinsam. Darüber hinaus gibt es zahlreiche weitere Möglichkeiten der Strukturierung wie eine räumliche Organisation oder eine Organisation nach Forschungsdisziplin.

Wie behalte ich den Überblick über die Quellen? Trotz der Fülle an Material den Überblick nicht zu verlieren ist wohl die größte Herausforderung bei einer Literaturübersicht. Wichtig ist, dass Sie sich zu jeder Quelle, die Sie auswerten wollen, die wichtigsten Informationen herausschreiben. Ein Exzerpt kann hier sehr hilfreich sein (siehe hierzu den vorangegangenen Abschnitt 1.6). Auch eine Matrix kann Ihnen die Arbeit erleichtern und Sie darin unterstützen, Gemeinsamkeiten und Unterschiede Ihrer ausgewählten Literatur herauszuarbeiten. Wie Sie die Matrix aufbauen, ist Ihnen überlassen. In Abbildung 8 finden Sie drei Beispiele. Natürlich sind auch andere Ordnungssysteme und Schlagworte möglich.

Beispiel 1

	Quelle 1	Quelle 2	Quelle 3
Fragestellung/ Zielsetzung			
Untersuchungsgegenstand/ Datengrundlage			
Theoretischer Ansatz/ zentrale Konzepte oder Modelle			
Methodisches Vorgehen			
Wichtige Ergebnisse/ Beantwortung der Forschungsfrage			
Sonstiges			

Beispiel 2

	Quelle 1	Quelle 2	Quelle 3
Zielsetzung			
Variablen des Modells			
Ergebnisse			
Stärken des Modells			
Schwächen des Modells			

Beispiel 3

	Quelle 1	Quelle 2	Quelle 3
Thema/ Argument 1			
Thema/ Argument 2			
Thema/ Argument 3			

Abb. 8: Mögliche Kriterien für überblicksartige Literaturmatrizen

Zum Weiterlesen:

Jesson, J. K./ Matheson, L./ Lacey, F. M. (2011): Doing your literature review. Traditional and systematic techniques. London [u. a.]: SAGE.

Machi, L. A./ McEvoy, B. T. (2012): The literature review. Six steps to success. Thousand Oaks, Calif. [u.a.]: Corwin Press [u.a.].

Ridley, D. (2008): The literature review. A step-by-step guide for students. London [u. a.]: SAGE.

2 Das Handwerkszeug: Die grundlegende Technik des Zitierens

Quellen stellen die Grundlage für Ihre eigene wissenschaftliche Arbeit dar. Denn es ist keineswegs nebensächlich, woher Aussagen, Argumente oder Belege stammen. Um Ihre eigenen Gedanken von fremden Gedanken abzugrenzen, müssen Sie sämtliche verwendete Quellen zitieren. Auf diese Weise demonstrieren Sie, wie umfangreich Sie sich mit dem Literaturraum befasst haben, untermauern Ihre eigene Forschung und machen für Ihre Leser nachvollziehbar, woher welche Informationen stammen. In diesem Teil lernen Sie das Rüstzeug für ein korrektes Zitieren am Beispiel des Harvard-Stils kennen und erfahren, worauf Sie beim Umgang mit Quellen achten sollten.

Fragen, auf die Sie eine Antwort bekommen:
- Was ist Sinn und Zweck des Zitierens?
- Was ist der Unterschied zwischen einem wörtlichen und einem indirekten Zitat? Worauf kommt es dabei im Detail an?
- Welche Zitationssysteme und Zitationsstile gibt es?
- Was genau ist der Harvard-Stil? Welche Angaben brauche ich beim Verweis im Fließtext?
- Wie ist ein Literaturverzeichnis (nach Harvard) aufgebaut?
- Was mache ich bei fehlenden Angaben in einer Quelle?
- Was mache ich, wenn ich mich über mehrere Seiten hinweg auf die gleiche Quelle beziehen muss oder eine Originalquelle nicht beschaffen kann?
- Was sind Plagiate und wie vermeide ich sie?

2.1 Vom Sinn und Unsinn des Zitierens: Bedeutung der Quellendokumentation

Wissenschaftliche Arbeiten unterscheiden sich von anderen Texten vor allem dadurch, dass sie auf andere wissenschaftliche Arbeiten Bezug nehmen. Das ist wichtig, denn niemand forscht in einem luftleeren Raum. Vielmehr knüpfen auch Sie in Ihrer Arbeit an einen bestehenden Diskurs an, den Sie aufgreifen und in den Sie Ihre eigene Forschung einbetten. Alle von Ihnen verwendeten Quellen müssen Sie daher sowohl im Text belegen als auch im Literaturverzeichnis aufführen.

Wie lässt sich diese Zitierpflicht rechtfertigen? Reicht es nicht aus, wenn alle Aussagen und Argumente in der Arbeit gut begründet und stichhaltig sind? Die Antwort lautet entschieden „Nein". Frank/ Haacke/ Lahm (2007: 60) nennen folgende Gründe, weshalb man auf andere wissenschaftliche Texte Bezug nimmt:

- Um deutlich zu machen, was andere bereits zu dem Thema gesagt haben
- Um deutlich zu machen, in welcher Beziehung die eigenen Annahmen und Überlegungen zu den Arbeiten anderer stehen
- Um die Argumentation zu stützen und zu entwickeln
- Um den Untersuchungsgegenstand in den Text zu integrieren (Primärquellen)
- Um Aufmerksamkeit und Spannung zu erzeugen, z. B. auch, um einen geeigneten Textanfang oder -schluss zu finden

Ergänzend führt Bagusche (2013: 4) folgende weitere Gründe für das Zitieren an:

- Um das Verhältnis von Fremd- und Eigenleistung prüfungstechnisch sauber einschätzen und bewerten zu können

- Um abzulesen, wie umfangreich und tiefgehend Sie sich mit dem Forschungsdiskurs beschäftigt haben
- Um sich gegenüber Fehlern abzusichern, falls Sie etwa unwissentlich falsche Informationen übernehmen oder den Autor verzerrt interpretieren oder übersetzen[7]

Zitate stellen also eine Verbindung zwischen Ihren eigenen Überlegungen und dem Gelesenem her. Sie sind immer dann notwendig, wenn Sie wissenschaftliche Texte von anderen nutzen, um Ihre eigene Argumentation zu stützen oder zu veranschaulichen. Dadurch grenzen Sie nicht nur Ihre eigene Leistung von fremder Leistung ab, sondern ermöglichen es dem Leser auch, sich anhand der von Ihnen gemachten Verweise tiefer in das Thema einzuarbeiten. Auch wenn Sie Ihre Argumente eigenständig formulieren, Ihre Argumentationslinie aber an einen anderen Artikel anlehnen, sollten Sie diesen Artikel erwähnen. Wenn Sie unsicher sind: Zitieren Sie im Zweifelsfall lieber einmal zu häufig als einmal zu wenig.

Gleichwohl sollten Sie nicht ins gegenteilige Extrem verfallen und nach jedem Satz einen Beleg anführen. In einem solchen Fall spricht man davon, dass der Text „überzitiert" ist. Denn Zitieren ist kein Selbstzweck und eine unüberlegte Zitatesammlung sollten Sie ebenso vermeiden wie ein künstlich aufgeblähtes Literaturverzeichnis. Darüber hinaus verbieten sich aus wissenschaftlicher Sicht auch Komfortzitate; also Textstellen, die Sie deshalb übernehmen, weil Sie sich nicht zutrauen oder zu bequem sind, den Text in eigenen Worten wiederzugeben. Näheres hierzu erfahren Sie in Abschnitt 2.6.

---

7 Der Vollständigkeit wegen sei erwähnt, dass Bagusche auch den psychologischen Grund der Anerkennung und externen Bestätigung erwähnt. Dieses Motiv ist aus Sicht der Studierenden meines Erachtens jedoch irrelevant.

In Kürze
Warum zitieren? Fünf Gründe
Fremd- und Eigenleistung trennen
Eigene Argumentation stützen und entwickeln
Gegen Fehler absichern
Untersuchungsgegenstand in den Text integrieren (Primärquellen)
Text um aktuelle oder brisante Meinungen ergänzen und neugierig machen

2.2 Wörtliche und sinngemäße Zitate

Grundsätzlich unterscheidet man zwischen direkten (also wörtlich übernommenen) und indirekten (also sinngemäß wiedergegebenen oder paraphrasierten) Zitaten. Wörtliche Zitate stehen in Anführungszeichen und sind buchstabengetreu zu übernehmen. Darüber hinaus müssen wörtliche Zitate unmittelbar, unverfälscht und zweckentsprechend sein. Bei indirekten Zitaten hingegen geben Sie den Inhalt in eigenen Worten wieder und sind daher deutlich freier in der Handhabung. Als eine Art Zwischenform ist das Sekundärzitat zu nennen, bei dem Sie Inhalte wörtlich wiedergeben, ohne sich auf die Originalquelle zu beziehen. In Abschnitt 2.5.4 komme ich näher auf diesen Sonderfall zurück. Abbildung 9 gibt einen Überblick über die Zitatformen.

Sehen wir uns nun die Anforderungen an wörtliche und indirekte Zitate näher an:

Ein **wörtliches Zitat** steht in Anführungszeichen und muss folgende Anforderungen erfüllen:

Es muss **unmittelbar** sein, d.h., der Verfasser muss den Originaltext selbst gelesen haben. Sekundärzitate hingegen sind nur in Ausnahmefällen gestattet. Ein Sekundärzitat liegt vor, wenn Sie die Originalquelle nicht kennen, sondern das

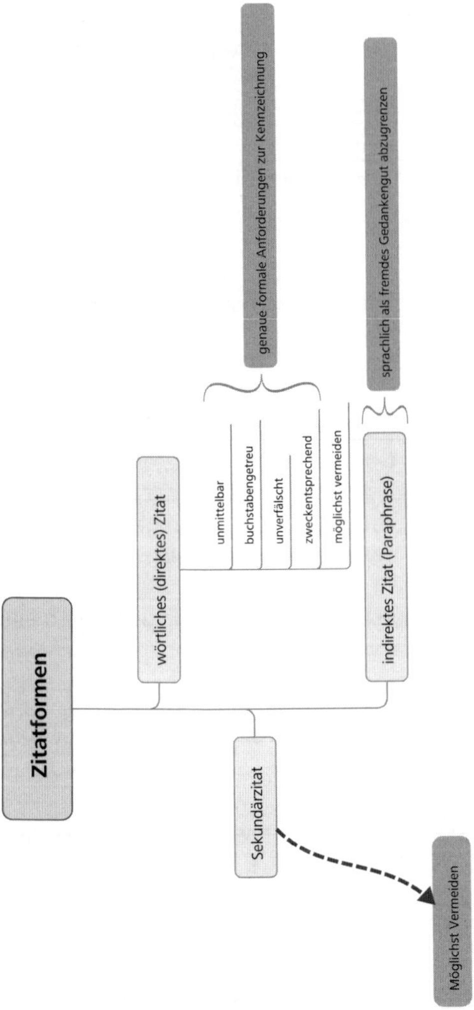

Abb. 9: Zitatformen im Überblick

Zitat lediglich von einem anderen Autor abschreiben. Hier handelt es sich also um ein „Zitat aus zweiter Hand", sodass Sie nicht sicher sein können, ob das entlehnte Zitat möglicherweise verfälscht worden ist oder von einem anderen Autor bzw. einem anderen Beitrag stammt. Sekundärzitate sollten Sie daher nur verwenden, wenn Sie den Primärtext nicht mit vertretbarem Aufwand beschaffen können (beispielsweise weil es sich um eine im Ausland erschienene Dissertation handelt), oder wenn es sich um ein (vom Interviewer kommentiertes) Interview handelt. In diesem Fall ist der Zusatz „zit. nach" einzufügen. Im Literaturverzeichnis wird nur die zitierte Quelle, nicht die Originalquelle aufgeführt (siehe hierzu auch Abschnitt 2.5.4).

Es muss **buchstabengetreu** sein, d.h. die alte Schreibweise, sogar inhaltliche und orthographische Fehler müssen übernommen werden. Durch ein hinzugesetztes [!] oder [sic!] können Sie signalisieren, dass der Fehler nicht beim Abschreiben unterlaufen ist. Sämtliche Veränderungen müssen dabei kenntlich gemacht werden. Es haben sich folgende Notationen eingebürgert:

- Änderungen durch eine andere Deklination (also eine Anpassung von Kasus, Numerus und/ oder Genus) werden in eckige Klammern gesetzt.
- Auch Einschübe und Anmerkungen, welche zum Verständnis des Zitats ergänzt werden müssen, werden in eckige Klammern gesetzt, z.B. „Er [Faust] gilt als Prototyp des nach Erkennen strebenden Individuums." (Schmidt 2004: 16)
- Selbsz hinzugefügte Hervorhebungen im Originaltext (z.B. Unterstreichung, S p e r r u n g, KAPITÄLCHEN, Kursivdruck, fette Schrift etc.) werden im Zitat übernommen und mit der Anmerkung [Hervorhebung im Original] in eckigen Klammern kommentiert.
- Hervorhebungen wie unterstreichen, sperren, oder fett bzw. kursiv setzen müssen mit der Anmerkung [Hervorge-

hoben vom Verfasser] oder [eigene Hervorhebung] versehen werden.

- Auslassungen im Text werden durch drei Punkte in eckigen Klammern [...] gekennzeichnet. Statt umfangreichen Auslassungen (wenn Sie also beispielsweise einen ganzen Abschnitt wegkürzen) fügen Sie besser zwei Zitate und einen überleitenden Zwischentext ein, da Sie sonst Gefahr laufen, den Sinn des Zitats zu verzerren.
- Lange wörtliche Zitate über drei oder mehr Zeilen hebt man üblicherweise vom übrigen Text ab, indem man sie um etwa einen Zentimeter vom linken Rand einrückt, mit einem engeren Zeilenabstand versieht und durch einen größeren Zeilenabstand vom vorhergehenden und folgenden Text trennt. Auf die Anführungszeichen wird verzichtet.
- Findet sich in der Textstelle, die Sie übernehmen, bereits ein Zitat oder ein Text in doppelten Anführungszeichen, so wandeln Sie die doppelten Anführungszeichen in einfache Anführungszeichen um.

Neue vs. alte Rechtschreibung

Wenn Sie ein Zitat aus einem Buch übernehmen, das in der alten deutschen Rechtschreibung verfasst wurde, so gibt es an den Universitäten unterschiedliche Meinungen darüber, ob Sie diese Rechtschreibung übernehmen sollten oder nicht. Die meisten Wissenschaftler legen strenge Maßstäbe zu Grund und fordern, dass ein Zitat wortwörtlich mit dem Original übereinstimmen muss und die zitierten Auszüge daher nicht an die derzeit gültigen Regeln angepasst werden dürfen. Allerdings ist die veraltete Schreibweise nicht als Fehler durch ein [sic]) zu kennzeichnen, sofern der Text zu einer Zeit geschrieben wurde, in der die alte Rechtschreibung gültig war. Als Fehler werde also nur markiert, was damals schon falsch war.

Es gibt aber auch die Auffassung, dass Sie ein Zitat in die neue Rechtschreibung transferieren dürfen, um das Erscheinungsbild Ihrer Arbeit zu vereinheitlichen. So heißt es in einer Handreichung der Fachhochschule Nordwestschweiz: „Wenn Sie Zitate verwenden, die in alter Rechtschreibung verfasst sind, so können Sie diese sowohl der neuen Rechtschreibung anpassen als auch in der alten Schreibung übernehmen." (Fachhochschule Nordwestschweiz 2012: 11) Wenn Sie auf Nummer sicher gehen wollten, fragen Sie am besten bei Ihrem Betreuer oder an Ihrem Lehrstuhl nach.

In Kürze

Direktes Zitat: Notation

- Inhaltliche und orthographische Fehler können Sie durch ein [!] oder [sic!] kenntlich machen.
- Änderungen durch eine andere Deklination oder Einschübe und Anmerkungen, welche zum Verständnis des Zitats ergänzt werden müssen, werden in eckige Klammern gesetzt.
- Hervorhebungen im Originaltext werden mit der Anmerkung [Hervorhebung im Original] in eckigen Klammern kommentiert.
- Eigene Hervorhebungen müssen mit der Anmerkung [Hervorgehoben vom Verfasser] oder [eigene Hervorhebung] versehen werden.
- Auslassungen im Text werden durch drei Punkte in eckigen Klammern [...] gekennzeichnet.
- Zitate im Zitat: „..." umwandeln in ‚...'

Originale Textstelle:	Wörtlich übernommene Textstelle (direktes Zitat):
Irgendwann im Laufe seiner Evolution muss der Mensch entdeckt haben, daß er nicht nur Tiere und Mitmenschen, sondern auch sich selbst töten kann. Die Annahme ist erlaubt, daß von da an das Leben für ihn nie wieder so wie vorher war. Die Einstellung des Menschen zu Leben und Tod wäre eine ganz und gar andere, wenn es die Möglichkeit nicht mehr gäbe, daß andere Menschen Selbstmord begehen, ja, daß man auch selbst Selbstmord begehen kann. Es ist schwer, sich den Menschen ganz ohne diese Möglichkeit vorzustellen.	„Die Einstellung des Menschen zu Leben und Tod wäre eine ganz und gar andere, wenn es die Möglichkeit nicht mehr gäbe, [...] Selbstmord [zu] begehen [...]. Es ist schwer, sich den Menschen ganz ohne diese Möglichkeit vorzustellen" (Stengel 1969: 2). Mit diesen Worten umschreibt der Suizidforscher Erwin Stengel die Tatsache, dass es zu den spezifisch menschlichen Fähigkeiten gehört, dem eigenen Leben ein Ende zu setzen.
Quelle: Stengel, E. (1969): Selbstmord und Selbstmordversuch. Frankfurt am Main: Fischer.	

Originale Textstelle mit Zitat:	Wörtliches Zitat mit umgewandeltem Zitat:
Mythen erfüllen in archaischen Kulturen die „einheitsstiftende Funktion von Weltbildern". Sie sind somit „eine der ältesten – und wirksamsten – Formen der intentionalen Ordnung der Welt und des sozialen Lebens des Menschen". Im Mythos werden in dramatischer Erzählung tatsächliche sowie mögliche menschliche Katastrophen benannt und bewusst gemacht	Laut Stimmer (1987: 25) erfüllen Mythen „in archaischen Kulturen die ‚einheitsstiftende Funktion von Weltbildern'" und helfen dem Menschen dabei, seine Welt zu ordnen und Sinn zu stiften. Weil in Mythen zudem „in dramatischer Erzählung tatsächliche sowie mögliche menschliche Katastrophen benannt und bewusst gemacht" (Stimmer 1987: 26) werden, tragen sie viel

und dadurch auch erst einer Beeinflussung oder gar Bewältigung zugänglich.	zur psychischen Entlastung des Menschen bei: Mythen machen Konflikte und Katastrophen in einem geschützten Raum erlebbar und werden für den Menschen dadurch im wirklichen Leben erträglicher.
Quelle: Stimmer, F. (1987): Narzissmus. Zur Psychogenese und Soziogenese narzißtischen Verhaltens. Berlin: Duncker & Humblot.	

Es muss **unverfälscht** sein, d.h. der Sinn darf durch Auslassungen oder die Loslösung aus dem Kontext nicht entstellt werden. Das nachfolgende Beispiel ist demnach nicht erlaubt.

Originale Textstelle:	Verfälschte Textstelle (direktes Zitat):
Irgendwann im Laufe seiner Evolution muss der Mensch entdeckt haben, daß er nicht nur Tiere und Mitmenschen, sondern auch sich selbst töten kann. Die Annahme ist erlaubt, daß von da an das Leben für ihn nie wieder so wie vorher war. Die Einstellung des Menschen zu Leben und Tod wäre eine ganz und gar andere, wenn es die Möglichkeit nicht mehr gäbe, daß andere Menschen Selbstmord begehen, ja, daß man auch selbst Selbstmord begehen kann. Es ist schwer, sich den Menschen ganz ohne diese Möglichkeit vorzustellen.	Der Suizidforscher Erwin Stengel erklärt sich den Anstieg der Suizidraten wie folgt: „Irgendwann im Laufe seiner Evolution muss der Mensch entdeckt haben, daß er nicht nur Tiere und Mitmenschen, sondern auch sich selbst töten kann. Die Annahme ist erlaubt, daß von da an das Leben für ihn nie wieder so wie vorher war [...] [und immer mehr] Menschen Selbstmord begehen." (Stengel 1969: 2).
Quelle: Stengel, E. (1969): Selbstmord und Selbstmordversuch. Frankfurt am Main: Fischer.	

Es muss **zweckentsprechend** sein, d.h. es muss in eigenen Worten erläutert werden. Zitate sollten also in der Regel eine Vorbereitung bzw. eine Auswertung haben. Vermeiden Sie in jedem Fall eine unkommentierte Aneinanderreihung von Zitaten. Das gebietet auch das Urheberrecht (UrhG). Denn nach dem Urheberrecht genießen Werke der Literatur, Wissenschaft und Kunst als Ergebnis der persönlichen geistigen Schöpfung einen besonderen Schutz. Sie dürfen nicht ohne Erlaubnis des Urhebers vervielfältigt oder verbreitet werden. Eine Ausnahme ist das wissenschaftliche Zitat. So heißt es in § 51 UrhG: „Zulässig ist die Vervielfältigung, Verbreitung und öffentliche Wiedergabe eines veröffentlichten Werkes zum Zweck des Zitats, sofern die Nutzung in ihrem Umfang durch den besonderen Zweck gerechtfertigt ist." Dieser besondere Zweck ist laut § 51 Abs. 1 UrhG beispielsweise dann erfüllt, „wenn einzelne Werke nach der Veröffentlichung in ein selbständiges wissenschaftliches Werk zur Erläuterung des Inhalts aufgenommen werden". Wer in einer wissenschaftlichen Arbeit zitiert, muss also den Urheber nicht um Erlaubnis fragen, sofern das Zitat einen Zweck innerhalb der eigenen Argumentation erfüllt. Dient es hingegen nur dazu, die Belesenheit des Autors zu unterstreichen, widerspricht es dem Urheberrecht.

Bei **sinngemäßen Zitaten** machen Sie in der Regel durch Erwähnung des Sprechers (z.B. nach Schmidt, laut Schmidt, Schmidt zufolge, Schmidt macht darauf aufmerksam, dass..., der Wissenschaftler gibt zu bedenken..., des Weiteren führt er auf,) oder Verweise in Klammern deutlich, dass Sie sich gedanklich anlehnen. Hier entfallen also die Anführungszeichen. Wichtig ist dabei, dass Sie die Textstelle möglichst frei wiedergeben. Es reicht also nicht, einige wenige Wörter auszutauschen oder die Satzstruktur zu ändern. Unten finden Sie zwei Beispiele für eine unzureichend und eine ausreichend paraphrasierte Textstelle.

Wieviel Text darf man bei einem Auslassungszeichen weglassen?

Manchmal kommt es vor, dass Sie nicht nur einzelne Wörter, sondern auch ganze Sätze oder sogar Absätze aus einem Zitat aussparen wollen. Das kann zum Beispiel dann angebracht sein, wenn Sie Interviews transkribiert haben und ähnliche Aussagen des gleichen Interviewpartners zusammenfassen wollen. Ähnliches kann zutreffen, wenn ein Autor zwei unterschiedliche Aspekte des gleichen Sachverhalts behandelt, die jedoch im Text weiter auseinanderliegen.

Solange Sie den Sinn nicht verändern, gibt es keine offizielle Regel, die besagt, wie viele Wörter oder Sätze man durch die Auslassung weglassen darf. Üblicherweise kennzeichnet die Ellipse aber meist nur einzelne Wörter oder maximal zwei bis drei Sätze. Aus diesem Grund ist es oft transparenter, einfach zwei Zitate mit einer kuren Überleitung hintereinander zu setzen. Manchmal finden Sie in der Literatur jedoch auch folgende Zitation: „Hier steht der erste Halbsatz einer Textstelle auf Seite 10, und hier folgt eine Ergänzung durch einen zweiten Halbsatz auf Seite 16" (Mustermann Jahr: 10, 16). Insofern gilt auch bei der Ellipse der Grundsatz: Seien Sie bei Ihren Zitatangaben so präzise wie möglich und verfälschen Sie nichts. Darüber hinaus ist es jedoch Ihnen überlassen, wie viel Text Sie zwischen zwei Aussagen aussparen.

Achtung Konjunktiv: Viele Studierende haben in der Schule gelernt, dass indirekte Rede im Konjunktiv zu stehen hat. Was zu Übungszwecken in der Schule hilfreich sein mag, müssen Sie jedoch nicht sklavisch auf wissenschaftliche Texte übertragen. Selbstverständlich können Sie sinngemäße Zitate durch den Konjunktiv einleiten. Sie sollten sich allerdings darüber im Klaren sein, dass der Konjunktiv eine gewisse Distanz zum Gesagten ausdrückt. Wenn Sie dieses sprachliche Mittel einsetzen, grenzen Sie sich von der paraphrasierten Aussage also stärker ab als wenn diese im Indikativ steht.

Vergleichen Sie folgende zwei Sätze. Beide bringen inhaltlich das Gleiche zum Ausdruck. Dennoch hat der zweite Satz durch die Formulierung „stellt die Behauptung auf" in Kombination mit dem Konjunktiv eine andere Qualität: Der Autor distanziert sich hier von Kruse und hegt an dessen Meinung leichte Zweifel.

Kruse (2007: 82f.) zufolge ist die Kennzeichnung von fremdem geistigem Gut sehr wichtig. Zwar darf jeder alles öffentliche Wissen für seine Arbeit verwenden, muss jedoch die geistige Urheberschaft fremder Gedanken offenlegen und beachten, dass es sich auch bei Gesprächen, Interviews und Vorträge um Quellen handeln kann, die auszuweisen sind.

Kruse (2007: 82f.) stellt die Behauptung auf, dass die Kennzeichnung von fremdem geistigem Gut sehr wichtig sei. Zwar dürfe jeder alles öffentliche Wissen für seine Arbeit verwenden, müsse jedoch die geistige Urheberschaft fremder Gedanken offenlegen und beachten, dass es sich auch bei Gesprächen, Interviews und Vorträge um Quellen handeln kann, die auszuweisen sind.[6]

---

[8] Quelle: Kruse, O. (2007): Keine Angst vor dem leeren Blatt, 12. Aufl., Frankfurt a. M., Campus-Verlag.

Tipp
Wenn Sie sich schwer damit tun, sich vom Wortlaut fremder Texte zu lösen, versuchen Sie regelmäßig, den Originaltext nach dem Lesen bei Seite zu legen und zunächst das Gelesene in Ihrer eigenen Sprache zusammenzufassen. Je mehr Sie üben, desto eher gelingt es Ihnen mit der Zeit, auf Ihre eigenen Formulierungskünste zu vertrauen. Hilfreich ist es auch, wenn Sie Ihre Texte Kommilitonen oder Freunden und Verwandten vorlegen und sich eine Rückmeldung einholen. Meistens bewerten Studierende selbst verfasste Texte deutlich schlechter als Außenstehende. Eine gute Übung sind auch die Methoden zum Exzerpieren aus Abschnitt 1.6.

Originale Textstelle:	Unzureichend paraphrasierte Textstelle (Plagiat):
Irgendwann im Laufe seiner Evolution muss der Mensch entdeckt haben, daß er nicht nur Tiere und Mitmenschen, sondern auch sich selbst töten kann. Die Annahme ist erlaubt, daß von da an das Leben für ihn nie wieder so wie vorher war. Die Einstellung des Menschen zu Leben und Tod wäre eine ganz und gar andere, wenn es die Möglichkeit nicht mehr gäbe, daß andere Menschen Selbstmord begehen, ja, daß man auch selbst Selbstmord begehen kann. Es ist schwer, sich den Menschen ganz ohne diese Möglichkeit vorzustellen.	**Im Verlauf** seiner Evolution muss der Mensch entdeckt haben, **dass** er nicht nur **andere**, sondern auch sich selbst töten kann. Die Annahme **liegt nahe**, **dass** das Leben **ab diesem Zeitpunkt** für ihn **nicht mehr** wie vorher war. Die Einstellung des Menschen zu Leben und Tod wäre **mit Sicherheit anders**, wenn **er nicht mehr** Selbstmord begehen **könnte**. **Es ist kaum möglich**, sich den Menschen ohne diese **Option** vorzustellen (Stengel 1969: 2).
Quelle: Stengel, E. (1969): Selbstmord und Selbstmordversuch. Frankfurt am Main: Fischer.	

Originale Textstelle:	Ausreichend paraphrasierte Textstelle (indirektes Zitat)
Irgendwann im Laufe seiner Evolution muss der Mensch entdeckt haben, daß er nicht nur Tiere und Mitmenschen, sondern auch sich selbst töten kann. Die Annahme ist erlaubt, daß von da an das Leben für ihn nie wieder so wie vorher war. Die Einstellung des Menschen zu Leben und Tod wäre eine ganz und gar andere, wenn es die Möglichkeit nicht mehr gäbe, daß andere Menschen Selbstmord begehen, ja, daß man auch selbst Selbstmord begehen kann. Es ist schwer, sich den Menschen ganz ohne diese Möglichkeit vorzustellen.	Für Erwin Stengel gehört die Möglichkeit, sich selbst zu töten, zu den spezifisch menschlichen Fähigkeiten, die das Menschsein grundlegend prägt (Stengel 1969: 2). ODER Für Erwin Stengel ist der Suizid ein grundlegendes Charakteristikum des Menschseins. Sich selbst töten zu können, unterscheidet seiner Auffassung nach den Menschen vom Tier (Stengel 1969: 2).
Quelle: Stengel, E. (1969): Selbstmord und Selbstmordversuch. Frankfurt am Main: Fischer.	

2.3 Zitationssysteme und Zitierstile

Sie haben nun bereits Möglichkeiten (direktes Zitat, indirektes Zitat und Sekundärzitat als Sonderform) kennengelernt, wie Sie Inhalte anderer Autoren in den eigenen Text integrieren können. Dabei können Sie zwischen der direkten Wiedergabe (wörtliches Zitat) oder der Paraphrase (indirektes Zitat) wählen. Eine Sonderform nimmt das Sekundärzitat ein. Diese drei Zitatformen sagen aber noch nichts darüber aus, wie Sie den Verweis rein formal kenntlich machen.

In der Literatur findet sich zur formalen Gestaltung eine Fülle von Begriffen. Die Rede ist unter anderem von Zitiertechnik, Zitierweise, Zitierverfahren, Zitiervorschrift, Zitiermethode, Zitierstil und andere mehr. Je nach Autor werden diese Begriffe ganz unterschiedlich und manchmal auch irreführend verwendet.[9] Im Folgenden verstehe ich unter Zitationssystem die grundsätzliche Frage, ob Sie mit Fuß- oder Endnoten oder Verweisen im Fließtext arbeiten wollen. Unter Zitierstil verstehe ich die formale Gestaltung dieser Verweise im Fließtext und im Literaturverzeichnis, der in der Regel durch den Betreuer der Arbeit oder Richtlinien des Lehrstuhls vorgegeben ist.

Kommen wir zunächst zum Zitationssystem. Grundsätzlich unterscheidet man vier Systeme für Quellenangaben im Text: ein Fußnoten- oder Endnotensystem, ein Autor-Jahr-System und ein numerisches System.

Das **Fußnotensystem** arbeitet mit hochgestellten Referenznummern, die Fußnote selbst findet sich dann am Seitenende. Dieses System ist insbesondere in den Geistes- und Geschichtswissenschaften sowie in der Rechtswissenschaft sehr verbreitet. Es hat hier seine Berechtigung, da in diesen Disziplinen mit sehr vielen Quellen gearbeitet wird und diese oft umfassend kommentiert werden. Außerdem bleibt durch diese Art des Zitierens der Lesefluss ungestört.

Innerhalb des Fußnotensystems gibt es zudem die Möglichkeit, Voll- oder Kurzbelege zu verwenden. Vollbelege beinhal-

---

9 Dies sei am kontroversen Begriff der Zitierweise kurz verdeutlicht. So spricht Brink etwa von der Zitierweise und meint damit die Frage, ob Voll- oder Kurzbelege verwendet werden (Brink 2013: 221). Den gleichen Sachverhalt bezeichnet Theisen als Zitiertechnik (Theisen 2013: 161). Lück und Henke wiederum (2009: 74) nutzen wahlweise den Begriff der Zitierweise und des Zitierverfahrens. Zugleich verwenden beide Autoren den Begriff der Zitierweise auch in einem übergeordneten Sinn und meinen damit sowohl den grundsätzlichen Vorgang des Zitierens als auch die Frage, ob Inhalte indirekt oder direkt wiedergegeben werden (2009: 68). Bänsch und Alewell (2013: 11f.) beziehen eine adäquate und korrekte Zitierweise sowohl darauf, ob in angemessenem Umfang zitiert wurde (also weder über- noch unterzitiert), als auch darauf, ob sämtliche Zitterregeln strikt und konsistent eingehalten wurden. Damit stimmen sie mit Winter überein, der sich als einer unter wenigen die Mühe macht, den Begriff als „Übernahme und korrekte[…] Angabe von Quellen" (Winter 2014: 82) zu definieren.

ten alle erforderlichen bibliographischen Quellenangaben. Ein Literaturverzeichnis ist damit strenggenommen überflüssig, wird in der Praxis aber in der Regel dennoch hinzugefügt. Der Kurzbeleg hingegen enthält in der Regel nur Angaben zu Autor, Jahr und ggf. Seite und unterscheidet sich damit inhaltlich nicht vom Autor-Jahr-System – einzig der Ort des Belegs ist nicht im Text, sondern am Seitenende. Die vollständigen bibliographischen Angaben finden sich dann im Literaturverzeichnis. Prominente Vertreter sind das *Chicago Manual of Style* der University of Chicago und das Manual der *Modern Language Association* (MLA-Stil), die sowohl Fußnoten- als auch das Autor-Jahr-System kennen.

In der Praxis existiert innerhalb des Fußnotensystems übrigens oft eine Mischung: Bei der ersten Nennung verwenden Autoren einen Vollbeleg, alle weiteren Erwähnungen erfolgen nur noch im Kurzbeleg-Stil.

Alternativ arbeiten manche Disziplinen anstelle von Fußnoten mit **Endnoten**, die dann entweder nach jedem einzelnen Kapitel oder am Ende des Textteils aufgelöst werden. Auch hier kommen entweder Kurz- oder Vollbelege zur Anwendung. Das Endnotensystem unterscheidet sich vom Fußnotensystem also im Wesentlichen durch den Ort, an dem die ergänzende Kommentare und Quellenangaben stehen. Teilweise finden sich statt der Referenznummern auch Referenzkürzel, z. B. [Sa23], wobei das „Sa" in diesem Fall für den Autoren Sadger steht. Für den Leser ist es unpraktisch, da er immer vor- und zurückblättern muss. Aus diesem Grund sollten Sie vom Endnotensystem Abstand nehmen.

Das **Autor-Jahr-System** nennt Kurzangaben zu Verfasser, Jahr und ggf. Seite im Text. Es wird insbesondere in den sozial- und wirtschaftswissenschaftlichen Fächern angewendet. Großer Vorteil des Autor-Jahr-Systems ist die Tatsache, dass die Textseiten von vielen platzraubenden Fußnoten entlastete werden. Stattdessen konzentrieren sich die Fußnoten auf inhaltliche Ergänzungen und Kommentare oder wenige Verweise auf weiterführende Literatur. Wichtige Zitierstile innerhalb dieses Zitationssystems sind der Harvard-Stil sowie der Stil der *American Psychological Association* (APA-Stil). Der Chicago Style und der MLA-Stil lässt Autoren die Wahl zwischen Kurzangaben im Fließtext und Kurzangaben in der Fußnote.

Das **numerische System** arbeitet mit Nummernangaben im Text, die in der Regel in eckigen Klammern stehen. Teilweise werden sie auch als eingeklammerte Hochzahl gesetzt und in runden Klammern durch einen Seitennachweis ergänzt. Das Literaturverzeichnis wird ebenfalls numerisch nach Auftauchen der Quelle im Text geordnet. Das numerische System ist unter allen Zitationssystemen das Kürzeste. Dies führt jedoch oft zu kryptischen und unschönen Formulierungen wie: „[8] konnte zeigen, dass…" oder „Übereinstimmend mit [26] und [18] geht auch [7] von der Annahme aus, dass…"

Hier tritt der Autor namentlich oft nicht mehr in Erscheinung. Persönlich finde ich dieses System befremdlich, doch kommt es besonders in der Medizin, in der Informatik, in der Mathematik sowie in den Ingenieurs- und Naturwissenschaften zum Einsatz. Wichtige offizielle Richtlinien zu diesem Zitierstil stammen von der *American Medical Association* (AMA-Stil) und dem *Institute of Electrical and Electronics Engineers* (IEEE).

Abbildung 10 gibt einen Überblick über die drei Zitationssysteme. Abbildung austauschen

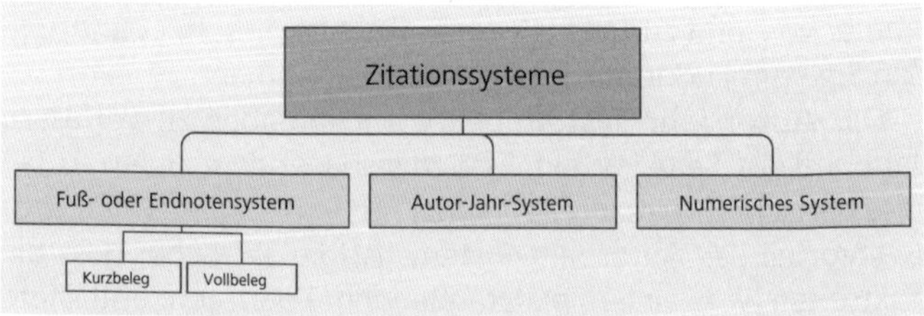

Abb. 10: Übersicht der Zitationssysteme

Neben diesen Zitationssystemen gibt es eine kaum überschaubare Anzahl an **Zitierstilen**, die sich meist durch Kleinigkeiten unterscheiden, etwa durch die Punktuation oder die Frage, welche Informationen kursiv gesetzt werden. Allein das Literaturverwaltungsprogramm *Citavi* kennt in der aktuellen Version über 4300 Zitierstile (J. Votteler, persönliche Kommunikation per E-Mail am 18.01.2016), wobei die Anzahl kontinuierlich steigt. Das ist darauf zurückzuführen, dass in der Praxis jeder Lehrstuhl oder jeder wissenschaftliche Mitarbeiter andere Vorgaben macht. Bitte erkundigen Sie sich daher, ob an Ihrem Lehrstuhl oder Ihrem Institut formale Richtlinien für die Anfertigung einer wissenschaftlichen Arbeit existieren. Die Vorgaben des Betreuers haben in der Regel Vorrang vor den allgemeinen Vorgaben der Fakultät.

In Kürze

Wenn Sie Inhalte aus einer anderen Quelle übernehmen möchten, haben Sie die Wahl zwischen drei **Zitatformen**: dem direkten Zitat, dem indirekten Zitat und dem Sekundärzitat. Bei der formalen Integration der Zitatstelle haben Sie die Wahl zwischen drei **Zitationssystemen**: dem Fußnoten, Endnoten- und dem Autor-Jahr-System. Meist wird Ihnen diese Grundsatzentscheidung durch klare Vorgaben oder Konventionen in Ihrem Fach abgenommen. Beim Fuß- und Endnotensystem ist zudem zwischen Kurz- und Vollbelegen zu differenzieren. Innerhalb der drei Systeme gibt es wiederrum zahlreiche **Zitationsstile**, die sich von Dozent zu Dozent unterscheiden können.

2.4 Zitieren nach der Harvard-Methode

Die Harvard-Methode ist eine der „gebräuchlichsten und anerkanntesten Zitierweisen" (Bahr/Frackmann 2011: 5), um Zitate mit einer Quellenangabe zu versehen. Sie benutzt das Autor-Jahr-System innerhalb des Fließtexts und ist daher nicht nur besonders kurz, sondern auch besonders leserfreundlich. Allerdings gibt es auch innerhalb der Harvard-Methode eine Reihe verschiedener Zitationsvarianten. Insbesondere die Punktuation unterliegt keinen festen Regeln. Es ist also Ihnen überlassen, ob Sie die Angaben mit einem Komma oder einem Doppelpunkt trennen, ob Sie die Autoren in Großbuchstaben anführen oder die Abkürzung „S." bzw. „p." für Seite verwenden. Hier gelten die Kriterien der Konsistenz und der Nachvollziehbarkeit: Entscheidend ist, dass Ihr Text aus einem Guss ist und die Originalquelle anhand der gemachten Angaben eindeutig gefunden werden kann. Die folgenden Möglichkeiten sind also gleichermaßen zulässig (um nur eine Auswahl der Alternativen darzustellen) – Sie müssen sich nur für eine Variante entscheiden:

- Schmidt/Müller 2000: S. 12.
- SCHMIDT/MÜLLER 2000, S. 12.
- Schmidt&Müller, 2000, 12.
- Schmidt/Müller (2000): 12.

Die vorliegende Zusammenfassung orientiert sich an mehreren vorwiegend englischsprachigen Ratgebern, die Sie allesamt in den Lektüreempfehlungen wiederfinden. Im Folgenden gehe ich nur auf die häufigsten Fragen bzw. Unsicherheiten beim Zitieren nach der Harvard-Methode ein und verweise auf die Lektüretipps.

2.4.1 Literaturangaben im Text

Autor: Zitate mit einem Autor erfolgen nach dem Muster: Nachname des Autors, Erscheinungsjahr: Seitenzahl. Im Regelfall folgt die Quellenangabe im Anschluss an das Zitat. Wenn der Satz mit dem Zitat endet, werden die Angaben vor dem abschließenden Punkt eingefügt. Bei anderen Satzzeichen wie Frage- oder Ausrufezeichen gilt dies nicht: Hier steht nach dem Quellenverweis nochmals ein Punkt.

> Die Aufgabe der Volkswirtschaftslehre lässt sich wie folgt definieren: „Die Volkswirtschaftslehre hat zum Ziel, das Wirtschaftsgeschehen zu beschreiben, komplexe gesamtwirtschaftliche Zusammenhänge zu erklären, wirtschaftliche Entwicklungen vorherzusagen sowie konkrete (politische und gesellschaftliche) Empfehlungen zu erarbeiten, um die Funktionsfähigkeit des ökonomischen Systems zu sichern und zu steuern" (Schmidt 2004: 102). Daraus wird deutlich, dass ...[7]

Wenn der Name des Autors bereits im Text erwähnt wird, werden Erscheinungsjahr und Seitenzahl in Klammern direkt hinter dem Namen angegeben. Hier entfällt die Quellenangabe am Schluss des Zitats.

> Schmidt (2004: 102) zufolge erfüllt die Volkswirtschaftslehre unter anderem die zentrale Aufgabe, „das Wirtschaftsgeschehen zu beschreiben [...] [und] komplexe gesamtwirtschaftliche Zusammenhänge zu erklären".

Bei Werken mit zwei Autoren werden beide Namen in der Quelle genannt. Häufig werden die Autoren mit einem Schrägstrich getrennt. Davon abweichend fordert die *Deakin University Australia* (2014: 7), bei der Angabe im Fließtext ein Et-Zeichen (&) zu setzen. Der *Anglia Ruskin University* (2015: 9)

---

[10] Da es sich hier um ein Zitat über mehr als drei Zeilen handelt, könnte man es auch einrücken, die Anführungszeichen würden dann entfallen (siehe Abschnitt 2.2).

zufolge ist das ‚und' auszuschreiben. Sie sehen also erneut Ihre Spielräume.

(Keller/ Schmitt-Dengler 2004: 16)
(Keller & Schmitt-Dengler 2004: 16)
(Keller und Schmitt-Dengler 2004: 16)

Bei Werken mit drei oder mehr Autoren werden bei der ersten Erwähnung im Fließtext in der Regel noch alle Autoren genannt. Bei folgenden Nennungen reicht dann der erstgenannte Autor ergänzt um den Zusatz „et al." aus. In der Praxis wird der Zusatz „et al." Teilweise auch schon bei der ersten Erwähnung im Text verwendet. Im Literaturverzeichnis müssen allerdings alle Autoren vollständig aufgeführt werden.

Schmidt, Mayer und Müller (2004: 16) weisen in ihrem Buch *Die Volkswirtschaft und der Staat* darauf hin, dass die Komplexität des ökonomischen Systems nicht unterschätzt werden darf. Zudem erkennen Schmidt et al. (2004: 22), dass ...

Werden Texte verschiedener Autoren mit dem gleichen Nachnamen zitiert, so sollte der Anfangsbuchstabe vom Vornamen ergänzt werden, um Verwechselungen zu vermeiden.

(Schmidt, H. 2004: 16) und (Schmidt, J. 2008: 232)

Erscheinungsjahr: Als Jahreszahl wird das Erscheinungsjahr der verwendeten Auflage genannt. Dies gilt vor allem für bearbeitete und veränderte Neuauflagen. Weicht das Erscheinungsjahr (z.B. bei einer nachträglichen Veröffentlichung) wesentlich von der Erstveröffentlichung des Verfassers ab, sodass eine Einordnung in einen historischen Kontext nicht möglich ist, kann der Eintrag mit einem Hinweis auf die Erstveröffentlichung ergänzt werden. Alternativ besteht die Möglichkeit, die Angabe zur Erstauflage direkt in den eigenen Text zu integrieren.

Angenommen, Schmidts Buch über die Rolle der Volkswirtschaft wäre bereits 1969 erschienen, so lautet die Literaturangabe im Text: (Schmidt 1969/ 2004: 16). Alternativ integriert man die Aussage in den Text, etwa so: In dem 1969 erschienenen Buch *Die Geschichte der Volkswirtschaft* bezeichnet Schmidt (2004: 16) die Volkswirtschaftslehre als notwendige Errungenschaft des modernen und nach Gewinn strebenden Menschen.

Mehrere Werke eines Autoren aus demselben Jahr: Falls unterschiedliche Werke eines Autors aus demselben Jahr zitiert werden, wird dem Erscheinungsjahr ein Kleinbuchstabe hinzugefügt, um Verwechselungen zu vermeiden. Diese Ergänzungen müssen auch im Literaturverzeichnis aufgeführt werden.

Angenommen, Schmidt hat im Jahr 2004 zwei Beiträge verfasst, so lassen sich diese in (Schmidt 2004a: 16) und (Schmidt 2004b: 44) unterscheiden.

Angabe von Seitenzahlen: Die Seitenzahlen stehen nach dem Erscheinungsjahr und werden in der Regel durch einen Doppelpunkt oder ein Komma abgetrennt. Bezieht sich das Zitat auf zwei Seiten, so wird die erste Seite mit dem Zusatz „f." versehen. Bezieht sich das Zitat auf mehr als zwei Seiten, sollte der Bereich konkret angegeben werden. Alternativ kann man den Zusatz „ff." für „fortfolgende" verwenden. Aufgrund der geringen Aussagekraft wird jedoch empfohlen, auf diese Abkürzung zu verzichten.

(Schmidt 2004: 16f.) für Seite 16 und 17; (Schmidt 2004: 16-32) für die Seiten 16 bis 32 ohne Unterbrechung

Mehrere Werke in einer Quellenangabe: Wenn gleichzeitig auf mehrere Werke verwiesen wird, stehen die entsprechenden Literaturangaben in einer Klammer und werden durch ein Semikolon getrennt. Die Werke werden vorrangig nach Bedeutung für die eigene Arbeit geordnet. Bei gleichwertiger Wichtigkeit sollte nach Erscheinungsjahr sortiert werden, wobei mit dem ältesten Werk begonnen wird.[11]

In der Literatur wird davon ausgegangen, dass ... (Schmidt 2004; Mayer 2006)

Sinngemäße Zitate: Wenn man sinngemäß zitiert, also einen Inhalt zusammenfasst und in eigenen Worten wiedergibt, kann dies durch die Abkürzung „vgl." innerhalb des Kurzbelegs gekennzeichnet werden. Dies gilt in der Harvard-Methode jedoch als eher unüblich. Stattdessen wird bereits aus den fehlenden Anführungszeichen deutlich, dass es sich nicht um ein wörtliches Zitat handelt. Wenn Sie sich auf eine generelle Idee oder Theorie beziehen, die sich nicht auf bestimmte Seiten oder Kapitel eines Werkes beschränkt, geben Sie das entsprechende Werk nur mit Autor und Jahreszahl an. Dies gilt auch für Fachartikel. Andernfalls ist die Quellenangabe immer so konkret wie möglich zu halten.

Zitate aus Sammelwerken oder Gesamtausgaben: Bei Zitaten aus Sammelwerken oder Gesamtausgaben wird immer der Autor des zitierten Beitrags angegeben und nicht der Herausgeber. Die Jahresangabe bezieht sich hingegen auf das

[11] Davon abweichend empfiehlt die *Deakin University Australia* (2014: 7), die Einträge alphabetisch zu sortieren.

Erscheinungsjahr des Sammelwerks bzw. der Gesamtausgabe, nicht des jeweiligen Textbeitrags.

Wollen Sie den 2004 verfassten Artikel „Die Rolle der Volkswirtschaftslehre" von Schmidt zitieren, welches in dem von Mayer im Jahr 2009 herausgegebenen Sammelband *Wirtschaftswissenschaften für Einsteiger* erschienen ist, so lautet die Angabe: (Schmidt 2009: 16).

Zitate aus zweiter Hand: Zitate aus zweiter Hand sollten Sie grundsätzlich vermeiden und die Originalquelle heranziehen (siehe Abschnitt 2.5.4). Wenn dies nicht möglich ist, müssen Sie den Zusatz „zit. nach" einfügen. Im Literaturverzeichnis wird hingegen ausschließlich die vorliegende Sekundärquelle aufgeführt.

Bereits Goethe war für „seine abgrundtiefe Abneigung gegenüber Hunden" bekannt (Müller 1989, zit. nach Schmidt 2004: 113).

Fußnoten: Fußnoten sind weiterführenden Anmerkungen vorbehalten, welche über den Schwerpunkt Ihrer Arbeit hinausweisen. Allerdings sollten Sie mit Fußnoten sparsam umgehen und sie keinesfalls als Abladestelle für Informationen missbrauchen, die Sie noch irgendwie im Text unterbringen wollen.

Vgl. vs. siehe

In vielen Fachdisziplinen ist es üblich, indirekte Zitate mit einem „vgl." einzuführen. Auch in vielen Ratgebern zum wissenschaftlichen Zitieren findet sich diese Konvention wieder. Die Idee dahinter ist folgende: Der Literaturnachweis im Fließtext hat nicht nur die Aufgabe, die Quelle nachvollziehbar darzulegen (sog. Nachweisfunktion), sondern soll auch kenntlich machen, ob wörtlich oder indirekt zitiert wurde (sog. Kennzeichnungsfunktion).

Der Harvard-Stil macht es sich hier sehr einfach: Wurden Anführungszeichen verwendet, handelt es sich um ein wörtliches Zitat. Finden sich keine Anführungszeichen im Text, hat der Autor folgerichtig paraphrasiert. Ein „vgl." ist demnach überflüssig.

Trotz dieser charmanten Logik pochen viele formale Richtlinien zum Anfertigen wissenschaftlicher Arbeiten noch immer auf das „vgl.". Hierzu merkt ein Forumsbeitrag auf *VroniPlag* an, dass die Abkürzung „vgl." fast immer falsch genutzt werde. Ein Vergleich ist dann zu setzen, wenn eben NICHT das Gleiche in anderen Worten wiedergegeben wird, sondern wenn etwas anderes gesagt wird als der zitierte Autor. Der unbekannte Autor des Forumbeitrags führt aus:

> „(E)s bedarf deshalb eines Vergleiches, sofern die zitierte Autorin bzw. der zitierte Autor inhaltlich etwas anderes aussagt. Dieser (inhaltlich) andere Gedanke soll nämlich nur vergleichend für die eigene Argumentation herangezogen werden. Sofern derselbe bzw. der gleiche Gedanke (in anderen Worten!) lediglich sinngemäß wiedergegeben werden soll, ist eine Vgl.-Fußnote wissenschaftlich unzutreffend. Vielmehr muss diese Fußnote dann mit einem „Siehe" begonnen werden." (VroniPlag o. J.)

Persönlich leuchtet mir diese Argumentation ein. Gleichwohl bleibt das Problem bestehen, dass die Mehrheit der Wissenschaftler das „vgl." irreführend benutzt. Hier stellt sich die Frage, inwieweit Sie sich gegen die Gewohnheit stellen und Ihren Betreuer auf diese Ungenauigkeit hinweisen wollen. Gerade weil so viele Wissenschaftler (mich eingeschlossen) das „vgl." setzen, ohne es zu Hinterfragen, wird man es Ihnen kaum vorwerfen können, wenn Sie sich an solchen (problematischen) Vorbildern orientieren. Entscheiden Sie also selbst!

2.4.2 Literaturangaben im Literaturverzeichnis

Um Ihre wissenschaftliche Arbeit nachprüfbar zu machen, müssen Sie Ihre bearbeiteten Quellen zusammenstellen, d.h. bibliografieren. Dies geschieht im Literaturverzeichnis, welches sich von der Bibliografie darin unterscheidet, dass Sie hier nur die tatsächlich zitierten (und nicht alle gelesenen) Quellen anführen.

Auch beim Bibliografieren gibt es unterschiedliche Möglichkeiten. Orientieren Sie sich daher bitte an den Vorgaben Ihres Lehrstuhls oder fragen Sie bei Ihrem Betreuer nach diesbezüglichen Vorgaben. Folgende Komponenten sind unverzichtbar:

> Nachname und Vorname des Verfassers oder Herausgebers (wobei häufig nur das Initial des Vornamens aufgeführt wird) (Erscheinungsjahr): Titel. Untertitel. Zahl und Art der Auflage (wenn es sich nicht um eine Erstausgabe handelt). Erscheinungsort(e).
>
> Häufig werden zudem (falls zutreffend) Angaben zum Verlag, zum Reihentitel oder zum Übersetzer gemacht.

Folgende allgemeine Hinweise sollten Sie berücksichtigen:

- Das Literaturverzeichnis wird alphabetisch nach dem Nachname des Verfassers geordnet. Bei mehreren Titeln eines Autors werden diese in aufsteigender Reihenfolge der Erscheinungsjahre aufgelistet. Bei mehreren Veröffentlichungen eines Autors aus dem gleichen Jahr fügt man lateinische Kleinbuchstaben an, also beispielsweise 2009a und 2009b.
- Akademische Grade (wie beispielsweise Dr., Prof.) werden nicht angeführt.
- Sie können mit Kursivsetzung arbeiten; in diesem Fall wird immer das Elternelement (aus dem Englischen: parent ele-

ment) kursiv gesetzt. Bei einem Zeitungsartikel ist dies die Zeitung, bei einem Buchkapitel das Buch; bei einem Aufsatz der Herausgeber- bzw. Sammelband. Bei Monografien oder anderen eigenständigen Publikationen wird der Titel des Werks kursiv gesetzt.

- Es müssen immer alle Autoren vollständig aufgeführt werden. Die Namen der Verfasser werden mit Nachname und (durch Komma getrennt) Vorname genannt. Alternativ ist hier die Beschränkung auf Nachname und Initial des Vornamens möglich. Bei Werken mit zwei Autoren werden die beiden Namen durch einen Schrägstrich getrennt. Wenn es sich um den Herausgeber handelt, wird die Abkürzung (Hrsg.) nach dem Namen angeführt. Namenszusätze wie „von" oder „de" werden immer nach dem Vornamen angegeben.
- Innerhalb des Literaturverzeichnisses wird nicht zwischen verschiedenen Arten von Quellen (also beispielsweise Monografien, Sammelbände, Fachzeitschriften, Lexika) unterschieden.
- Wird ein Autor aufgeführt, der sowohl alleine als auch mit anderen Autoren veröffentlicht hat, so werden zunächst die Arbeiten aufgeführt, die von ihm alleine stammen und anschließend diejenigen, an denen noch andere Autoren beteiligt waren, z.B. erst Schmidt, H. (2004), dann Schmidt, H./ Mayer, M. (2002).
- Zitieren Sie mehrere Quellen eines Autors, können Sie den Name auch nur bei der ersten Quelle nennen und folgende Quellen mit einem Unterstrich einrücken (*Deakin University Australia* 2014: 5).
- Die Auflage eines Werkes wird nur mit angegeben, falls es sich nicht um die Erstausgabe handelt. Auf die Nennung ergänzender Angaben zur Auflage wie zum Beispiel „6., völlig überarbeitete Auflage" sollte verzichtet werden, bei einer Nennung sollte zumindest sinnvoll abgekürzt wer-

den. Falls die Erstausgabe stark vom Erscheinungsdatum der verwendeten Ausgabe abweicht, können Sie beide Daten angeben (siehe Abb. 11).

Wenn Sie sowohl deutsche als auch englische (oder andere fremdsprachige) Literatur zitieren, so ist es üblich, sich beim Erstellen des Literaturverzeichnisses an der Verständigungssprache zu orientieren. Wenn Sie die Arbeit also auf Deutsch geschrieben haben, so übersetzen Sie englische Angaben zu Volume, Issue, Editors, Editions etc. bitte ins Deutsche. Wenn Sie hingegen auf Englisch schreiben, verfahren Sie umgekehrt. In der Praxis finden sich immer wieder gemischte Verzeichnisse, bei denen Abkürzungen wie Hrsg. und S. (für Seitenzahlen) in der Sprache des aufgenommenen Titels erscheinen. Wenn Ihr Betreuer dies nicht explizit wünscht, nehmen Sie bitte Abstand davon.

Abb. 11: Übersicht über die Notation nach Harvard im Fließtext und im Literaturverzeichnis

Literaturquelle	**Im Fließtext**	**Im Literaturverzeichnis**
Zitat – ein Autor	Keller (1990: 12) nennt drei Erfolgskriterien... oder Eine Studie identifiziert drei Erfolgskriterien (Keller 1990: 12).	Keller, T. (1990): Unternehmungsführung mit Holdingkonzepten, Köln: Wirtschaftsverlag Bachem.
Zitat – zwei Autoren	Keller/ Müller 1990: 12	Keller, T./ Müller, F. (1990): Unternehmungsführung mit Holdingkonzepten, Köln: Wirtschaftsverlag Bachem.

Literaturquelle	**Im Fließtext**	**Im Literaturverzeichnis**
Zitat – drei oder mehr Autoren	Keller et al. 1990: 12 (Bei der ersten Nennung können die Autoren auch ausgeschrieben werden, also: Keller/ Müller/ Karewski 1990: 12; bei folgenden Nennungen dann in der Kurzform mit „et al.")	Keller, T./ Müller, F./ Karewski, P. (1990): Unternehmungsführung mit Holdingkonzepten, Köln: Wirtschaftsverlag Bachem.
Mehrere Werke eines Autors aus dem gleichen Jahr	In zwei Studien kommt Keller (1990a, 1990b) zu dem Ergebnis, dass..	Keller, T. (1990a): Unternehmungsführung mit Holdingkonzepten, Köln: Wirtschaftsverlag Bachem. Keller, T. (1990b): Unternehmungsführung im Hochschulkontext, Heidelberg: Springer.
Mehrere Quellen verschiedener Autoren, auf die gemeinsam verwiesen wird → in der Regel nach Wichtigkeit für die eigene Arbeit sortiert und mit Semikolon abgetrennt, alternativ chronologische oder alphabetische Reihenfolge	Gleich mehrere Studien befassen sich mit den Erfolgsfaktoren der Unternehmensführung, u. a. Dostolski 2002; Keller et al. 1990; Bertrand/ Guillou 1996. Sie alle...	

Literaturquelle	**Im Fließtext**	**Im Literaturverzeichnis**
Autoren aus gleichem Jahr mit gleichem Nachnamen → Nennung des Initials	Keller, T. 1990: 12 Keller, M. 2013: 327	Keller, M. (2013): Wie Unternehmen ihre Mitarbeiter halten und motivieren. In: Jörg Brandt: Theorien und Konzepte im Personalwesen. Wiesbaden, Gabler, 318-344. Keller, T. (1990): Unternehmungsführung mit Holdingkonzepten, Köln: Wirtschaftsverlag Bachem.
Von der Erstauflage stark abweichendes Erscheinungsjahr	(Kant 1996: 120, Erstauflage 1781) oder Kant (1781/ 1996: 120)	Kant, I. (1996): Kritik der reinen Vernunft. 2 Bde. (1. Aufl. 1781). Frankfurt am Main, Suhrkamp. oder Kant, I. (1781/ 1996): Kritik der reinen Vernunft. 2 Bde. Frankfurt am Main, Suhrkamp.

Aufgabe 2: Bitte finden Sie die Fehler in den folgenden Quellenangaben.

[1] Bauer, Hans H.; Meeder, Uta; Jordan, Jenny. Year: 2000, Title: Eine Konzeption des Werbecontrolling, Publisher: Mannheim: IMU. Series: Reihe: Wissenschaftliche Arbeitspapiere/ Institut für Marktorientierte Unternehmensführung, Universität Mannheim; W46.

[2] Enzer, S. (1971): Delphi and cross-impact techniques: An effective combination for systematic futures analysis, in: Futures, Vol. 3, No. 1, 48-61.
Enzer, S. (1970): A case study using forecasting as a decision-making aid, in: Futures, Vol. 2, No. 4, 341-362.
Enzer, S. (1972): Cross-impact techniques in technology assessment, in: Futures, Vol. 4, No. 1, 30-51.

[3] Kitchen, P. J. (et. al.) (2004): The Emergence of IMC: A Theoretical Perspective, in: Journal of Advertising Research, 13-30.

[4] Niklas Luhmann. Soziale Systeme. Grundriss einer allgemeinen Theorie. 7. Aufl. 1984. Frankfurt am Main.

[5] Pfannenberg, J. (2010): Strategisches Kommunikations-Controlling mit der Balanced Scorecard, in: Wertschöpfung durch Kommunikation: Kommunikations-Controlling in der Unternehmenspraxis. Pfannenberg, J. (Hrsg.): Frankfurt am Main, Gabler.

[6] Piwinger, Manfred, Zerfaß, Ansgar, (2008): Handbuch Unternehmenskommunikation. 1. Aufl. Wiesbaden: Gabler.

[7] Sarin, R. K. (1978): A sequential approach to cross-impact analysis, in: Futures, Vol. 10, No. 1, 53-62.
Sarin, R. K. (1978): A Re-Evaluation of Palmer's approach to cross-impact analysis, in: Futures, Vol. 11, No. 2, 46-69.

[8] Porter: The Five Competitive Forces That Shape Strategy, in: Harvard Business Review, Special Issue on HBS Centennial, 2008, Vol. 86, No. 1, S. 79-93.

[9] von Bertalanffy, L. General System Theory: Foundations, Development, Applications, (1968): New York, NY University Press.

Die Lösungen finden Sie auf Seite 274.

Aufgabe 3: Aufgabe: Im Folgenden finden Sie fünf Zitate aus unterschiedlichen Quellen. Erstellen Sie anhand der Angaben über die Quellen ein Literaturverzeichnis anhand der bei Ihnen üblichen Vorgaben. Schreiben Sie im Anschluss einen kurzen Text, in den Sie die drei der unten aufgeführten Ausschnitte ganz oder teilweise als wörtliche oder sinngemäße Zitate einbauen.

1. Passage: „Einen Irrtum gilt es von vornherein auszuräumen. Viele glauben, ein allgemeinverständlicher Text, in dem die Dinge so erklärt sind, daß alle sie verstehen, stelle geringere Anforderungen an die Ausdrucksfähigkeit als eine spezialisierte wissenschaftliche Untersuchung, bei der alles in Formeln ausgedrückt ist, die nur wenige Eingeweihte verstehen. Das stimmt in keiner Weise. [...] Lest die großen Gelehrten und die großen Kritiker, und ihr werdet sehen, daß sie, von wenigen Ausnahmen abgesehen, immer ganz klar schreiben und daß sie sich nicht genieren, alles gut zu erklären."

Die Passage stammt von dem emeritierten Professor der Universität in Bologna Umberto Eco, einem italienischen Schriftsteller, Philosophen und Sprachwissenschaftler. Sie steht in seinem Buch *Wie man eine wissenschaftliche Abschlußarbeit schreibt.* Doktor-, Diplom- und Magisterarbeit in den Geistes- und Sozialwissenschaften. Come si fa una tesi di laurea <dt.>. Das Buch wurde von Walter Schick übersetzt und ist in Wien beim Facultas-Verlag im Jahr 2010 in der 13., unveränd. Aufl. der dt. Ausg. erschienen. Das Zitat steht auf Seite 183.

2. Passage: „Die Verlagerung der wichtigsten Information in den nominalen Bereich des Wortschatzes ist eine von mehreren syntaktischen Strategien der Kondensation, der Informationsverdichtung, wie sie typisch für den wissenschaftlichen Fachtext ist. [...] Im syntaktischen Bereich finden sich keine eigenen, nur der Wissenschaftssprache zugehörenden eigenen Strukturen, vielmehr tauchen einige für die Kondensation angemessene syntaktische Phänomene wie Passiv- oder Infinitivkonstruktionen signifikant häufiger auf als in der Gemeinsprache, andere, offenbar dieser Strategie entgegenstehende, signifikant seltener."

Der Ausschnitt stammt von Heinz Leonhard Kretzenbacher und steht auf Seite 6 des Buches *Wissenschaftssprache.* Das Buch erschien in der Reihe IDS Studienbibliographien Sprachwissenschaft, herausgegeben von Ludger Hoffmann, und ist der 5. Band. Es erschien im Groos Verlag in Heidelberg, Erscheinungsjahr 1992, hat 44 Seiten und folgenden Identifikator: ISBN 3-87276-679-1

3. Passage: „Die effektivste Strategie, den sprachlichen Charakter eines Textes vergessen zu machen, liegt sicher darin, die Bedingungen sprachlicher Kommunikation zu negieren, die bewußt oder unbewußt aus der alltäglichen Sprachpraxis vertraut sind. Drei fundamentale Elemente dieser Strategie lassen sich als Verbote ausstellen, oder vielleicht besser noch als absolute, unausgesprochene und unhinterfragbare Verbote, als Tabus im Sinne der Definition Sigmund Freuds: Das *Ich-Tabu*, das *Metapherntabu* und das *Erzähltabu*."

Die Sätze sind ebenfalls von dem Sprachwissenschaftler und Germanisten Heinz L. Kretzenbacher. Sie stehen in dem Sammelband *Linguistik der Wissenschaftssprache*, das Heinz L. Kretzenbacher zusammen mit der Berlin-Brandenburgische Akademie der Wissenschaften (Arbeitsgruppe Wissenschaftssprache) herausgegeben hat. Genauer geht es um den Aufsatz „Wie durchsichtig ist die Sprache der Wissenschaften?", der auf den Seiten 15 bis 39 der insgesamt 407 Seiten abgedruckt ist. Das Zitat stammt von Seite 26, die Hervorhebungen im Zitat sind aus dem Original übernommen.

4. Passage: „Abschließend vier Forderungen. *Erstens:* Die Sprechweise der Wissenschaft soll sachlich sein: sie darf nicht dominant durch Stil, also durch den Willen zu sich selbst bestimmt sein. Diese Forderung ist die Wichtigste, weil sie nicht die Ausdrucksweise, sondern das Wissenschaftliche selbst betrifft.

Zweitens: Die Sprechweise der Wissenschaft soll faßlich sein. Hierzu gehört, neben anderem, der Grundsatz: so nah an der gebildeten Gemeinsprache wie möglich; nur soviel Fachsprache wie nötig – nötig von der Sache her. [...]

Drittens: Die Sprechweise der Wissenschaft sollte, was man abkürzend ‚Schönheit' nennt, nicht anstreben. Faßlichkeit genügt: sie kann auch von jedem verlangt werden. [...]

Viertens: Der Sprechweise der Wissenschaft sollte es erlaubt sein, sich dem Subjektiven zu öffnen: persönliche, das eigene Ich mit einsetzende Ausdrucksweise steht strenger Wissenschaftlichkeit, da diese mit Ausdrucksweise nichts zu schaffen hat, keineswegs entgegen. Gerade weil Wissenschaft nicht Sprechweise, nicht Stil ist, nicht sein *darf*, darf der einzelne Wissenschaftler Stil im Sinne des persönlich Charakteristischen zeigen."

Das Zitat stammt von Hans-Martin Gauger aus dem Aufsatz „Wissenschaft als Stil". Dieser Aufsatz erschien in der Zeitschrift *Merkur – Deutsche Zeitschrift für europäisches Denken*, Heft 4, Jahrgang 34, Seitenbereich 364-374. Das Zitat selbst steht auf Seite 372 und 373, die Hervorhebungen waren im Original vorhanden.

5. Passage: „[F]ür den einen oder anderen Wissenschaftler [ist] die Versuchung unabweisbar, seine Fachsprache, wenn er sie selber einigermaßen beherrscht, auch als Gruppen- und Sondersprache zu benutzen, um sich durch diese Kompetenz von anderen Angehörigen der Sprachgemeinschaft abzugrenzen. So entsteht der wissenschaftliche ‚Jargon'. [...] Aber es wäre ganz unbillig, die Natur der Wissenschaftssprache und die Funktion der wissenschaftlichen Fachterminologie von diesen Entartungserscheinungen her verstehen zu wollen. Wissenschaftlicher Jargon ist Mißbrauch der Wissenschaftssprache, und dagegen ist diese natürlich ebensowenig gefeit wie andere Sprachformen."

Der Auszug stammt aus dem Aufsatz „Formen der Wissenschaftssprache" von Harald Weinrich. Es erschien in dem Jahrbuch der Akademie der Wissenschaften zu Berlin und umfasst die Seiten 119 bis 158. Der Text erschien 1989 im Jahrbuch 1988. Erscheinungsort war Berlin. Das Zitat steht auf Seite 131.

Eine Musterlösung finden Sie auf Seit 275.

2.4.3 Was tun, wenn Angaben fehlen?

Immer wieder kommt es gerade bei elektronischen Quellen vor, dass Angaben wie etwa zum Verfasser, zum Erscheinungsjahr oder zu den Seitenzahlen fehlen. In solchen Fällen bietet es sich an, die fehlenden Angaben kenntlich zu machen. Sie signalisieren damit dem Leser, dass Sie diese Angaben nicht versehentlich vergessen haben, sondern dass diese Angaben schlicht nicht vorhanden sind. Folgende Abkürzungen haben sich eingebürgert:

Abb. 12: Notation bei fehlenden Angaben

	Deutsch	Englisch
Kein Autor	Organisation oder Institution als Herausgeber aufführen	Organisation oder Institution als Herausgeber aufführen[12]
Kein Titel	[Beschreibung des Dokuments]	[Beschreibung des Dokuments]
Kein Ort	[o. O.] (= ohne Ort)	[s. l.] (= sine loco = no place)
Kein Verlag	[ohne Verlag][13]	[s. n.] (= sine nomine = no publisher)
Keine Seitenzahlen	[o. S.] (= ohne Seitenangaben)	[n. pag.] (= no pagination)
Kein Erscheinungsjahr	[o. J.] (= ohne Jahr)	[n. d.] (= no date)
Erscheinungsjahr ungewiss	[c2013] oder [ca. 2013] oder ca. [2013?] [201?]	[c2013] or [2013?]

Zum Weiterlesen:

Anglia Ruskin University (2015): Guide to the Harvard Style of Referencing, 5. Aufl., online unter: http://libweb.anglia.ac.uk/referencing/harvard.htm, 16.04.2015.

Bahr, J./ Frackmann, M. (2011): Richtig zitieren nach der Harvard-Methode. Eine Arbeitshilfe für das Verfassen wissenschaftlicher Arbeiten, Solothurn (Schweiz), Institut für Praxis-

12 Insbesondere in englischsprachigen Ratgebern findet sich immer wieder der Verweis, den Autor wegzulassen und das Dokument unter dem Titel im Literaturverzeichnis einzuordnen. Dieses Vorgehen erscheint mir inkonsistent, weshalb ich davon abrate. Der *Anglia Ruskin University* (2015: 12) zufolge können Sie die Quelle auch unter dem Titel einordnen und vor die Jahresangabe die Abkürzung (Anon.) für Anonym setzen, also Marketingstrategie (Anon., 1999).

13 Teilweise findet sich in der Literatur auch die Abkürzung „o. V.", so etwa bei Bagusche (2013: 45). Diese Angabe wird teilweise jedoch für „ohne Verfasser" verwendet. Daher empfehle ich hier, den Verlag auszuschreiben.

forschung, online unter: http://www.institut-praxisforschung.com/publikationen/studienhilfen/, 16.04.2015.
Deakin University Australia (2014): HARVARD Deakin University guide to referencing, online unter: http://www.deakin.edu.au/students/study-support/referencing/harvard, 16.04.2015.
University of Sydney (2014): Your Guide to Harvard Style Referencing, online unter: http://libguides.library.usyd.edu.au/citation, 15.12.2014.

2.5 Problemfälle beim Zitieren

Obwohl ein korrekter Umgang mit Quellen zur redlichen wissenschaftlichen Praxis dazugehört, gibt es einige Grauzonen. Denn nicht alles ist zweifelsfrei geregelt. Abbildung 13 gibt einen Überblick über die wichtigsten Grauzonen. Dazu gehören etwa die Fragen, ab wann ein wörtliches Zitat zu setzen ist und was überhaupt belegt werden muss. Auch die Grenze zwischen einem Plagiat und einer Paraphrase ist schwierig zu ziehen. Im Folgenden werden die sechs Grauzonen näher erläutert.

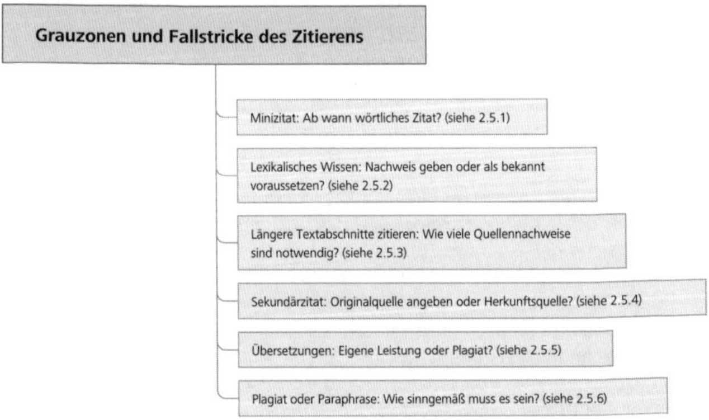

Abb. 13: Die wichtigsten Grauzonen beim Zitieren

2.5.1 Grauzone 1: Minizitat – Ab wie vielen Wörtern muss ich ein wörtliches Zitat setzen?

Immer wieder fragen sich Studierende, ab welcher Wortanzahl sie ein wörtliches Zitat setzen müssen. Dabei fallen häufiger die Grenzen ‚drei' oder ‚fünf': Sobald Sie eine identische Wortkette ab drei bzw. fünf Worten Länge wörtlich übernehmen, müssen Sie diese als direktes Zitat kennzeichnen, so die verbreitete Meinung (Bagusche 2013: 9). Bei dieser Meinung handelt es sich jedoch um eine grobe Faustregel und nicht um eine verbindliche Angabe. Denn entscheidend ist weniger die Länge als die Originalität der Worte. Es wird sich nicht vermeiden lassen, dass Sie in Ihrer Arbeit feststehende Wortketten verwenden, die schlicht zur deutschen Sprache gehören, etwa „auf der einen Seite", „im Gegensatz dazu", „kritisch anzumerken bleibt", und und und... Zudem sind die sprachlichen Möglichkeiten, um klare Sachverhalte präzise und rein deskriptiv wiederzugeben, begrenzt. Wenn Sie etwa eine Stichprobe beschreiben wollen, dann werden Sie mit großer Wahrscheinlichkeit einen Satz beginnen mit „Die Stichprobe der Untersuchung setzte sich aus 25 Teilnehmern zusammen." Einen solchen (oder sehr ähnlichen) Satz könnten Sie theoretisch in nahezu jeder empirischen Studie finden, dennoch haben Sie ihn vermutlich nicht abgeschrieben. Ähnlich verhält es sich mit allgemeinen Aussagen, die nicht auslegungsbedürftig sind, etwa Formulierungen wie: „Der Gesetzesentwurf wurde am Soundsovielten vom Bundestag verabschiedet." oder „Deutschland ist Mitglied der NATO." Solche mehr oder weniger feststehenden Wendungen müssen Sie nicht als direktes Zitat kennzeichnen.

Andererseits gibt es sehr prägnante oder pointierte Wörter oder Wortneuschöpfungen, die auf einen bestimmten Autor zurückzuführen sind. Diese Ausdrücke sind als direktes Zitat zu kennzeichnen, selbst wenn sie aus nur einem einzigen Wort bestehen.

Eigene Wortschöpfung: Der Begriff „Crowdsourcing" wurde von dem amerikanischen Journalisten Jeff Howe im Jahre 2006 geprägt.[11] Wer dieses Phänomen der kollaborativen Leistungserbringung näher untersucht, sollte auf den Ursprung dieses Begriffes hinweisen.
Ähnliches gilt für den Begriff „psychache", der auf den amerikanischen Suizidologen Edwin Shneidman zurückgeht. Shneidman bezeichnet damit einen innerer Schmerz oder Angstzustand, der für den Betroffenen so qualvoll wird, dass er sich das Leben nimmt. Auch hier ist ein Verweis auf Shneidman zwingend notwendig.[12]

Kreativer oder außergewöhnlicher Wortlaut: Erwin Stengel spricht im Zusammenhang von suizidalem Verhalten auch von einem „Hasardspiel" (1965: 128) mit dem Leben. Das Wort an sich ist in anderen Kontexten vermutlich naheliegend, in diesem Fall ist es jedoch außergewöhnlich und sollte daher wörtlich zitiert werden.[13]

Zusammenfassend lässt sich sagen: Eine allgemeine Antwort gibt es nicht; Sie selbst sollten am besten beurteilen können, wie auffällig, ungewöhnlich und markant eine Redewendung ist.

In den meisten Disziplinen sollten Sie ohnehin mit wörtlichen Zitaten sehr sparsam umgehen. Sie sind in der Regel

---

[14] Quelle: Howe, J. (2006): The Rise of Crowdsourcing, Wired Magazine, Issue 14.06, online unter: http://archive.wired.com/wired/archive/14.06/crowds.html, 14.03.2015.

[15] Quelle: Shneidman, E. S. (1996): Suicide as Psychache. In: J. T. Maltsberger/M. J. Goldblatt (Hrsg.), Essential Papers on Suicide. New York: New York University Press, 1996, S. 633-638 (633).

[16] Quelle: Stengel, E. (1965): Neue Forschungsarbeiten über das Selbstmordproblem." In: C. Zwingmann (Hrsg.), Selbstvernichtung. Frankfurt am Main, Akademische Verlagsgesellschaft, S. 123-130 (128).

dann angebracht, wenn es auf den genauen Wortlaut ankommt, etwa bei einer Definition, oder wenn der Leser die originäre Textstelle kennen muss, um Ihre Auslegung bzw. Interpretation nachvollziehen zu können. (Bagusche 2013: 9)

2.5.2 Grauzone 2: Lexikalisches Wissen bzw. Allgemeinwissen – Wie weiß ich, ob ich paraphrasierte Textstellen als indirektes Zitat kennzeichnen muss?

Es gibt beim Zitieren eine weitere wichtige Grauzone: Die Frage, welches (fachspezifische) Wissen Sie als allgemein voraussetzen dürfen und welches Sie belegen müssen. Auch diese Frage lässt sich nicht pauschal beantworten. Unter Dozenten findet sich oftmals die Auffassung, dass Modelle, Theorien und Begriffe, die Studierende in den ersten vier Semestern kennenlernen, als fachspezifisches Allgemeinwissen aufgefasst werden dürfen. Auch Sach- und Länderwissen, das sich leicht nachschlagen lässt, müssen Sie nicht unbedingt durch eine Enzyklopädie oder ein Geschichtsbuch belegen. Dazu gehören etwa Fakten wie der Name der Hauptstadt von Indonesien, geschichtliche Daten wie die Gründung der Europäischen Zentralbank oder die Tatsache, dass derzeit der 14. Dalai Lama im Amt ist. Hierbei handelt es sich um sogenanntes lexikalisches Wissen, dass zwar nicht unbedingt allgemein bekannt, aber einfach nachzuprüfen ist. Hier gibt es also „richtig" oder „falsch" und das Wissen ist nicht auslegungswürdig.

Anders sieht es hingegen aus, wenn es um Meinungen, Positionen und Argumente geht. Die Frage etwa, ob der 14. Dalai Lama besser oder schlechter ist als sein Vorgänger, dürfte vermutlich unterschiedlich bewertet werden. Ähnliches gilt für die Frage, welche Gründe ausschlaggebend für die Gründung der Europäischen Zentralbank gewesen sind. Auch hier werden Wissenschaftler zu unterschiedlichen Gründen kommen und diese anders gewichten.

Bagusche (2013: 11) nennt weitere Kriterien, die als Hinweise darauf gelten können, ob eine Information hinlänglich bekannt ist oder nicht. Zu diesen „Indizien" zählen für ihn:

- Die Information ist in der Fachwelt seit mehreren Jahren (ggf. Jahrzehnten) bekannt.
- Die Information gilt in der Fachwelt als unstrittig.
- Die Information wird in Fachbüchern gar nicht oder nur notdürftig belegt oder nur in der Einführungsliteratur näher erläutert.
- Die Information steht in allgemeinen Nachschlagewerken oder Lexika.

Insbesondere die Frage, ob eine bestimmte Behauptung in der Fachwelt allgemein akzeptiert oder aber kontrovers diskutiert wird, ist für Studierende nicht immer einfach zu bewerten. In diesem Fall ist es sicherer, das Spektrum an Auffassungen exemplarisch zu skizzieren und beispielhaft zu belegen.

Davon abgesehen ist es auch vom Thema abhängig, wie stark Sie sich mit alltäglichen Begriffen auseinandersetzen. Wenn Sie beispielsweise das Leben von Adam Smith analysieren und dabei in einem Nebensatz der Begriff der Tugend fällt, so können Sie von einer ausführlichen Definition dieses Begriffs sicherlich absehen. Etwas ganz anderes ist es jedoch, wenn Sie das Tugendverständnis von Adam Smith untersuchen und herausarbeiten wollen, wie Kapitalismus und Tugend zusammengedacht werden können. Bei einer solchen Fragestellung ist der Begriff der Tugend zentral, sodass Sie sich unabhängig von der alltagssprachlichen Begriffsverwendung damit befassen müssen.

2.5.3 Grauzone 3: Abschnittsweises Zitieren – Was mache ich, wenn ich mich über mehrere Abschnitte oder sogar Seiten auf den gleichen fremden Text beziehe?

Im Regelfall sollten Sie vermeiden, über mehrere Seiten aus nur einer Quelle zu zitieren – schließlich bedeutet wissenschaftliches Arbeiten, den fachlichen Diskurs umfassend zu beleuchten. Mit nur einer Quelle ist das nicht möglich. Manchmal nimmt jedoch eine einzige Quelle einen sehr prominenten Stellenwert in Ihrer eigenen wissenschaftlichen Arbeit ein. Dies ist insbesondere dann der Fall, wenn Sie die Aufgabe erhalten, das zentrale Werk eines Autors vorzustellen, einen bestimmten Artikel kritisch zu würdigen oder zwei Theorien oder Modelle miteinander zu vergleichen. Bei solchen Aufgaben fragen sich Studierende häufig, wie oft sie die Originalquelle in ihrem eigenen Text nennen müssen – zumal sie sich oft über mehrere Abschnitte hinweg auf eben nur eine Quelle beziehen.

Hier können Sie das Problem oft sprachlich lösen. Wichtig ist, dass Sie kenntlich machen, dass die Informationen nicht Ihr eigenes, sondern fremdes Gedankengut darstellen. Dies können Sie auf ganz unterschiedliche Art und Weise umsetzen, meist bietet sich aber ein expliziter Hinweis im Text an, in dem Sie darauf hinweisen, dass sich die folgenden Ausführungen auf den Autor XY beziehen. Wenn Sie dann den Autor XY innerhalb des Abschnitts in Ihre Formulierungen einfließen lassen, sollte eine Quellenangabe nach jedem Abschnitt ausreichen. Den Beispielen können Sie mögliche Formulierungen entnehmen.

Ein zweiter Deutungsansatz zum Verständnis des Dramas stammt von der Literaturwissenschaftlerin Lisa Siefker Bailey. Ihr Vorschlag, dass der Protagonist keineswegs nur kommunizieren, sondern sich insbesondere in das kulturelle Gedächtnis einschreiben will, ist neu. Aus diesem Grund wird Siefker Baileys Ansatz hier separat diskutiert.

Mit diesen Ausführungen ist Porters *Fünf-Kräfte-Modell* als Kernstück der Branchenstrukturanalyse grob umrissen. Sein Modell besticht insbesondere durch...

Die folgenden Ausführungen fassen die Grundannahmen der von Daniel Kahneman und Amos Tversky im Jahr 1979 entwickelten *Prospect Theory* zusammen.

Zu einer ähnlichen Einschätzung gelangt man, wenn man sich an dem einflussreichen Standardwerk *The Theatre of the Absurd* des britischen Theaterwissenschaftlers Martin Esslin orientiert. Esslin zufolge ist das Theater des Absurden wesentlich durch eine bestimmte Geisteshaltung der Autoren geprägt, welche davon überzeugt sind, dass frühere Gewissheiten ihre Gültigkeit verloren haben und der Mensch in einer Zeit zerrütteter Glaubensvorstellungen lebt. Hauptmerkmal der Dramen ist ...

Eine der einflussreichsten Studien zum Drama der Moderne stammt von Peter Szondi. In seiner *Theorie des modernen Drama* geht er unter anderem der Frage nach, ...

Möglich ist auch, für den Text eine Abkürzung einzuführen, wie das Beispiel zeigt. Bei weiteren Verweisen auf den Artikel reicht dann die Abkürzung ergänzt um einen Seitenbereich.

In ihrem Artikel „Behavior of the Firm Under Regulatory Constraint", veröffentlicht im *American Economic Review* (Jg. 52, Nr. 5) im Jahr 1962, konstatieren die Autoren Harvey Averch und Leland Johnson eine „misallocation of economic resources" (Averch/ Leland 1962: 1068, im Folgenden AJ). Die Autoren zeigen, dass...

oder

In ihrem Artikel "Behavior of the Firm Under Regulatory Constraint" aus dem Jahr 1962 konstatieren die Autoren Harvey Averch und Leland Johnson eine „Fehlallokation ökonomischer Ressourcen" (Averch/ Leland 1962: 1068, im Weiteren mit AJ abgekürzt). Die Autoren zeigen, dass...

2.5.4 Grauzone 4: Zitieren aus zweiter Hand – Wie gehe ich mit Sekundärzitaten um?

Sekundärzitate liegen vor, wenn Sie die Originalquelle nicht kennen, sondern das Zitat lediglich von einem anderen Autor abschreiben. Ein solches Zitat müssen Sie sich wie Flüsterpost vorstellen: Ein Autor schreibt einen Satz, der von einem zweiten Autor aufgegriffen wird, ein dritter Autor liest nur, wie der zweite Autor den ersten Autor verstanden hat und so weiter und so fort. Verzerrungen oder kleine Unstimmigkeiten beim Abschreiben sind hier vorprogrammiert, auch wenn sie nicht beabsichtigt sind.

Das folgende Beispiel stellt unter Beweis, wie schnell sich Fehler einschleichen können:

In seinem Ratgeber *Wissenschaftliches Arbeiten* führt Manuel Theisen in Anlehnung an Gebrauchtwagen den Begriff des Gebrauchszitats ein. Im Wortlaut heißt es hierzu:

„Die Fülle des Materials, die begrenzte Zeit sowie der Glaube an die (mit der eigenen Vorgehensweise vergleichbare?) Redlichkeit wissenschaftlicher Autoren verleiten dann zu Zitaten aus zweiter bzw. -zigster Hand, die ich „**Gebrauchszitate**" nenne. Dieser Ausdruck wird in Anlehnung an den

Gebrauchtwagen hier eingeführt, weil ein solches Zitat dessen Zuverlässigkeit teilt: Es kann funktionieren, **häufiger** wird man allerdings gründlich **enttäuscht**." (Theisen 2013: 177).

Ebster und Stalzer übernehmen den Vergleich mit dem Gebrauchtwagen, ohne jedoch auf Theisen zu verweisen. Hierbei handelt es sich um einen wissenschaftlichen „faux-pas". Bei Ebster/ Stalzer klingt die Textstelle nun so:

„Mit Sekundärzitaten verhält es sich ähnlich wie mit Gebrauchtwagen: Vielleicht leisten sie, was sie versprechen, vielleicht aber auch nicht. Zwar ist es möglich, dass der Verfasser der Arbeit, aus der man ein Sekundärzitat übernehmen möchte, korrekt aus der Originalquelle zitiert hat, sicher sein kann man sich dessen aber nicht." (Ebster/ Stalzer 2013: 124).

Kompliziert wird es nun, weil sich Brink auf Ebster/ Stalzer bezieht. Er korrigiert den Faux-Pas von Ebster/ Stalzer und verweist auf Theisen als Ideengeber. Dennoch unterlaufen ihm beim Abschreiben Fehler. Bei Brink lesen wir:

„Ebster/ Stalzer vergleichen in Anlehnung an THEISEN die Zuverlässigkeit von Sekundärzitaten mit derjenigen von Gebrauchswagen: ‚vielleicht halten sie was sie versprechen, vielleicht aber auch nicht'." (Brink 2013: 230)

Sie sehen hier, dass sowohl die Großschreibung als auch ein Komma verloren gegangen sind; außerdem wurde aus dem Wort ‚leisten' das Wort ‚halten'.

Stellen Sie sich von, Sie würden nun Ebster und Stalzer aus Brink als Sekundärzitat übernehmen. Sie würden zwangsläufig falsch abschreiben, obwohl Brink vermutlich äußerst sorgfältig gearbeitet hat.

Nach Möglichkeit sollten Sie also immer aus dem Originaltext zitieren. Dies gebietet allein schon die wissenschaftliche Redlichkeit.

Allerdings gibt es Ausnahmen: Wenn Sie beispielsweise die Originalquelle nur mit erheblichem zeitlichen und/ oder finanziellen Aufwand beschaffen können, kann ein Sekundärzitat angebracht sein. Dies ist etwa der Fall, wenn Sie auf alte Zeitungsartikel oder historische Quellen aus dem Ausland zurückgreifen wollen, die in Deutschland nicht verfügbar sind. Auch wenn Sie Aussagen aus journalistischen Interviews oder Pressemeldungen übernehmen, sind Sekundärzitate legitim.

> Ist das Original nicht zugänglich und die gewünschte Textstelle nur als Zitat in einer Sekundärquelle gegeben, zitieren Sie nach folgendem Muster: „[Originalquelle] zit. n. [Sekundärquelle]"[14].

Aufgabe 4: Stellen Sie sich vor, Sie wollen den folgenden Textauszug sinngemäß in eigenen Worten wiedergeben und können sich Dichtl im Original nicht beschaffen. Bitte fassen Sie die wichtigsten Informationen zusammen und nehmen Sie dabei sowohl auf Disterer als auch auf Dichtl in Ihrem Text Bezug. Eine mögliche Lösung finden Sie auf S. 276.

---

17 Bei der formalen Behandlung eines Sekundärzitats gehen die Meinungen weit auseinander. So plädieren Ebster/ Stalzer (2013: 125) und Bagusche (2013: 10) etwa dafür, sowohl die genaue Originalstelle als auch die Fundstelle in der Sekundärquelle anzugeben. Der *Anglia Ruskin University* (2015: 14) zufolge sollten Sie zwar das Jahr, nicht jedoch die Seitenangabe der Originalstelle aufführen. Da die Originalstelle jedoch nicht überprüft werden kann, rate ich von beiden Vorgaben ausdrücklich davon ab. Ebenso sieht es die *Deakin University Australia* (2014: 8). Unüblich (und aus meiner Sicht fehlerhaft) ist die Forderung von Brink (2013: 230) und Theisen (2013: 178), die Sekundärquelle ins Literaturverzeichnis aufzunehmen.

Wenn in Studienarbeiten Gedanken, Bewertungen und Argumente anderer übernommen werden, so ist es ein Gebot der Redlichkeit, dies deutlich auszuweisen. Wenn andere Autoren/innen so „gute" Gedanken geäußert haben, dass Studierende es wert finden, diese aufzunehmen und weiterzuverwenden, sollten sie sich nicht mit dem fremden Lorbeer schmücken, sondern fair auf die Urheber/innen hinweisen. Andernfalls gelten nach o.g. Konvention alle nicht entsprechend gekennzeichneten Gedanken, Bewertungen, Argumente, Ideen, Ergebnisse... als alleiniges geistiges Eigentum der Studierenden! Wenn ohne Quellenangabe eine besonders enge Anlehnung an andere Autoren/innen hergestellt wird und deren Gedanken, Bewertungen... übernommen werden, ist nicht nur die Grenze der Redlichkeit deutlich überschritten, sondern sogar möglicherweise die des Rechts, wenn ein Plagiat vorliegt. Deutlich, wenn auch in der Konsequenz zurückhaltend, heißt es dazu:

> Viel von dem, was man in einer Ausarbeitung von sich gibt, ist nicht Ergebnis eigenen Nachdenkens. Wer immer eine Anleihe bei anderen aufnimmt, muss den Leuten, deren Gedanken... er sich zu eigen macht, Gerechtigkeit widerfahren lassen. Sie besitzen das geistige Eigentum daran. Es sind, kurz gesagt, die **Quellen** [Hervorhebung im Original] offen zu legen. Sich nicht daran halten, heißt mogeln. (Dichtl 1996: 218)

Die zurückhaltende Bezeichnung als „mogeln" deutet keineswegs auf eine zu entschuldigende Nachlässigkeit oder auf ein Kavaliersdelikt hin, die nicht so schwer wiegen. Im Gegenteil: Ein Verstoß gegen die Pflicht der Offenlegung von Quellen wird außerordentlich ernst genommen.[18]

---

[18] Quellen: Dichtl, E. (1996): Spielregeln fürs Zitieren, in: WiSt Wirtschaftswissenschaftliches Studium, Bd. 25, Nr. 4, S. 218-219 (hier S. 218); Disterer, G. (2014): Studienarbeiten schreiben. Seminar-, Bachelor-, Master- und Diplomarbeiten in den Wirtschaftswissenschaften, 7. Aufl., Berlin, Heidelberg: Springer Gabler, S. 79.

2.5.5 Grauzone 5: Übersetzungsplagiate – Was mache ich mit Zitaten aus einer Fremdsprache?

Wer mehrere aufeinanderfolgende Worte wörtlich übernimmt, muss diese als direktes Zitat kennzeichnen. Soweit sind sich Wissenschaftler einig. Ebenfalls unzulässig ist es, einen Text ohne Angabe der Quelle zu übersetzen und als eigene Arbeit zu verkaufen. Ein Quellennachweis ist hier Pflicht.

Doch wie sieht es aus, wenn Autoren kürzere Textfragmente aus einer Fremdsprache übersetzen? Müssen diese Passagen als wörtlich (übersetztes) oder als indirektes Zitat gekennzeichnet werden? Hier ist die Grenze zwischem einem Umsetzungsplagiat und einer Paraphrase fließend. Dennoch sollten Sie sich ehrlich fragen, ob Sie gerade übersetzen oder in Ihrer Zielsprache formulieren. Gerade englische Quellen können Sie auch einfach direkt zitieren – das ist oft der transparentere Weg als zu übersetzen, aber nur ein indirektes Zitat anzugeben.

2.5.6 Grauzone 6: Übernahme von Literaturangaben – Zitatsplagiat oder nicht-plagiierbare Rechercheleistung?

Ich werde häufig mit folgender Frage konfrontiert: Ein Student liest einen Text von Autor A, der über Autor B schreibt. Weil der Student gelernt hat, dass er auf Sekundärzitate verzichten soll, besorgt er sich das Original von Autor B und zitiert daraus. Die Frage lautet nun aber: Was macht er mit Autor A, ohne dessen Aufsatz er ja gar nicht auf Autor B gestoßen wäre? Oder anders formuliert: Ist die Übernahme von Verweisen als Ausgangspunkt eigener Recherche bereits als Plagiat zu bewerten?

Hier ist zu differenzieren: Die meisten Wissenschaftler sind sich darin einig, dass es sich bei dem oben dargelegten Vorgehen um vollkommen übliche wissenschaftliche Praxis handelt. Da Sie von Autor A keine Textpassagen übernehmen, sondern einzig einen Literaturverweis, müssen Sie Autor A nicht erwähnen. So ist beispielsweise nach Auffassung von VroniPlag-Autor hindemith (2015: o. S.) das „,Wissen', dass Autor B was Interessantes zum Thema geschrieben hat, [...] nicht plagiierbar".

Gleiches gilt auch für die Übernahme von Zitaten, sofern Sie diese im Original überprüfen. Dies bestätigt etwa Bouville (2008: 2), wenn er pointiert schreibt: „If I read in [101] a quotation from [100] and re-use the quotation (with quotation marks and citing [100]), I do not plagiarize [100] because I cite it and I do not plagiarize [101] because I do not use its words or its ideas. If no work has been plagiarized then there is obviously no plagiarism."

Diese Einschätzung gilt umso mehr, als sich bestimmte Aussagen eines Autors in vielen anderen Artikeln als direktes Zitat wiederfinden. Wenn Sie etwa über Sigmund Freud forschen, so werden Sie überhaupt nicht mehr wissen, ob Sie eine entsprechende Aussage bei Freud im Original oder in einer wissenschaftlichen Interpretation gelesen haben.

Anders liegt der Fall, wenn Sie die Fundstelle nicht überprüfen, sondern einfach abschreiben. Martin bewertet dies als eine subtile Form des Plagiats, die er als "plagiarism of secondary sources" (1994: o. S.) bezeichnet.

Eine Gratwanderung ist es, wenn Sie von Autor A nicht nur einen einzelnen Hinweis auf einen anderen Autor übernehmen, sondern dessen komplette Literaturrecherche nachbilden und sich dabei an der Reihenfolge und Struktur seiner Argumentation orientieren. Dies ist zum Beispiel dann der Fall, wenn Sie anhand eines Review-Artikels eine eigene Forschungs- oder Literaturübersicht schreiben und den Hinweisgeber unter den Teppich kehren. Eine elegante Lösung dieses Dilemmas kann darin bestehen, zumindest in einer Fußnote auf den Review-Artikel hinzuweisen, etwa in einer Formulierung wie: „Für weitere Informationen vgl. ..." oder „Eine gute Übersicht über den Literaturraum bietet ...").

2.6 Plagiate erkennen und vermeiden

Seit den prominenten Plagiatsfällen von Annette Schavan, Karl-Theodor zu Guttenberg oder Silvana Koch-Mehrin hat das Thema Plagiate in der öffentlichen Diskussion ein größeres Bewusstsein erhalten. Viele Studierende fürchten sich davor, des Plagiats bezichtigt zu werden. Sie haben Angst davor, unbewusst zu nah am originalen Wortlaut eines fremden Autors geblieben zu sein oder versehentlich einen Quellennachweis vergessen zu haben. Diesen Studierenden sei gesagt: Ihre Sorgen sind mit großer Wahrscheinlichkeit unbegründet.

Doch wann liegt ein Plagiat eigentlich vor und welche Formen des Plagiats lassen sich unterscheiden? Der folgende Abschnitt gibt Antworten auf diese Fragen und gibt Tipps, wie Sie (versehentliche) Plagiate vermeiden können.

2.6.1 Definition Plagiat

Weber-Wulff (2014: 4) weist darauf hin, dass es weder keine gesetzliche Definition noch einen wissenschaftlichen Konsens darüber gibt, was ein Plagiat genau umfasst. Sie beruft sich unter anderem auf eine Definition des *International Center for Academic Integrity* (o. J.), das auf seinem Webauftritt die Elemente des Plagiierens wie folgt definiert:

„Plagiarism occurs when someone:

1. uses words, ideas, or work products
2. attributable to another identifiable person or source
3. without attributing the work to the source from which it was obtained
4. in a situation in which there is a legitimate expectation of original authorship,
5. in order to obtain some benefit, credit, or gain which need not be monetary."

Ein Plagiat liegt demnach vor, wenn Sie Textstellen, Ideen oder Argumente von anderen Autoren übernehmen und die Autorenschaft verschleiern. Dabei ist es nicht notwendig, dass Sie Textpassagen wortwörtlich abschreiben, ohne diese zu kennzeichnen – auch weichere Formen des Ideenklaus zählen zu wissenschaftlichem Fehlverhalten dazu. Mit dem Plagiatsvorwurf ist nicht zu spaßen: Wenn Sie des Plagiats überführt werden, haben Sie Ihren Prüfungsanspruch in dem jeweiligen Fach verwirkt.

Allerdings gibt es Ausnahmen: Nicht zu belegen sind (fachspezifisches oder lexikalisches) Allgemeinwissen, eigenständig erhobene Daten oder Ihre selbständigen Überlegungen, Interpretationen und Analysen.

Falls Sie hingegen einen Quellennachweis in der Literaturliste vergessen oder ein strenggenommen wörtliches Zitat nur als indirektes Zitat ausweisen, so wird man Ihnen zu Recht unsauberes wissenschaftliches Arbeiten vorwerfen. Ihren Titel verlieren Sie durch diese mangelnde Sorgfalt in der Regel nicht.

2.6.2 Plagiatsformen – Eine Typologie

Wie kaum ein anderer in Deutschland hat sich Debora Weber-Wulff mit Thema Plagiate befasst. In ihrem Buch *False Feathers* unterscheidet die Professorin für Medieninformatik an der Hochschule für Technik und Wirtschaft Berlin insgesamt zehn unterschiedliche Formen von Plagiaten (2014: 6-14). Die wichtigsten Formen seien hier kurz referiert.

Ein **Komplettplagiat (Copy & Paste)** liegt vor, wenn Sie einen fremden Text unverändert ohne Quellenangabe übernehmen und damit vorgeben, es sei Ihre eigene Leistung. Diese Art des Plagiats ist oft leicht zu erkennen, zum Beispiel, weil sich der sprachliche Stil plötzlich stark ändert.

Bei einem **Übersetzungsplagiat** übersetzt der Autor Textinhalte aus einer Fremdsprache in die Zielsprache, wobei die Ursprungsquelle nicht genannt wird. Dies ist eindeutig als Plagiat einzustufen, auch wenn die Übersetzung ein gewisses Maß an eigener Leistung voraussetzt. Anders liegt der Fall, wenn Sie aus einer fremdsprachlichen Quelle übersetzen und einen indirekten Zitatnachweis setzen (siehe hierzu auch Abschnitt 2.5.5)

Schwieriger zu identifizieren sind **Verschleierungen**[19], bei denen der Autor die Ideen und Inhalte eines anderen Autors mehr oder weniger stark paraphrasiert, ohne eine Quelle anzugeben. Dies reicht von einem gezielten Austausch mehrerer Wörter (zum Beispiel durch geeignete Synonyme) bis hin zu aufwendigen Umstellungen der Syntax oder Neuanordnungen ganzer Textfragmente, die manchmal auch aus verschiedenen Quellen stammen. In Anspielung auf die US-amerikanische Gewürzmischung ‚Shake ‚n Bake' nennt Weber-Wulff diese letzte Variante treffend ‚Shake ‚n Paste'. In ihrem Online-Kurs *Fremde Federn Finden* erläutert Weber-Wulff (o. J.: 16):

> Man gibt die Gewürze in eine Plastiktüte, ein zerlegtes Hühnchen dazu, verschließt die Tüte und schüttelt sie gut durch. Dann werden die Teile in beliebiger Reihenfolge herausgenommen und auf ein Backblech gelegt. Das finde ich eine passende Analogie zu dieser Form des Plagiats: Es werden aus verschiedenen Quellen Abschnitte genommen (in der Regel Absätze), sie werden gut gemischt und dann scheinbar wahllos hintereinander zusammengefügt in der Hoffnung, alles erfasst zu haben und nicht aufzufallen.

Je nachdem, wie aufwendig und präzise der Autor die übernommen Fragmente neu zusammenschustert, entstehen auf diese Weise ansehnliche Texte, die nur schwer als Plagiat zu

19 Weber-Wulff differenziert hier noch präziser in ‚Disguised Plagiarism', ‚Shake & Paste Collections', ‚Clause Quilts' und ‚Cut& Slide'. Meiner Auffassung nach sind dies jedoch mehr oder weniger stark ausgeprägte Varianten der Verschleierung.

erkennen sind. Da der Autor aber einfach von vielen anderen klaut, bleibt es dennoch ein Plagiat.

Strukturplagiat: Die Strukturübernahme wird unter Wissenschaftlern besonders kontrovers diskutiert. Der Autor übernimmt hier eine einzelne Gedankenführung, eine Argumentationslinie oder einen gesamten Textaufbau, verwendet jedoch seine eigenen Worte. Aus diesem Grund sind Strukturplagiate schwer nachzuweisen. Wird hier die Darstellung eines anderen adaptiert oder ist das eine eigene schöpferische Leistung? Hier die Grenze zu ziehen ist nicht einfach. Klar ist: Sofern Sie sich von der Struktur eines anderen Textes nicht nur inspirieren lassen, sondern diese Struktur gezielt übernehmen, sollten Sie die Quelle in einer Fußnote angeben (etwa durch eine Formulierung wie: Der Aufbau des folgenden Abschnitts ist angelehnt/ übernommen/ inspiriert durch XX).

Als **Bauernopfer** werden Textstellen bezeichnet, die zwar wörtlich übernommen, doch nur als indirektes Zitat gekennzeichnet sind. Oft findet sich auch ein gegenteiliger Fall: Autoren zitieren eine kurze Passage wörtlich (also als direktes Zitat), doch der gesamte Absatz bezieht sich auf die gleiche Quelle. Hier sind viele Studierende verunsichert und wollen nicht überzitieren. Dennoch muss im Text deutlich werden, dass die Übernahme über das wörtliche Zitat hinaus geht und auch Sätze zuvor oder danach betrifft.

Ergänzend führen Oertner et al. (2014: 67) das **Ideenplagiat** auf. Hier werden Gedanken oder Erkenntnisse ohne Kennzeichnung übernommen. Ähnlich wie das Strukturplagiat sind Ideenplagiate schwer nachzuweisen und in der Forschung umstritten.

In der Literatur wird zudem die Frage diskutiert, ob es ein sogenanntes **Zitatsplagiat** gibt, wie etwa Kastner et al. (2010: 13) oder die Universität Duisburg-Essen (o. J.) attestieren. Ein Zitatsplagiat liegt demnach dann vor, wenn Sie aus einer Sekundärquelle das Originalzitat eines anderen Autors übernehmen, ohne auf den Ursprung hinzuweisen. Mit anderen Worten unterschlagen Sie ein Sekundärzitat, weil Sie nicht den Hinweis „zit. nach" einfügen. Dieses Verhalten bereits als Plagiat einzustufen, ist jedoch sehr problematisch. In der Wissenschaft ist es vollkommen üblich, dass Sie auf Basis bestimmter Literatur auf andere Quellen aufmerksam werden. Man nennt dieses Vorgehen auch die Schneeballsuche, weil Sie ausgehend vom Literaturverzeichnis eines einzigen Texts (sozusagen Ihrem Schneeball) rasch eine ganze Lawine an relevanter Literatur finden.

Anders gestaltet sich die Sachlage, wenn Sie auf Basis eines Texts eine ganze Literaturübersicht übernehmen. In so einem Fall übernehmen Sie mit den Literaturverweisen auch die Rechercheleistung des Urhebers. Allerdings kann dieser Tatbestand als Variante des Strukturplagiats gesehen werden. Näheres hierzu lesen Sie auch in Abschnitt 2.5.6)

2.6.3 Gründe für Plagiate

Aus Sicht von Gabriela Ruhmann (2000: 44f.) sind es insbesondere die fehlende Schreiberfahrung, die Fixierung auf Wissenswiedergabe und ein falsches Verständnis von Wissenschaft, welche dazu führen, dass Studierende das Gelesene wörtlich abschreiben, anstatt es in eigene Worte zu fassen. So haben Studierende nach Meinung der Wissenschaftlerin oft eine nur oberflächliche oder verzerrte Wahrnehmung davon, was Wissenschaft eigentlich ist, welche Funktion wissenschaftliche Texte besitzen und wie wissenschaftliche Texte hergestellt werden (Ruhmann 2000: 44). Schreiben ist für sie eher ein „müheloses ‚Hinschreiben' fertiger Gedanken" (ebd.) und nicht das Ergebnis eines langwierigen Verstehens-, Denk- und Formulierungsprozesses. Wenn sich Studierenden dann während des Schreibens mit Schwierigkeiten konfrontiert sehen, bewerten sie dies als persönliches Versagen und nicht als ein dem Schreiben inhärentes und notwendiges Charakteristikum.

Plagiate entstehen aus Sicht von Ruhmann also quasi als Nebenprodukt einer ungenügenden Auseinandersetzung mit wissenschaftlichen Texten: „Aus Angst, sich mit falsch Verstandenem, mit ungedeckten, holprigen Aussagen zu blamieren, lösen sich die Studierenden nicht genügend von den gelesenen wissenschaftlichen Texten ab und verschanzen sich an den für sie brenzligen Stellen hinter deren Wortlaut." (Ruhmann 2000: 45)

Aus Angst vor Fehlern klammern sich die Studierenden an den Wortlaut des Gelesenen; anstatt eine eigene Position zu beziehen verstecken sie sich hinter den Aussagen anderer Autoren. Die Aneinanderreihung von Versatzstücken aus der Literatur oder ganzen Zitatsammlungen ist in diesem Sinne also der Versuch, „nichts Falsches zu sagen, [...] [und] *nicht selbst zu sprechen*: die Verantwortung für das Geschriebene [bleibt] auf Seiten der gelesenen Autoren und Autorinnen" (Ruhmann 2000: 45).

Haben Sie also den Mut, Position zu beziehen. Überspitzt formuliert schreiben Sie lieber einen schlechten Text, als fremdes geistiges Eigentum als Ihr Eigenes zu verkaufen. Es ist besser, etwas falsch, aber dafür in eigenen Worten wiederzugeben, als zu stark an fremden Texten zu kleben. Wissenschaftliche Sprache muss nicht kompliziert sein – viel wichtiger ist der Inhalt. Ich habe in vielen Workshops und Vorlesungen die Erfahrung gemacht, dass Studierende fast immer ähnlich gut – und manchmal besser – formulieren können als der zitierte Autor.

Neben dieser oberflächlichen Wahrnehmung von Wissenschaft plagiieren Studierende aus zwei weiteren Gründen:

1. Weil sie ein schlechtes Zeitmanagement haben und kurz vor Abgabe derart unter Zeitdruck geraten, dass sie fremde Quellen leicht verändert abschreiben.

2. Weil sie schlicht die Grundlagen und den Sinn des Zitierens nicht verinnerlicht haben und gar nicht wissen, dass sie plagiieren.

Zum einer unzureichenden oder **unreflektierten zeitlichen Planung** – ist zu sagen: Zeitdruck ist keine Entschuldigung. Schreiben Sie lieber einen schlechten Text, als fremdes geistiges Eigentum als Ihr Eigenes zu verkaufen.

Zum Grund der **Naivität** müssen Sie beachten: Unwissenheit schützt vor Strafe nicht. Dass Sie dieses Buch lesen, zeigt bereits, dass Sie sich ernsthaft mit dem Zitieren auseinandersetzen. Wichtig ist: Wenn Sie sinngemäß zitieren wollen, genügt es nicht, nur wenige Worte auszutauschen oder die Satzstruktur abzuwandeln. Sinngemäßes Zitieren heißt, wie der Name schon sagt, den SINN zu übernehmen und in eigenen Worten wiederzugeben. Zudem müssen Sie eindeutig kennzeichnen, wo das sinngemäße Zitat beginnt und wo es endet. Hilfreich sind dabei Formulierungen wie „laut Meier", „Müller zufolge", „Schmitt kommt zu dem Ergebnis/ attestiert/ schlussfolgert/ erklärt/ führt aus/ resümiert/ nennt" usw.

Tipp

Moderne Literaturverwaltungsprogramme wie *Citavi*, *Endnote* oder *Mendeley* unterstützen Sie nicht nur bei der Verwaltung der Quellen, sondern auch bei der Verwaltung Ihrer Zitate. Da sich diese Programme in der Regel problemlos in Ihr Textverarbeitungsprogramm integrieren lassen, können Sie Ihr Literaturverzeichnis automatisch erstellen und gewährleisten, dass Sie nicht versehentlich Quellen unterschlagen. Außerdem sollten Sie sämtliche Quellen archivieren und wichtige Informationen immer gleich mit einem Beleg und Seitenangabe versehen – das erspart Ihnen später auch lästiges Suchen.

Mit Blick auf den ersten Grund – die **Angst vor eigenen Formulierungen** bzw. ein **ungenügendes Selbstbewusstsein für die eigene sprachliche Gewandtheit** – sollten Sie frühzeitig versuchen, Texte selbst zu formulieren und darauf vertrauen, dass Sie das genauso gut können wie der fremde Autor. Nicht immer sind komplex geschriebene Texte unbedingt die besten (siehe Kasten). Allzu oft gehen komplexe Schachtelsätze, Genitivkonstruktionen oder ein unnötiger Passiv- und Nominalstil zu Lasten der Verständlichkeit. Es wäre wirklich schade, wenn Sie in Schockstarre verfallen und aus lauter Angst vor möglichen Fehlern Ihre wissenschaftliche Arbeit nicht schreiben bzw. nicht abschließen.

Ein gutes Mittel, um Inhalte in eigenen Worten wiederzugeben, sind Kernsätze. Dazu lesen Sie zunächst den kompletten Text in Ihrem gewohnten Lesetempo und gehen dann Absatz für Absatz nochmal etwas intensiver durch. Notieren Sie pro Absatz jeweils die zentrale Aussage in einem ausformulierten Satz. Dieses Verfahren ist zeitaufwendig und lohnt sich nur bei wirklich wichtigen Passagen. Dennoch sollten Sie sich auch bei ganzen Artikeln bzw. Kapiteln möglichst oft dazu zwingen, Original nach dem Lesen bei Seite zu legen und das Gelesene zunächst in Ihrer eigenen Sprache zusammenzufassen. Das fällt den meisten Studierenden sehr schwer, doch wie so oft gilt auch hier: Übung macht den Meister.

Hilfreich ist es auch, wenn Sie Ihre Texte Kommilitonen oder Freunden und Verwandten vorlegen und sich eine Rückmeldung einholen. Meistens bewerten Studierende selbst verfasste Texte deutlich schlechter als Außenstehende und sind ganz überrascht, wenn der eigene Stil für gut befunden wird.

Sehen Sie sich dazu die folgenden fünf Beispiele an. Vielleicht klingen diese Sätze im ersten Moment vertraut und ‚irgendwie wissenschaftlich'. Bei genauerem Hinsehen wird jedoch schnell klar, dass sich der Autor einfach zu wenig Mühe bei Schreiben gemacht hat.

[1] Die Durchführung der Befragung der Konsumenten erfolgte durch geschulte Mitarbeiter.

[2] Die Zusammenfassung soll es ermöglichen, eine Abgrenzung zwischen den aufgeführten Begriffen durch den Autor zu ermöglichen.

[3] In der Studie wurden zentrale Finanzkennziffern untersucht und auf ihre Anwendbarkeit hinsichtlich der zentralen Problemstellung, die Messbarkeit der Kundenzufriedenheit zu erhöhen, überprüft.

[4] Im Bereich der Pensionsrückstellungen wurde im Hinblick auf eine Vereinheitlichung der Rechnungslegung auf das Wahlrecht bezüglich der Bewertungsmethoden innerhalb der Neufassung verzichtet.

[5] Die Analyse der Erzielung von Preisvorteilen durch die Ausübung zielgruppenspezifischer Werbung durch den Bankensektor ist Gegenstand der vorliegenden Untersuchung.

Aufgabe 5: Wenn Sie Lust haben, versuchen Sie doch einfach mal, die Sätze aus obigem Beispiel zu vereinfachen. Achten Sie dabei besonders darauf, die Sätze möglichst im Aktiv und ohne Nominalstil zu schreiben. Eine Musterlösung finden Sie auf Seit 276.

2.6.4 Plagiatssoftware

Aufgrund der zahlreichen Plagiatsfälle in der Öffentlichkeit verlangen immer mehr Universitäten auch eine elektronische Form der Abschlussarbeit, um Plagiate mit einer entsprechenden Software abzugleichen. Das Angebot an Plagiatssoftware hat sich in den letzten Jahren stark erweitert. Neben teuren lizenzpflichtigen Programmen gibt es auch kostenlose Software im Internet, z. B. *Plagiatefinder* oder *Plagiarisma*. Kostenlose Software ist von sehr geringer Aussagekraft, da dort im Wesentlichen das Internet durchsucht wird. Doch selbst sehr teure Programme wie *Turnitin* oder *Copyscape* liefern nach einer Studie von Weber-Wulff (2013) keine überzeugenden Ergebnisse. Zwar sind die Programme nach Meinung der Wissenschaftlerin im Vergleich zu vorangegangenen Tests benutzerfreundlicher geworden, ihre Analysefähigkeit hat sich jedoch nicht verbessert. In der Folge kommt es weiterhin sowohl zu zahlreichen falsch-positiven als auch zu falsch-negativen Meldungen, da die Software keine Plagiate, sondern nur identische Textstellen erkennt.

Verstehen Sie dies bitte nicht als Plädoyer für „cleveres Plagiieren". Ja, es ist in der Tat möglich, durch Übersetzungen in eine andere Sprache sowie durch ausgeklügelte Copy & Paste-Verfahren die Plagiatssoftware zu überlisten. Es darauf ankommen zu lassen ist jedoch mehr als fahrlässig. Im Zweifelsfall kennt Ihr Betreuer den Forschungsraum sehr genau und findet auch dann Plagiate, wenn Sie diese in eine Fremdsprache übertragen haben.

Ohnehin wissen Sie selbst am besten, ob Sie sauber und präzise gearbeitet haben – dann müssen Sie auch keine Plagiatsvorwürfe befürchten – oder ob Sie Textstellen abgeschrieben oder bei den Belegen geschlampt haben – dann wird das Ihr Betreuer diese Schlampereien im Zweifelsfall herausfinden. Wenn Sie dennoch nicht auf eine Selbstüberprüfung verzichten möchten, dann werden Sie bei *PlagScan* fündig. Für etwa fünf bis zehn Euro (je nach Umfang der Arbeit) können Sie Ihre Arbeit dort auf Plagiate kontrollieren.

Aufgabe 6: Im Folgenden finden Sie einen Auszug von Gabriela Ruhmann aus dem Aufsatz „Keine Angst vor dem ganzen Satz. Zur Schreibförderung am Studienbeginn", erschienen im Jahr 2000 in *Deutschunterricht*, 53.1, 43-50. (zit. S. 44) Bitte lesen Sie sich die zehn unten stehenden Widergaben von Ruhmann durch. Welche Versionen sind korrekt, welche als Plagiat einzustufen? Begründen Sie Ihr Urteil (modifiziert nach einem Arbeitsblatt von St. John/ Thelen/ Oertner 2014: 61f., 67)

> Die Oberflächenwahrnehmung des fertigen Schreibprodukts verleitet die Studierenden zu krassen Fehleinschätzungen des Herstellungsprozesses, denn solchen glatten Präsentationen sieht man nicht an, wie mühevoll zuweilen der Weg dorthin ist. Sie unterschätzen völlig, wie viele einzelne Arbeitsschritte der Lese- und Schreibprozeß umfaßt, welche einzelnen gedanklichen und auch emotionalen Probleme sich dabei stellen. Schreiben ist für sie eher müheloses „Hinschreiben" fertiger Gedanken. Hartnäckige Verständnisfragen, Unsicherheiten und schwierige Entscheidungsprozesse beim Formulieren sind in ihrem Bild vom wissenschaftlichen Arbeiten nicht vorgesehen.
>
> Quelle: Ruhmann, G. (2000): 44.
>
> Ruhmann, G. (2000). Keine Angst vor dem ganzen Satz. Zur Schreibförderung am Studienbeginn. Deutschunterricht, 53.1, 43-50.

1. Die oberflächliche Wahrnehmung des fertigen Texts führt bei den Studierenden zu krassen Fehleinschätzungen des Herstellungsvorgangs. Sie verkennen vollkommen, wie viele einzelne Arbeitsschritte notwendig sind und welche Probleme dabei auftreten. Schreiben ist für sie gleichzusetzen mit einem Niederschreiben der fertigen Ideen. Probleme beim Formulieren, Verständnisfragen und Unsicherheiten bei der Entscheidungsfindung sind in ihrer Auffassung vom wissenschaftlichen Arbeiten nicht vorgesehen. (Ruhmann 2000: 44)
2. Beim Anfertigen wissenschaftlicher Texte unterschätzen zahlreiche Studierende, wie viele Arbeitsschritte bis zum finalen Text notwendig sind. Sie haben nur eine oberflächliche Vorstellung von der Funktionsweise wissenschaftlicher Texte und sind überzeugt, dass es ausreicht, die Texte einfach runterzuschreiben.
3. Nach Meinung von Ruhmann führt die „Oberflächenwahrnehmung des fertigen Schreibprodukts bei Studierenden zu krassen Fehleinschätzungen des Herstellungsprozesses" (2000: 44). Sie unterliegen vielmehr der Illusion, dass es mit einem einmaligen Niederschreiben ausformulierter Gedanken getan sei und blenden „hartnäckige Verständnisfragen und Unsicherheiten" ebenso aus wie „schwierige Entscheidungsprozesse beim Formulieren" (2000: 44).
4. Ruhmann (2000: 44) zufolge unterschätzen Studierende den Arbeits- und Schreibprozess, der zur Anfertigung einer wissenschaftlichen Arbeit notwendig ist.
5. Die Schreibdidaktikerin Gabriela Ruhmann macht eine verzerrte Wahrnehmung des wissenschaftlichen Arbeitsprozesses für die Probleme der Studierenden verantwortlich und erläutert: „Die Oberflächenwahrnehmung des fertigen Schreibprodukts verleitet die Studierenden zu krassen Fehleinschätzungen des Herstellungsprozesses,

denn solchen glatten Präsentationen sieht man nicht an, wie mühevoll zuweilen der Weg dorthin ist. Sie unterschätzen völlig, wie viele einzelne Arbeitsschritte der Lese- und Schreibprozeß umfaßt, welche einzelnen gedanklichen und auch emotionalen Probleme sich dabei stellen. Schreiben ist für sie eher müheloses ‚Hinschreiben' fertiger Gedanken." (Ruhmann 2000: 44)

6. Es ist kein Geheimnis, dass Studierende den Herstellungsprozess einer wissenschaftlichen Arbeit oft falsch einschätzen. Sie berücksichtigen nicht, wie viele einzelne Arbeitsschritte der Lese- und Schreibprozess umfasst und welche einzelnen gedanklichen und auch emotionalen Probleme sich dabei stellen. Stattdessen ist Schreiben ist für sie eher „müheloses ‚Hinschreiben' fertiger Gedanken" (Ruhmann 2000: 44). Verständnisfragen oder Unsicherheiten beim Formulieren sind in ihrer Vorstellung von Schreiben nicht vorgesehen.
7. Aus Sicht von Ruhmann (2000: 44) ist es insbesondere die oberflächliche Wahrnehmung von wissenschaftlichen Texten, welche dazu führt, dass Studierende ein mangelndes Vertrauen in die eigenen Denk- und Formulierungsfähigkeiten entwickeln. Anstatt die emotionalen Probleme beim Dozenten zu thematisieren, verdrängen sie diese. Dabei wäre es aus Sicht von Ruhmann notwendig, offen über die Probleme zu sprechen. Den Grund für diesen psychologischen Verdrängungsmechanismus sieht Ruhmann darin begründet, dass „[h]artnäckige Verständnisfragen, Unsicherheiten und schwierige Entscheidungsprozesse beim Formulieren […] in ihrem Bild vom wissenschaftlichen Arbeiten nicht vorgesehen" seien.
8. Because students are confronted with final versions of academic texts only, they underestimate how many steps the process of reading and writing requires. They think of academic writing as writing down finished thoughts wi-

thout effort. Problems with understanding or formulating are not part of their perception of what it means to write an academic text.

9. According to Ruhmann, a lot of students underestimate the many steps that are necessary when writing an academic text. The author argues that this is due to the fact that students are only confronted with final versions and not with the many drafts that have been rewritten and revised beforehand. As a consequence, students believe academic writing to be easy and trouble-free (Ruhmann 2000: 44).
10. Ruhmann setzt sich mit den Schwierigkeiten von Studierenden beim Verfassen wissenschaftlicher Texte auseinander. Sie kommentiert: „Die Oberflächenwahrnehmung des fertigen Schreibprodukts verleitet die Studierenden zu krassen Fehleinschätzungen des Herstellungsprozesses [...]. [Sie unterschätzen], wie mühevoll zuweilen der Weg dorthin ist [und] [...] wie viele einzelne Arbeitsschritte der Lese- und Schreibprozeß umfaßt" (Ruhmann 2000: 44).

Die Lösungen finden Sie auf Seit 278.

2.7 Test

Mit dem folgenden Selbsttest können Sie Ihr Wissen aus Kapitel 2 überprüfen. Es ist immer nur eine Antwort richtig.

Frage 1: Welche Angaben werden nach den Zitierregeln bei jedem Eintrag im Literaturverzeichnis benötigt?

a. Titel des Werkes, Name des Autors und Name des Herausgebers ❑
b. Titel des Werkes, Name des Autors und Erscheinungsjahr ❑

c. Titel des Werkes, Name des Autors und Erscheinungsort ❑
d. Titel des Werkes, Name des Autors und Seitenangaben ❑

Frage 2: Welche der folgenden Aussagen zum Thema Literaturverzeichnis nach Harvard ist *falsch*?

a. Die Einträge im Literaturverzeichnis werden in alphabetischer Reihenfolge (sortiert nach dem Nachnamen der Autoren) aufgelistet. ❑
b. Eine Literaturangabe im Literaturverzeichnis endet immer mit einem Punkt. ❑
c. Das Literaturverzeichnis kommt nach dem Textteil und in der Regel vor dem Anhang der Arbeit. ❑
d. Die Einträge im Literaturverzeichnis werden in der Reihenfolge der Erwähnung im Textteil aufgelistet. ❑

Frage 3: Welche der folgenden Aussagen über wörtliche Zitate ist *falsch*?

a. Änderungen durch eine andere Deklination sowie Einschübe, welche zum Verständnis des Zitats beitragen, werden in eckige Klammern gesetzt. ❑
b. Inhaltliche und orthographische Fehler eines wörtlichen Zitats müssen korrigiert werden. ❑
c. Hervorhebungen im Originaltext werden im Zitat übernommen und mit der Anmerkung [Hervorhebung im Original] kommentiert. ❑
d. Auslassungen im Text werden durch [...] gekennzeichnet. ❑

Frage 4: Welche der folgenden Aussagen zum Zitat aus zweiter Hand ist *korrekt*?

a. Zitate aus zweiter Hand sind immer dann zulässig, wenn die Originalquelle sehr alt ist. ❑

b. Auch wenn man die Originalquelle nicht überprüfen kann, sollte man sie ins Literaturverzeichnis aufnehmen. ❑
c. Bei einem Zitat aus zweiter Hand muss man den Zusatz „zitiert nach" einfügen. Die Seitenzahl bezieht sich dabei auf die Originalquelle. ❑
d. Bei einem Zitat aus zweiter Hand wird im Literaturverzeichnis ausschließlich die vorliegende Sekundärquelle aufgeführt. ❑

Frage 5: In welcher Reihenfolge stehen die Literaturangaben bei einem Sammelband?
a. Name, Vorname (Jahr): Titel des Beitrages, in: Vorname Name (Hrsg.), Titel, Ort: Verlag, Seitenbereich. ❑
b. Name, Vorname: Titel des Beitrages, in: Vorname Name (Hrsg.), Titel, Ort: Verlag, Jahr, Seitenbereich. ❑
c. Name, Vorname: Titel des Beitrages, in: Titel, Hrsg. Vorname Name, Ort: Verlag, Jahr, Seitenbereich. ❑
d. Name, Vorname (Jahr): Titel des Beitrages, Seitenbereich, in: Vorname Name (Hrsg.), Titel, Ort: Verlag. ❑

Frage 6: Welche Aussage zur Angabe des Autors ist *falsch*?
a. Sollen Texte verschiedener Autoren mit dem gleichen Nachnamen zitiert werden, so wird der jeweilige Anfangsbuchstaben des Vornamens ergänzt. ❑
b. Bei Werken mit zwei Autoren werden beide Namen im Text genannt und die Autoren in der Regel mit einem Schrägstrich getrennt. ❑
c. Bei Werken mit drei oder mehr Autoren können bei der ersten Nennung im Text alle Autoren aufgeführt werden. Spätestens bei folgenden Verweisen wird

nur der erstgenannte Autor angegeben und durch „et al." auf die weiteren Autoren hingewiesen. ❑

d. Bei Werken mit drei oder mehr Autoren wird im Literaturverzeichnis nur der erste Autor vollständig aufgeführt und durch den Zusatz „et al." auf weitere Autoren hingewiesen. ❑

Frage 7: Welche Aussage zum Erscheinungsjahr *falsch*?

a. Falls unterschiedliche Werke eines Autors aus demselben Jahr zitiert werden, wird dem Erscheinungsjahr ein Kleinbuchstabe hinzugefügt. Diese Ergänzungen müssen auch im Literaturverzeichnis aufgeführt werden. ❑
b. Als Jahreszahl wird das Erscheinungsjahr der verwendeten Auflage angegeben. ❑
c. Weicht das Erscheinungsjahr wesentlich von der Erstveröffentlichung ab, ist es unzulässig, einen Hinweis auf die Erstveröffentlichung zu ergänzen, da dies verwirrend ist. ❑
d. Bei einem Sammelband bzw. einer Gesamtausgabe bezieht sich die Jahresangabe auf das Erscheinungsjahr des Gesamtwerks und nicht auf den konkreten Textbeitrag. ❑

Frage 8: Welche Aussage zu Grauzonen des Zitierens und Plagiaten ist *falsch*?

a. Wortketten müssen ab einer Anzahl von drei aufeinanderfolgenden Worten als direktes Zitat gekennzeichnet sein. ❑
b. Wer plagiiert, erhält oft keine zweite Chance, sondern verliert seinen Prüfungsanspruch. ❑
c. Basistexte müssen nicht nach jedem Satz zitiert werden, sofern klar ist, dass Sie sich auf fremdes Gedankengut berufen. ❑

d. Allgemeines Faktenwissen, das leicht zu überprüfen ist, darf als bekannt vorausgesetzt werden und muss daher nicht zitiert werden. ❑

Frage 9: Welche Aussage zu den Zitiersystemen ist *falsch*?

a. Ein Fußnotensystem arbeitet mit hochgestellten Referenznummern und Fußnote am Seitenende. Es bietet sich an, wenn die Quellen zusätzlich kommentiert werden, wie etwa bei Geisteswissenschaften. ❑
b. Das Endnotensystem arbeitet mit Nummernangaben im Text, die in der Regel in eckigen Klammern stehen und am Ende eines Kapitels oder Textes aufgelöst werden. ❑
c. Das Autor-Jahr-System nennt Angaben zu Verfasser und Jahr im Fließtext. Bei direkten Zitaten wird zudem immer die Seite genannt. ❑
d. Voll- und Kurzbelege gibt es im Autor-Jahr-System und im Fußnotensystem. Im Gegensatz zum Kurzbeleg wird beim Vollbeleg auch Titel und Ort bzw. Zeitschrift genannt. ❑

Frage 10: Sie schreiben in der Wirtschaftsgeschichte eine wissenschaftliche Arbeit über die Entstehung der Europäischen Gemeinschaft für Kohle und Stahl (kurz EGKS) nach dem Zweiten Weltkrieg. In der Einleitung führen Sie aus, welche Staaten den EGKS-Vertrag an welchem Datum unterzeichnet haben und wie lange der Vertrag Bestand hatte. Müssen Sie diese Informationen mit Quellen belegen?

a. Zu belegen sind nur die Jahresangaben. Hier reicht der Verweis auf *Wikipedia*. ❑
b. Zu belegen sind nur die Namen der unterzeichnenden Staaten. Hier eignet sich am besten ein Geschichtslexikon als Quelle. ❑
c. Es handelt sich um Faktenwissen bzw. lexikalisches Wissen, das zwar nicht allgemein bekannt, aber

sehr gut überprüfbar ist. Daher ist keine Quelle anzugeben. ❑

d. Zu belegen sind alle Informationen durch einen wissenschaftlichen Aufsatz aus einer renommierten Fachzeitschrift. ❑

Frage 11: Sie schreiben eine Arbeit über das Drama *Tod eines Handlungsreisenden*, das 1956 von dem amerikanischen Autor Arthur Miller verfasst wurde. Dabei zitieren Sie auch einen bekannten Aufsatz des Autors mit dem Titel „Tragedy and the Common Man", in der Miller auch auf Tod eines Handlungsreisenden Bezug nimmt. Handelt es sich bei den beiden Texten um Primär- oder Sekundärliteratur?

a. Da beide Texte von Artur Miller stammen, zählen sie beide zur Primärliteratur. ❑
b. Das Drama *Tod eines Handlungsreisenden* ist der Untersuchungsgegenstand und daher eine Primärquelle. Der Aufsatz „Tragedy and the Common Man" hingegen befasst sich mit dem Untersuchungsgegenstand und zählt daher zu den Sekundärquellen. ❑
c. Das Drama *Tod eines Handlungsreisenden* ist die Forschungsgrundlage und wird daher überhaupt nicht im Quellenverzeichnis aufgeführt. Aufsätze dagegen sind Reproduktionen der Primärquelle und daher als Sekundärquellen einzustufen. ❑
d. Die Unterscheidung zwischen Primär- oder Sekundärliteratur spielt nur in der Geschichtswissenschaft eine Rolle, da hier im Rahmen der Quellenkunde zu differenzieren ist. Für den oben beschriebenen Fall ist die Unterscheidung hingegen irrelevant. ❑

Frage 12: Bücher werden in Monografien und Sammelbände unterteilt. Warum ist dieser Unterschied wichtig?

a. Weil Sammelbände nicht zitierwürdig sind, Monografien aber schon. ❑
b. Weil Monografien ein Fachbegriff für wissenschaftliche Dissertationen von einem Autor zu einem speziellen Thema sind und man mit diesem Begriff bessere Treffer erhält. ❑
c. Weil Monografien und Sammelbände im Literaturverzeichnis anders zitiert werden. ❑
d. Weil Sammelbände meist Artikel verwenden, die bereits veröffentlicht sind und daher als Sekundärquellen einzustufen sind. Sie sollten nur genutzt werden, wenn die Primärartikel nicht verfügbar sind. ❑

Frage 13: Für die Suche in Datenbanken stehen Ihnen mehrere Operatoren zur Verfügung. Was müssen Sie in den meisten Fällen in die Suchmaske eingeben, damit Sie möglichst gezielt Artikel zum Thema „Social Media" und „Marketingstrategie", aber nicht nach „Werbung" suchen?

a. Social Media AND Marketingstrategie OR Werbung ❑
b. Social Media OR Marketingstrategie AND Werbung ❑
c. Social Media VS Marketingstrategie NOT Werbung ❑
d. Social Media AND Marketingstrategie NOT Werbung ❑

Frage 14: Was bedeutet im Zusammenhang mit einem Aufsatz in einer Fachzeitschrift der Ausdruck „peer-reviewed"?

a. Der Aufsatz wird in einer Online-Datenbank empfohlen, da er im Vergleich zu anderen Artikeln besonders häufig von Wissenschaftlern aufgerufen wird. ❑

b. Der Aufsatz wurde vor seiner Veröffentlichung von Wissenschaftlern auf seine wissenschaftliche Qualität hin begutachtet. ❑
c. Der Aufsatz wurde bereits als Working Paper veröffentlicht und zählt zur Grauen Literatur. ❑
d. Die Qualität des Aufsatzes wurde von mindestens fünf anderen Nutzern mit „sehr gut" bewertet. ❑

Frage 15: Wann verwendet man den Zusatz [sic] (bzw. [sic!] oder [!]) beim Zitieren?

a. Um eine besonders prägnante Aussage oder Ähnliches hervorzuheben, vergleichbar mit einer Hervorhebung durch kursive oder fette Schrift. ❑
b. Um kenntlich zu machen, dass das Zitat im Original einen grammatikalischen oder orthografischen Fehler enthält – einen Fehler also, der sich nicht bei der Übernahme eingeschlichen hat. ❑
c. Wenn man anzeigen will, dass man aus Gründen der besseren Lesbarkeit die neue deutsche Rechtschreibung verwendet hat. ❑
d. Wenn man zum Ausdruck bringen will, dass man der gleichen Meinung ist wie der zitierte Autor. ❑

Frage 16: Welchen Zweck haben Maskierungen bei der Literaturrecherche?

a. Maskierung meint die Möglichkeit, ein Wort in verschiedenen Sprachen zu suchen. Gibt man etwa „woman" ein, so erhält man auch Treffer mit den Begriffen „Frau" und „femme". ❑
b. Durch Maskieren kann man einzelne Wörter bei der Suche ersetzen. Das erleichtert das Auffinden von Quellen, wenn etwa der vollständige Titel oder der Vorname des Autors unbekannt ist. ❑

c. Maskierungen sind Platzhalter, mit denen mehrere Zeichen nach oder vor dem Wortstamm eines Suchbegriffs ersetzt werden können. Die Maskierung „Konkunktur*" sucht also nach „Konjunktur", Konjunkturzyklus, Konjunkturtheorie, konjunkturell, konjunkturbedingt usw. ❑
d. Mit Maskierungen kann man nach verschiedenen Schreibweisen eines Wortes gleichzeitig suchen. Gibt man etwa „advi?e" ein, erhält man sowohl Treffer mit „advise" als auch mit „advice. ❑

Frage 17: Möchte man Texte verschiedener Autoren mit gleichem Nachname zitieren, so…
a. ergänzt man den Nachnamen durch lateinische Kleinbuchstaben, z. B. Meier [a] und Meier [b]. ❑
b. ergänzt man den kompletten Vornamen oder das Initial des Vornamens. ❑
c. ergänzt man das Geburtsjahr des jeweiligen Autors. ❑
d. ergänzt man keine Informationen, da anhand des Erscheinungsjahres und ggf. des Seitenbereichs klar wird, welcher Autor gemeint ist. ❑

Frage 18: Gibt man akademische Grade wie Professor oder Doktor im Literaturverzeichnis an?
a. Nein ❑
b. Ja, Grade werden mit angegeben und zwar nach dem Vornamen, z. B. Grüner, P. Dr. ❑
c. Ja, Grade werden mit angegeben und zwar in Klammern nach dem Nachnamen, z. B. Grüner (Dr.), P. ❑
d. Es ist genauer zu differenzieren: Professorentitel werden genannt, niedrigere Grade nicht. ❑

Frage 19: Nach Aussagen des Umweltbundesamtes werden jedes Jahr etwa 500 Millionen Tonnen mineralische Rohstoffe als Baustoffe und Bauprodukte verarbeitet (Umweltbundesamt zit. nach Myschker 2014: 65). Dieses Zitat ist ein Beispiel für:

a. ein indirektes Zitat ❑
b. ein direktes Zitat ❑
c. ein Sekundärzitat ❑
d. ein Tertiärzitat ❑

Die Lösungen finden Sie auf Seit 279.

3 Jetzt wird es kniffelig: Elektronische Quellen und andere Sonderfälle zitieren

In den letzten zehn Jahren hat sich das Informations- und Leseverhalten radikal verändert. Die Verbreitung des World Wide Web in Kombination mit neuen Technologien hat zu einem digitalen Wandel geführt, der auch vor Büchern und Zeitschriften nicht Halt macht. Immer mehr Studierende greifen daher auf elektronische Ressourcen zurück – sei es über digitale Recherchekataloge und Datenbanken oder über *Google* und andere Suchmaschinen. In der Konsequenz hat sich auch die Art der Quellen vervielfacht: Neben „herkömmlichen" gedruckten Quellen stehen Studierende nun eine Vielzahl an E-Books, E-Journals, eingescannten Dokumenten aus aller Welt und andere multimediale Inhalte zur Verfügung. In der Praxis ergeben sich daraus häufig Unsicherheiten, wie diese Quellen zu zitieren sind. Dieser Teil behandelt die Besonderheiten elektronischer Quellen und gibt konkrete Vorschläge für deren Notation.

Fragen, auf die Sie eine Antwort bekommen

- Worin unterscheiden sich analoge Quellen von digitalen Quellen?
- Darf ich *Twitter*, *YouTube* und *Facebook* überhaupt zitieren?
- Wie zitiere ich E-Books, E-Journals und (Online-)-Zeitungsartikel?
- Wie zitiere ich Social Media-Quellen?
- Wie gehe ich mit Tabellen, Grafiken und anderem Bildmaterial um?
- Was mache ich bei Software, mathematischen Formeln und anderen Sonderfällen?

3.1 Elektronische Quellen zitieren – Besonderheiten und Herausforderungen

Technische Erneuerungen haben die Art und Weise, wie wir Informationen suchen und abspeichern, stark verändert. Auch im Universitätsbetrieb kommt dem Internet als Ort des weltweit abrufbaren Wissens eine immer größere Bedeutung zu. Nichtsdestotrotz haftet Onlinedokumenten – im Gegensatz zu gedruckten Monografien und Zeitschriften – noch immer ein Makel an. Sie gelten als unseriös und unwissenschaftlich – manchmal durchaus zu Recht.

Eine der wichtigsten Herausforderungen bei Online-Dokumenten ist ihre teilweise schwer zu überprüfende Qualität. Da jeder mitwirken kann, mischen sich oberflächliche Einblicke in die Intimsphäre von Privatpersonen mit philosophischen Abhandlungen erster Güte, kurzweiligen Reportagen aus dem Zeitgeschehen oder wissenschaftlichen Vorab-Publikationen im Arbeitsstadium. Die dezentrale, auf Interaktion und Partizipation ausgerichtete Struktur des Netzes führt auf diese Weise dazu, dass sich die Grenzen zwischen Sender und Empfänger auflösen. Hinzu kommt die große Vielzahl an Treffern, die dem Nutzer eine genaue Sichtung und Evaluation abverlangt.

Neben der fehlenden Qualitätsprüfung haben Online-Quellen oft einen flüchtigen und leicht veränderlichen Inhalt. Die rasche Verbreitung über räumliche Distanzen hinweg führt zwar zu einer höheren Aktualität des Netzes. Vor allem im Bereich des Online-Journalismus geht diese Aktualität jedoch zu Lasten einer gründlichen Faktenüberprüfung. Darüber hinaus erschwert die Kurzlebigkeit des Internets eine Archivierung, die gerade für akademische Zwecke sehr wichtig ist. Anders als gedruckte Texte sind elektronische Dokumente über mehrere Seiten oder Datenbanken zugänglich und die einzelnen angezeigten Versionen sind oft keine identischen Kopien, sondern je nach Endgerät, Webbrowser und Webanwendung unterschiedlich. Die *Modern Language Association* vergleicht den Rückgriff auf Internetquellen in ihrem MLA-Handbuch sogar mit einer künstlerischen Performance: Beide sind situationsbezogen und einzigartig. Die MLA-Autoren führen aus: „Any version of a Web source is potemtially different from any past or future version and must be considered unique." (2013: 181)

Auch im Hinblick auf die Nachvollziehbarkeit warten elektronische Quellen mit zahlreichen Hürden auf. Browner et al. beschreiben diese Schwierigkeiten sehr anschaulich:

> The user clicks on a website and arrives. […] The author's name may or may not appear at the bottom of some page or other […]. Or there may be no author within the website framework: the author may have published this material decades ago in a book that the present site does not mention. Where is the date? Find it, if you can, and then interpret it. Is it the date of a publication of the text, the date the website was approved, or the date of the last time the site was updated? Or some other date? Who or what is the publisher, or more likely, the sponsoring institution? […] All the old, reliable aspects of a scholarly book (or any kind of book) are displaced or missing, dropped without notice, or included, but where? These are serious derelections for a serious reader, for a […] scholar, they may create insuperable difficulties. (Browner et al. 2000: 8)

So sind die größten Stärken des Internets, nämlich seine demokratische, egalitäre Organisation, seine Offenheit für multimediale, digitale Inhalte jedweder Art und die unmittelbare Teilhabe und Kommunikation, zugleich seine größte Schwächen. Denn wenn jeder zeit- und ortsunabhängig binnen weniger Sekunden Informationen senden und abrufen kann, werden die Anforderungen an die Medien-, Informations- und Selektionskompetenz immer höher. Entscheidender als die öffentlich zugängliche, jederzeit verfügbare Fülle an Wissen ist jedoch die Interpretation und Kontextualisierung dieses Wissens. In Zeiten, in denen Suchmaschinenoptimierung und

Rankings bestimmen, welche Seiten geklickt und gelesen werden, und zugleich weite Teile des Internets über normale Suchmaschinen nicht auffindbar sind (das sogenannte *Deep Web*) wundert es nicht, dass das Internet als „öffentlich[es] Weltarchiv" (Sesink 2010: 129) aus wissenschaftlicher Sicht fragwürdig erscheinen kann.

Ein gutes Beispiel für die Besonderheiten elektronischer Quellen ist *Wikipedia*: Hier können Laien wie Experten an Beiträgen schreiben, teilweise verändern sich die Inhalte eines Beitrags stündlich oder noch öfter. Aufgrund des gemeinschaftlichen Schreibens an einem Text ist es schwierig einzuschätzen, wie fundiert das auf *Wikipedia* präsentierte Wissen tatsächlich ist. Schreibt hier der Vertreter einer bestimmten Interessensgruppe oder ein renommierter Wissenschaftler? Ein PR-Fachmann oder ein Spaßvogel, der absichtlich falsche Informationen (sogenannte *Hoaxes*) streut? Zwar werden mittlerweile auch bei *Wikipedia* viele Angaben und Argumente mit zusätzlichen Quellen untermauert; nichtsdestotrotz sind auch diese nicht immer zitierwürdig und aus akademischer Sicht zweifelhaft. Aus diesem Grund verbieten es die meisten Fakultäten und Lehrstühle, *Wikipedia* überhaupt als Quelle zu verwenden (siehe hierzu auch Abschnitt 3.9.7).

Viele Wissenschaftler versuchen daher, elektronische Quellen wenn möglich, zu vermeiden und greifen wenn immer möglich auf bewährte Printdokumente – also im Wesentlichen Bücher und Zeitschriften – zurück. Aus diesem Grund findet der überwiegende Teil des wissenschaftlichen Diskurses nach wie vor in Fachzeitschriften statt (Kornmeier 2013: 77).

Dennoch bietet das Internet als eine Art „electronic library of libraries" (Browner et al. 2000: 1f.) auch einzigartige Möglichkeiten der Recherche und der Forschung. Manche Fragestellungen werden erst durch das technische Potenzial des Internets, zum Beispiel durch seine Aktualität oder Interaktivität, ermöglicht. So ist das Internet für Sesink eine

„höchst bedeutsame und nahezu unentbehrliche Informations- und Wissensquelle" (Sesink 2010: 129) und Browner et al. (2000: 2) führen aus: "The Internet is immediately accessible, quite easy to search, and easier to use than the typical university library. For some kinds of information, the Internet is much the quickest route; for other kinds, which are on the increase, the internet is the only source available."

Abbildung 14 verdeutlicht, welche Chancen und Schwierigkeiten sich durch die Nutzung des Internets für wissenschaftliche Zwecke ergeben können.

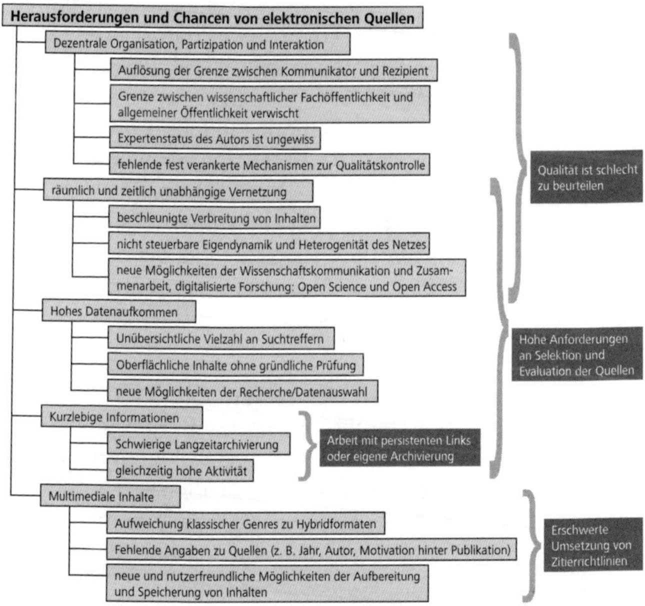

Abb. 14: Herausforderungen und Chancen elektronischer Quellen

Die Herausforderungen des Netzes sollten Sie daher nicht zum Anlass nehmen, auf elektronische Quellen per se zu verzichten. Denn vom Grundsatz her sind diese Quellen ebenso zitierfähig und meist auch ähnlich zitierwürdig wie gedruckte Werke auch. Gerade im Hinblick auf die Langzeitarchivierung der flüchtigen Inhalte hat sich in den letzten Jahren viel getan.

Ein vielversprechender Lösungsansatz sind hier dauerhafte Identifikatoren, sogenannte „Persistent Identifiers". Diese Persistenten Identifikatoren (PIs) ermöglichen es, ein digitales Objekt weltweit eindeutig zu identifizieren und zu adressieren (Deutsche Nationalbibliothek 2008: o. S.) Die Grundidee dieser standortunabhängigen Identifizierungs- und Adressierungsmechanismen besteht darin, strikt zwischen elektronischem Standort und Objektkennung zu trennen. Derzeit existieren vier PI-Systeme parallel, nämlich das *Handle-System*, der *Digital Object Identifier* (DOI), *Persistent Uniform Resource Locators* (*PURL*) und *Uniform Resource Names*, kurz URNs (Deutsche Nationalbibliothek 2008: o. S). Damit lässt sich zumindest die Herausforderung der Kurzlebigkeit gut lösen.

Falls Ihnen solche persistenten Links über Internetquellen vorliegen, empfehlen aktuelle Ratgeber wie die das *APA Publication Manual* (2013: 187-192), diese Informationen in die Quellenangabe mit aufzunehmen.

Arbeit mit persistenten Verweisen

Bei aktuellen wissenschaftlichen Veröffentlichungen setzen sich DOIs zunehmend durch. Diese digitalen Identifikatoren werden der elektronischen Veröffentlichung fest zugewiesen und sind wie alle PIs unabhängig vom (momentanen) elektronischen Standort – vergleichbar mit einer ISBN- oder ISSN-Nummer für Bücher bzw. Zeitschriften.

Der DOI-Name besteht aus einer Folge von Ziffern, Buchstaben und Sonderzeichen und besteht aus zwei Teilen: Das Präfix bezeichnet die Einrichtung, die die den Inhalt publiziert. Es wird von der DOI-Registrierungsagentur vergeben und beginnt immer mit „10." Das Suffix wird von der Einrichtung selbst vergeben und identifiziert das digitale Objekt. Um mit Hilfe des DOIs zu dem gewünschten Artikel zu gelangen, können Sie entweder einen DOI-Auflöser nutzen (z. B. unter http://www.doi.org/), oder die Adresse „http://dx.doi.org/" gefolgt von dem betreffenden DOI-Namen in Ihren Browser eingeben.

Beispiel für DOI

Syntax des DOI: Präfix/Suffix
DOI der Quelle: 10.1093/biosci/biu084
Eingabe über URL: http:// dx.doi.org/10.1093/biosci/biu084
Bezeichnete Quelle: Kueffer, C./ Larson, B. (2014): Responsible Use of Language in Scientific Writing and Science Communication, BioScience, Vol. 64 No. 8, 719-724.

Ist kein Persistent Identifier vorhanden, verlangen die meisten Richtlinien, dass Sie die Online-Adresse (URL) präzise und vollständig angeben und das Zugriffsdatum vermerken. Allerdings: Gerade weil sich URLs so schnell ändern können, ist etwa das aktuelle Handbuch der *Modern Language Association* dazu übergegangen, Internetpfade nicht mehr als obligatorische Bestandteile einer Referenz zu werten (MLA 2009: 182). Die Begründung: Leser finden Publikationen im Netz in der Regel durch die Eingabe von Autor und Titel und nicht durch das mühsame Abtippen einer URL. Stattdessen reicht hier der Verweis auf das Publikationsmedium (Web) aus (MLA 2009: 185).

Was andere Herausforderungen wie die fehlende Qualitätskontrolle anbelangt, so setzen immer mehr E-Journals und Verlage auf offene Peer-Review-Verfahren. In wissenschaftlichen Netzwerken wie *ResearchGate* können sich Wissenschaftler nicht nur vernetzen, sondern auch Forschungsergebnisse untereinander kommentieren und Artikel weiterempfehlen. Diese ersten positiven Ansätze beschränken sich jedoch nur auf einen geringen Teil der elektronisch verfügbaren Daten. Die kritische Evaluation der Quellen obliegt damit weiterhin größtenteils dem Nutzer bzw. Rezipienten selbst.

Wichtig ist daher, dass Sie die Besonderheiten und Herausforderungen im Umgang mit elektronischen Quellen nicht leichtfertig übergehen. Abbildung 15 fasst mögliche Verwendungszwecke von elektronischen Quellen vereinfacht zusammen.

Abb. 15: Unterschiedliche Merkmale und Einsatzmöglichkeiten von elektronischen Quellen

Art der Quelle	Typische Eigenschaft(en)	Verwendungsmöglichkeit
E-Books	Breiter Überblick über ein Themengebiet, Fokus liegt in der Regel auf Grundlagen, Inhalte verhältnismäßig alt	Thema einordnen, Einstieg in die Literaturrecherche
E-Journals	Meist ähnlich hohe Qualität wie gedruckte Fachzeitschriften mit hohem theoretischen und methodischen Niveau, teilweise mit Peer-Review-Prozess	Spezifische Argumente, Theorien, empirische Befunde etc. zu konkretem Thema sammeln

Art der Quelle	Typische Eigenschaft(en)	Verwendungsmöglichkeit
Online-Zeitungsartikel, Online-Magazine	Meist minuten- oder stundenaktuell zu Lasten tiefergehender Hintergrundberichterstattung, meist nicht von Wissenschaftlern, sondern von Journalisten für Laien geschrieben	Extrem aktuelle Informationen zum Tagesgeschehen aus Politik, Wirtschaft und Gesellschaft, eignet sich oft für Einstieg ins Thema oder Ausblick am Schluss der Arbeit
Social Media	Breites Spektrum an diskutierten Themen, die unmittelbar publiziert werden können, teilweise Insider- und Expertenwissen, geringe Eintrittsbarrieren und daher leichte Veröffentlichung von Inhalten, Qualität variiert extrem stark, teilweise anonym nach Beitrag oder mehrere Autoren, die gemeinsam Inhalte generieren (kollaboratives Arbeiten), Social-Media-Nutzer ist häufig Sender (Autor) und Empfänger (Leser) zugleich, multimedial, d. h. Text, Ton, Bilder und Video können beliebig kombiniert werden	Gut zur Recherche, sehr aktuell, zu Zitationszwecken nur bedingt geeignet (Zitationswürdigkeit aufgrund fehlender Kontrollinstanz kritisch prüfen), Ausnahme: Social Media-Quelle ist selbst Untersuchungsgegenstand

Art der Quelle	Typische Eigenschaft(en)	Verwendungsmöglichkeit
Online-Videos	Videos unterscheiden sich erheblich hinsichtlich Qualität und Nutzerkreis, je nach Anbieter teilweise professionelle selbst gedrehte Videos oder Auftragsarbeit, daneben auch urheberrechtlich geschütztes Material Dritter (etwa TV- oder Filmproduktionen)	Geeignet zur Recherche, zur Einholung von ergänzenden O-Tönen aus Interviews, zur Dokumentation der eigenen Forschung sowie zur Veranschaulichung des Untersuchungsgegenstandes (etwa Werbespots, Theateraufführungen, Firmenpräsentationen)
Unternehmens-informationen	Meist wenig objektive Selbstdarstellung von Unternehmen oder Organisationen , teilweise fundierte Knappe Darstellung von Fachterminologie, großer Unterschied zwischen allgemeinen Nachschlagewerken und speziellen Fachlexika	Geeignete Datenquellen zur Beurteilung von Unternehmen (z. B. Quartalszahlen, Jahresbericht, Unternehmensphilosophie); davon abgesehen je nach Qualität geeignet, um spezifisches Wissen zu einem Thema zu sammeln

3.2 Die Bewertung von elektronischen Quellen

Wie bei gedruckten Quellen sollten auch elektronische Quellen die drei Kriterien der Zitierfähigkeit, der Zitierwürdigkeit und der Relevanz erfüllen (vgl. hierzu auch Abschnitt 1.4).

Dabei ist zwischen wissenschaftlichen Online-Publikationen und nicht-wissenschaftlichen Quellen zu differenzieren. So können Sie über lizensierte bibliographische Datenbanken und Volltextdatenbanken der Bibliotheken immer mehr Zeitungen, Zeitschriften und Bücher online einsehen oder abrufen. In der

Regel handelt es sich hier um digitale Versionen der gedruckten Fachliteratur, die Sie bedenkenlos nutzen können. [20]

Anders ist es hingegen bei elektronischen Inhalten, die sich an die allgemeine Öffentlichkeit richten und hinsichtlich ihrer Qualität stark variieren. Neben fundierten Studien mit hohem methodischen und theoretischen Niveau, exzellent recherchierten journalistischen Inhalten oder professionellen Online-Videos finden Sie hier auch unsachliche Artikel, werbliche Selbstdarstellungen von Privatpersonen, Unternehmen oder Organisationen oder Argumente, die Sie bestenfalls im privaten Umfeld und nicht in einer wissenschaftlichen Arbeit anführen sollten.

Die Zitierfähigkeit kann in der Regel durch die Angabe eines DOIs oder einer URL gewährleistet werden. Da sich die Informationen im Netz jedoch schnell verändern können, sollten Sie auf Nummer sicher gehen und die zitierten Webinhalte als Pdf oder Screenshot – zumindest bis zur Benotung der wissenschaftlichen Arbeit – zu archivieren. Falls Ihr Betreuer dann eine Frage hat, können Sie die von Ihnen verwendeten Informationen belegen, auch wenn die Website im Internet nicht mehr verfügbar ist.[21] Vorsicht ist geboten bei Informationen, die nur für registrierte Nutzer sichtbar sind. Solche Informationen sollten Sie nur in Ausnahmefällen nutzen, da für den Leser nicht überprüfbar ist, ob Ihre Angaben korrekt sind.

---

20 Obwohl es bei Fachliteratur inhaltlich meist keinen Unterschied macht, ob Sie die Quelle online eingesehen oder tatsächlich als physisches Objekt in Händen gehalten haben, so sind nicht alle im Netz einsehbaren Versionen mit entsprechenden Printausgaben identisch. So haben E-Books oder pfd-Dokumente manchmal andere Seitenzahlen als die Printausgaben der Bücher oder Fachzeitschriften. Es empfiehlt sich daher, den Zusatz [online] zu ergänzen, um die Unterscheidung zu gedruckter Literatur deutlich zu machen.

21 Wenn Ihre Arbeit auf sehr vielen Internetquellen basiert, können Sie dem Betreuer zudem anbieten, die Informationen in den Anhang zu packen oder per CD-ROM oder USB-Stick zur Verfügung zu stellen. Die wenigsten Dozenten werden auf dieses Angebot zurückkommen, doch Sie signalisieren, dass Sie sauber gearbeitet haben.

Um die Zitierwürdigkeit einer elektronischen Quelle zu prüfen, sollten Forschende und Studierende vor allem auf den Urheber bzw. Herausgeber und das Publikationsmedium – beides kann Ihnen Klarheit darüber beschaffen, ob Ihre elektronische Quelle zitierwürdig ist.

So ist die Qualität und Reliabilität eines wissenschaftlichen Aufsatzes mit großer Wahrscheinlichkeit deutlich höher als bei Texten, die von Nicht-Experten verfasst worden sind oder sich an ein interessiertes Laienpublikum richten. Ist eine Organisation oder ein Unternehmen der Herausgeber, gilt es zu überprüfen, ob dieser einen parteiischen oder werblichen Ansatz verfolgt. Publikationen, die durch die Bundesregierung, ein Ministerium oder eine andere öffentliche Institution in Auftrag gegeben und finanziert werden, sind in der Regel unabhängiger als Studien, die von Konzernen oder Interessensvertretungen initiiert werden. Allgemein sollten Sie jene Quellen priorisieren, die einen Review-Prozess oder ein anderes Verfahren der Qualitätskontrolle durchlaufen haben.

Nehmen wir an, dass Sie sich mit der systematischen Auswertung und Verarbeitung großer Datenmengen (Stichwort: Data-Mining und Big Data) befassen. Dazu recherchieren Sie, wie hoch das derzeitige Datenvolumen eigentlich ist. Sie finden eine Studie der International Data Corporation (IDC) aus dem Jahr 2014; andere Studien verweisen entweder auf die IDC oder sind älter. Sie sehen sich die Studie näher an und finden heraus, dass sie von dem US-amerikanischen Unternehmen EMC – und damit vom derzeit größten auf Speichersysteme spezialisierten Hersteller weltweit – finanziert wurde. Dass es sich hierbei um keinen Zufall handelt, ist Ihnen natürlich klar, doch aussagekräftigere Zahlen haben Sie nirgendwo auftreiben können.

Was nun? Wenn in solch einem Fall trotz der öffentlichkeitswirksamen Interessen von EMC kein Anlass besteht, an der Richtigkeit der Informationen zu zweifeln, können Sie die im Netz publizierte Studie verwenden. Haben Sie Bedenken, so können Sie auf die mögliche Einflussnahme oder verzerrt Sichtweise in einer Fußnote (oder auch im Haupttext) hinweisen. Allerdings sollten Sie begründen können, weshalb Sie die Studie dennoch nutzen.

Die Relevanz einer elektronischen Quelle ist wie bei gedruckten Quellen dann gegeben, wenn sich ein Bezug zu Ihrer Forschungsfrage aufzeigen lässt. Wenn Sie die Informationen sowohl durch gedruckte als auch durch elektronische Werke belegen können, so ziehen Sie jene Quelle vor, die Ihnen zitierwürdiger erscheint. Im Zweifelsfall ziehen Sie das gedruckte Werk vor.

3.3 Die 4 W's bei Online-Quellen

Welche Angaben sind nun notwendig? Da es im Internet eine Vielzahl unterschiedlicher Quellen gibt, werden Forschende leider kaum einen Zitationsstil finden, der all diese Möglichkeiten abdeckt. Das betrifft einerseits formale Details und andererseits die Frage, welche Angaben überhaupt in den Quellenbeleg aufzunehmen und welche wegzulassen sind. Vom Grundsatz her ist Jele zuzustimmen, der betont: „In der Anwendung der einschlägigen Zitierregeln ändert sich mit dem Bezug auf online verfügbare Inhalte im Grunde sehr wenig. Zitiert im Sinne *von wiedergegeben* werden schließlich *Inhalte* und nicht deren Erscheinungsformen." (Jele 2012: 73, Hervorhebung im Original)

Die Heterogenität der elektronischen Quellen bringt es mit sich, dass Sie oft flexibel und manchmal auch kreativ vorgehen müssen. Nur selten werden Sie klare Anweisungen von Ihrem Betreuer erhalten. In diesem Fall erinnern Sie sich daran, was Sinn und Zweck des Zitierens ist (Lee 2010a).

Jeder Quelleneintrag sollte folgende Fragen beantworten: Wer? Was? Wo? Wann? Diese W-Fragen sind aus der Schule hinlänglich bekannt, doch wer sie berücksichtigt, kann beim Zitieren nichts falsch machen (siehe Abbildung 16).

Bei gedruckten Werken ist die Antwort auf diese vier W's meist sehr einfach: Ein Autor (wer) schreibt ein Buch oder einen Artikel (was), der entweder in einem Verlag oder einer Zeitschrift (wo) zu einem bestimmten Zeitpunkt (wann) veröffentlicht wird.

Bei Online-Quellen sind diese W's nicht immer auf den ersten Blick zu beantworten. Oft fehlen Informationen zu Jahr, Seite oder Autor; und manche Online-Dokumente haben noch nicht einmal einen Titel. Umgekehrt gibt es gerade bei Beiträgen in Fachzeitschriften bis zu vier Jahresangaben, nämlich wann der Beitrag geschrieben, eingereicht, angenommen und schließlich publiziert wurde. Machen Sie in solchen Fällen so viele Angaben wie nötig, damit der Leser die Quelle eindeutig auffinden kann.

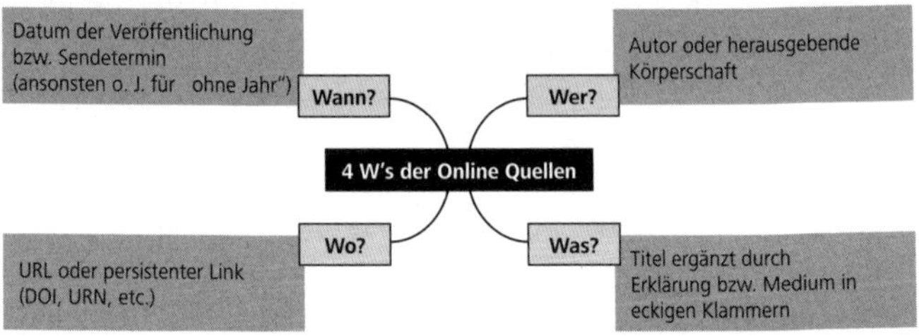

Abb. 16: Die 4W's der Online-Quellen

Wer? Nicht immer haben Sie ein Individuum als Autor, das Sie einwandfrei identifizieren können. In solch einem Fall fragen Sie sich: Wer ist verantwortlich für den Inhalt? Neben Einzelpersonen können auch Regierungen, Unternehmen, gemeinnützige

Organisationen oder Zeitungen als Herausgeber fungieren.[22] Nur sehr selten kommt es vor, dass Sie tatsächlich keinen Autor ermitteln können. In diesem Fall können Sie die Abkürzung „o. V." für „ohne Verfasser" verwenden. Der Eintrag wird im Literaturverzeichnis unter dem Buchstaben O einsortiert.

Was? Das „Was" der generischen Referenz bezieht sich auf den Titel. Dieser ist meist ohne Schwierigkeiten abzulesen. Allerdings: Gerade Informationen, die Sie auf Webseiten finden, haben nicht immer einen besonders aussagekräftigen Titel. In solchen Fällen geben Sie eine Beschreibung der Arbeit bzw. des zitierten Inhalts an, und zwar in eckigen Klammern. Diese Klammern machen deutlich, dass es sich nicht um den formalen Titel handelt, sondern um eine eigene Ergänzung. Darüber hinaus kann es angebracht sein, das Format des Beitrags bzw. das Medium in eckigen Klammern zu beschreiben. Auch diese Ergänzung steht in eckigen Klammern, z. B. [Abstract], [Film] oder [Podcast]. Übrigens: Wenn Sie im Literaturverzeichnis mit Kursivsetzungen arbeiten, so wird immer die eigenständige Publikation kursiv gesetzt. Bei einem Buchkapitel also das Buch, bei einem Artikel die Zeitschrift oder Zeitung, bei einer Serienepisode der Name der Serie. Eigenständige Publikationen wie Filme, Dissertationen, Jahresberichte oder Ähnliches werden ebenfalls kursiv gesetzt.

Wo? Bei elektronischen Quellen wird der Ort im Idealfall durch einen DOI oder einen anderen dauerhaften Verweis überflüssig. Allerdings haben sich diese persistenten Links noch nicht überall durchgesetzt. In solchen Fällen sollten Sie den Ort durch die URL und das Abrufdatum ersetzen.[23] Bitte

---

22 Laut APA (2013: 214) ist es möglich, den Autor in eckigen Klammern anzugeben für den Fall, dass Sie sich sehr sicher sind, wer der Autor ist. Für den Harvard-Stil existiert eine solche Option bislang nicht.

23 Die *Modern Language Association* (2009: 181-183) verzichtet in der 7. Auflage ihres Handbuchs auf die Webadresse oder den Ort der Datenbank (beispielsweise ein lizensierter Bibliothekszugang). Die Annahme dahinter ist

geben Sie den vollständigen Pfad an – ungeachtet seiner Länge. In der Praxis führt dies im Literaturverzeichnis oftmals zu optisch wenig ansprechenden Ergebnissen. Dennoch sollten Sie keinen Bindestrich setzen, da dieser andernfalls als Teil der Internetadresse interpretiert werden kann. Gibt der Leser dann die Adresse samt Bindestrich in den Browser ein, wird er die gewünschte Seite nicht finden. In der Literatur findet sich die Empfehlung, als neues Trennzeichen einen senkrechten Strich („|") einzuführen. Allerdings hat sich diese Variante noch nicht durchgesetzt und könnte daher ebenfalls zu Missverständnissen führen. Alternativ schlagen Schröder et al. (2010: 34f.) einen menügeführten Zugang zu Internetquellen vor. Dabei wird nicht der Internetpfad, also die URL, sondern die Navigation der einzelnen Menüpunkte geschildert und durch Pfeile voneinander abgetrennt. Ebenfalls möglich ist laut Schröder et al. (2010: 35) die Rückverfolgung zur Quelle über Eingabefelder. Dies kann beispielsweise im Umgang mit Daten sinnvoll sein.

<http://www.oecd.org/> → Countries → Unites States → Data on the United States

<http://www.bafin.de/> → Daten&Dokumente → Verordnungen → EU-Verordnung zur Errichtung eines Europäischen Ausschusses für Systemrisiken

Wann? Bei Zeitungen, Zeitschriften und Büchern lässt sich das Datum meist recht problemlos ermitteln. Ähnliches trifft auf Online-Zeitungsartikel und Social-Media Einträge zu, die sich meist sogar auf die Minute genau zurückverfolgen lassen.

---

einfach: Der MLA-Stil geht davon aus, dass der Leser die Quelle anhand der Angaben zu Autor, Titel und Jahr über eine Datenbank oder Suchmaschine selbst auffinden und beschaffen kann. Im APA- und Harvard-Stil gilt diese Regelung bislang nicht.

Bei vielen Dokumenten aus dem Netz ist es jedoch etwas kniffeliger, das Datum zweifelsfrei zu ermitteln. So ist das Änderungsdatum (beispielsweise erkennbar an der Formulierung „zuletzt aktualisiert am…") häufig ebenso wenig das Veröffentlichungsdatum wie das Jahr bei der Copyright-Angabe am unteren Rand jeder Webseite. Wenn Sie sich unsicher sind, geben Sie lieber kein Datum an und benutzen Sie die Abkürzung (o. J.) bzw. (o. D.) für „ohne Jahr" bzw. „ohne Datum". Im Englischen lautet die Abkürzung entsprechend „n. d." für „no date". Falls Sie sich das Datum zwar erschließen, aber nicht belegen können, können Sie sich mit einer circa-Angabe behelfen (Näheres hierzu finden Sie auch in Abschnitt 2.4.3). Übrigens: Bei mehreren Jahresangaben nennen Sie immer das Datum jener Ausgabe, die Sie gerade lesen.

Zitationsschema für elektronische Publikationen: Ein beispielhaftes Zitationsschema für elektronische Publikationen könnte grob wie folgt aussehen:

Nachname, Vorname (bzw. Initial) (Jahr): Titel. [ggf. weitere Angaben], DOI oder online unter: URL (Abrufdatum).

Achtung: nach dem DOI folgt kein Punkt!

Manche Leitfäden empfehlen, den Zusatz „online" zu ergänzen, um die Unterscheidung zu gedruckter Literatur deutlich zu machen. Dies wird auch in vorliegendem Buch umgesetzt. Außerdem kann es sinnvoll sein, in eckigen Klammern weitere Angaben, etwa zur Organisation, zum tagesgenauen Datum der Veröffentlichung, zu Seitenzahlen o. Ä. hinzuzufügen.

Kurzbelege: Bei Kurzbelegen im Text oder auch in der Fußnote verfahren Sie bei Publikationen aus dem Internet genauso wie bei gedruckter Literatur. Sie geben also Autor bzw. Organisation, Jahr und ggf. Seite an; die URL gehört nicht in den Kurzbeleg.

Gibt man Internetpfade als Hyperlinks an?

Ein Hyperlink verweist direkt auf ein anderes elektronisches Dokument im Internet (oder auch im gleichen Text). In der Regel werden diese Internetverknüpfungen von vielen Textverarbeitungsprogrammen automatisch erstellt und erscheinen dann in einer anderen Schriftfarbe oder Formatierung.
Wenn Sie Ihre wissenschaftliche Arbeit ausschließlich in elektronischer Form abgeben, ist es mitunter sinnvoll, die Hyperlinks aktiviert zu lassen. Der Leser kann dann über den Link direkt zum angegebenen Ziel gelangen. In der Printversion sollten Sie die Hyperlinks hingegen deaktivieren, um ein einheitliches Erscheinungsbild zu gewährleisten.

Zum Weiterlesen:

Anglia Ruskin University (2015): *Guide to the Harvard Style of Referencing*, 5. Aufl., online unter: http://libweb.anglia.ac.uk/referencing/harvard.htm, 03.03.2015.

Bleuel, J. (2001): Zitation von Internet-Quellen. Online unter: http://www.bleuel.com/ip (bzw. PURL: http://purl.oclc.org/NET/Bleuel/Zitieren), 28.04.2016.

Deakin University Australia (2014): *HARVARD Deakin University guide to referencing*, online unter: http://www.deakin.edu.au/students/study-support/referencing/harvard, 15.12.2014.

Harvard Business School (2014): *Citation Guide 2014–15 ACADEMIC YEAR*, online unter: http://www.library.hbs.edu/guides/citationguide.pdf, 15.12.2014.

University of Sydney (2014): *Your Guide to Harvard Style Referencing*, online unter: http://libguides.library.usyd.edu.au/citation, 15.12.2014.

University of Tansmania (2014): *Library Guide: Referencing and assignment writing* [Übersicht über verschiedene Zitationssysteme], online unter: http://utas.libguides.com/referencing, 02.12.2014

3.4 E-Books, (Online-)Zeitungsartikel und E-Journals zitieren

In den letzten Jahren haben Universitätsbibliotheken ihr digitales Angebot stark erweitert. Aus diesem Grund nimmt die Zahl an elektronischen Zeitungen, Zeitschriften und Büchern, die Sie über lizensierte bibliographische Datenbanken, Volltextdatenbanken oder (Meta-)Kataloge der Bibliotheken einsehen oder abrufen können, kontinuierlich zu. Neben elektronischer Fachliteratur in Form von E-Books stehen Ihnen dabei oft auch Zugänge zu online verfügbaren Zeitungs- und Magazinarchiven und Fachzeitschriften offen. Auch die Open Access-Bewegung findet immer mehr Anhänger in der Wissenschaft. Viele Wissenschaftler stellen ihre Forschungsergebnisse kostenlos und frei zugänglich in sogenannten Repositorien, also auf hochschuleigenen Dokumentenservern, oder in Open-Access-Zeitschriften bereit.

Zu den großen Vorteilen elektronischer Publikationen zählt, dass Sie als Studierender keine Wartezeit haben und ortsunabhängig arbeiten können. Viele Publikationen können Sie über die Texterkennung vollständig nach bestimmten Schlagworten durchsuchen. Anders als bei papierbasierten Werken können Autoren bei elektronischen Veröffentlichungen Querverweise und zusätzliche Dateiformate wie (Bewegt-)Bilder oder Ton einbinden. Über die Exportfunktion ist es Nutzern oft möglich, Daten zu übernehmen und weiter zu nutzen. Zudem bieten elektronische Publikationen oft virtuelle Verknüpfungen und Querverweise innerhalb des Dokuments.

Einträge im Literaturverzeichnis etwa sind oft direkt mit den zitierten Quellen verlinkt und können per Mausklick geöffnet werden können. Auf diese Weise entsteht schnell ein Publikationsnetz, das die Recherche beschleunigt.

Allerdings sind nicht alle im Netz einsehbaren Versionen mit entsprechenden Printausgaben identisch. Daher sollten Sie kenntlich machen, ob Sie das Dokument online eingesehen oder tatsächlich als physisches Objekt in Händen gehalten haben. Im Folgenden geht es insbesondere um die Unterschiede und Besonderheiten bei E-Books, E-Papers und anderen im Netz erschienenen Publikationen.

3.4.1 E-Books zitieren

Seit einigen Jahren ist das E-Book stetig auf dem Vormarsch. Immerhin 65 Prozent aller deutschen Verlage haben mittlerweile E-Books im Angebot, wobei die Titelanzahl kontinuierlich steigt (Börsenverein des Deutschen Buchhandels (2015: 3f.). Zwar liegt der E-Book-Umsatzanteil am Publikumsmarkt im 2015 bei nur 4,5 Prozent, doch ändert dies nichts am Trend einer zunehmenden Digitalisierung der Verlage (Börsenverein 2016). Gerade bei Fachbüchern dürfte der Anteil der Leser deutlich höher sein, nicht zuletzt, weil wissenschaftliche Bibliotheken immer mehr Fachpublikationen auch als E-Book verfügbar machen (Deutscher Bibliotheksverband 2015). Einer bitkom-Umfrage zufolge liest sogar bereits jeder vierte Deutsche digitale Bücher (bitkom 2015). Legt man nur die Bücher lesende Bevölkerung zugrunde, steigt der Anteil der E-Book-Nutzer sogar auf beachtliche 33 Prozent.

Die Empfehlungen zur Zitation eines E-Books variieren recht stark; insbesondere dann, wenn das Buch auch in gedruckter Version erschienen ist. In der Praxis unterscheiden die meisten Wissenschaftler nicht, ob sie die Quelle online eingesehen oder als gedrucktes Exemplar gelesen haben. Sie behelfen sich damit, das Buch standardmäßig mit Autor, Buchtitel, Erscheinungsjahr und Erscheinungsort anzugeben. Sofern beide Ausgaben nicht voneinander abweichen, ist gegen dieses Vorgehen grundsätzlich nichts einzuwenden.

Da sich manchmal jedoch Seitenzahlen unterscheiden oder es für manche E-Book-Reader-Versionen überhaupt keine Seitenzahlen gibt, fordern Leitfäden wie jener von Bagusche (2013: 36), der *Anglia Ruskin University* (2015: 22f.) oder der *Deakin University Australia* (2014: 11), zwischen Online und Print zu trennen. Sie differenzieren sogar noch weiter und fordern den Hinweis, ob Sie ein E-Book online einsehen bzw. von einer Datenbank herunterladen oder aber einen E-Book-Reader verwenden. Dies führt im Ergebnis zu oft sperrigen Einträgen im Literaturverzeichnis; insbesondere dann, wenn Sie auf das E-Book über eine passwortgeschützte, von Ihrer Hochschule lizenzierte Datenbank zugreifen (siehe Beispiel).

Heesen, B. (2014): Wissenschaftliches Arbeiten. Methodenwissen für das Bachelor-, Master- und Promotionsstudium [E-Book], Heidelberg; Berlin, Springer, verfügbar über: Website der Universitätsbibliothek Mannheim, http://primo.bib.uni-mannheim.de/, 12.01.2015, DOI: 10.1007/978-3-662-43347-8

Gerade wenn ein E-Book ohnehin über einen permanenten Verweis dauerhaft archiviert ist, erscheint diese doppelte Vorsicht unangebracht. Aus meiner Sicht ist reicht es daher aus, ein E-Book wie ein gedrucktes Buch zu zitieren und zusätzlich den Hinweis [E-Book] oder [E-Book-Typ] zu nennen. Nur wenn die Version des E-Books vom Anbieter abhängt, ist es sinnvoll, die Quelle (etwa Amazon.de) zu ergänzen.

Übrigens: Falls Sie aus einem E-Book ohne Seitenzahlen zitieren möchten, greifen Sie auf Kapitelüberschriften oder Ähnliches zurück, um Ihr Zitat zu verorten.

Nachname, Vorname (bzw. Initial) (Jahr): Titel des E-Books [E-Book bzw. E-Book-Typ], Ort, Verlag, evtl. URL und Abrufdatum oder DOI bzw. ISBN oder E-Book-Quelle.

Theisen, M. R. (2013): Wissenschaftliches Arbeiten: Erfolgreich bei Bachelor- und Masterarbeit [Kindle Edition], 16. Aufl., München: Vahlen.

3.4.2 Online-publizierte Zeitungsartikel zitieren

Seit mehreren Jahren wechseln immer mehr Menschen von den klassischen Tages- und Wochenzeitungen zu Informationsangeboten Im Netz. Besonders bei der jungen Generation sind Online-Zeitungen (E-Paper), Webauftritte von Zeitungen und Zeitungsapps hoch im Kurs (BDZV 2016: 28f.) Laut Informationen des Bundesverbandes Deutscher Zeitungsverleger e.V. (BDZV 2016: 18-21) gibt es in Deutschland mittlerweile über 650 Zeitungswebsites. Hinzu kommen etwa 470 E-Paper und über 600 Zeitungs-Apps für mobile Endgeräte. Insgesamt rufen mittlerweile 32 Millionen Unique User über 14 Jahre Angebote der Zeitungen im Internet auf; weitere 8,4 Millionen Nutzer informieren sich unterwegs via Smartphone- oder Tablet-App über eine mobile Website bei den Verlagen (BDZV 2015).

Dieses veränderte Nutzungsverhalten werden Sie vermutlich auch bei Ihren eigenen Recherchen beobachten können. Anstelle von Printmaterial werden Sie zunehmend online publizierte Zeitungsartikel nutzen – gerade dann, wenn Sie eher unspezifisch nach einem Thema und nicht gezielt nach einer bestimmten Quelle suchen. Aber Vorsicht: Gerade bei Online-Newsportalen ist die Wiederbeschaffbarkeit von Informationen sehr gering, da die meisten Artikel nur ein bis zwei Wochen online archiviert werden. Sind Informationen nur kurzzeitig im Internet verfügbar, sollten Sie versuchen, auf andere Quellen zurückzugreifen.

Falls Sie einen Online-Zeitungsartikel mit bekanntem Autor zitieren, können Sie sich an den Richtlinien für gedruckte Zeitschriften und Zeitungen orientieren. Unterschiede bestehen darin, dass Sie eine URL angeben, das Datum in der Regel Datum tagesaktuell ist und Angaben zu Seitenzahlen sowie zum Jahrgang oder zur Heftnummer entfallen. Bei einem Online-Zeitungsartikel sind folgende Elemente empfehlenswert:

Nachname, Vorname (bzw. Initial) (Jahr): Titel des Artikels oder der Rubrik. *Titel der Zeitung*. [falls es aus dem Namen der Zeitung nicht hervorgeht: Verweis auf Online-Ausgabe, also Medium], [evtl. weitere Angaben zu Ressort / Rubrik etc.], Datum (Tag und Monat), evtl. Uhrzeit, URL, Zugriffsdatum.

Kwasniewski, N. (2015): Atomsubventionen: Britisches AKW könnte deutschen Ökostrom verteuern. Spiegel Online. Ressort Wirtschaft. 04.03.2015, 07:09 Uhr, online unter: http://www.spiegel.de/wirtschaft/unternehmen/atomsubventionen-oekostromanbieter-verklagt-eu-kommission-a-1021577.html, 04.03.2015.

Pausch, R./ Zdrzalek, L. (2015): Lehrerstreik – Vormittags recht haben und nachmittags frei. ZEIT ONLINE. Ressort Wirtschaft, 3. März 2015, 17:36 Uhr, online unter: http://www.zeit.de/wirtschaft/2015-03/lehrerstreik-faktencheck-klischees, 04.03.2015.

Soweit das grundlegende Muster. Doch die Ausnahme bestimmt bekanntlich die Regel. Im Folgenden geht es daher um einige formale Besonderheiten und Fragen, die gerade bei Zeitungen – sowohl gedruckt als auch online – immer wieder eine Rolle spielen.

Autor unbekannt: Wenn der Autor nicht bekannt bzw. genannt ist, geben Sie stattdessen die Zeitung als Urheber (quasi als Herausgeber) an.[24] Dies gilt für Printfassungen ebenso wie für Online-Ausgaben. Laut Empfehlung der *Anglia Ruskin University* (2015: 27) erscheint die Zeitung dann zweimal. Auf Namenskürzel sollten Sie verzichten, Agenturkürzel können Sie ergänzen.

Süddeutsche Zeitung (2016): Nahles will Sozialhilfeanspruch von EU-Ausländern beschränken. *Süddeutsche Zeitung* [online], Ressort Politik, 28. April 2016, 06:27 Uhr, online unter: http://www.sueddeutsche.de/politik/grosse-koalition-nahles-will-sozialhilfeanspruch-von-eu-auslaendern-beschraenken-1.2970884, 28.04.2016.

Spiegel Online. (2015): Wettlauf mit den USA: China rüstet trotz Wachstumsschwäche kräftig auf. *Spiegel Online.* Ressort Politik. 04.03.2015, 07:34 Uhr, online unter: http://www.spiegel.de/politik/ausland/militaer-in-china-volksrepublik-steckt-geld-in-aufruestung-a-1021640.html, 04.03.2015.

Datumsangabe: Bitte beachten Sie, dass die Ratgeber bei der Datumsangabe unterschiedlich verfahren. Insbesondere

[24] Die *University of Sydney* (2014: 7) empfiehlt in ihrem Harvard-Ratgeber, den Eintrag mit dem Titel des Zeitungsartikels zu beginnen und diesen alphabetisch in das Literaturverzeichnis einzuordnen. Dies erscheint mir jedoch inkonsistent, weswegen ich davon abrate.

gibt es keine einheitlichen Vorgaben darüber, wo das tagesaktuelle Datum steht und ob dieses ausgeschrieben wird oder nicht. Während die meisten Ratgeber, so etwa der Leitfaden der *Anglia Ruskin University*, empfehlen, zunächst das Jahr zu nennen und erst später Angaben zu Tag und Monat zu machen, orientieren sich andere am APA-Stil und schreiben das komplette Datum unmittelbar nach dem Autor. Beim Datum haben Sie unter anderem folgende Möglichkeiten:

1. Sie erwähnen nach dem Autor nur das Jahr und konkretisieren später das exakte Datum der Veröffentlichung → siehe (I)
2. Sie erwähnen nach dem Autor erst das Jahr und fügen danach ein Komma sowie Angaben zu Monat und Tag hinzu → siehe (II)
3. Sie erwähnen nach dem Autor sofort das taggenaue Datum → siehe (III)

(I) Friedrichsen, G. (2015): Schuldig trotz Freispruch? *Der Spiegel*, …

(II) Friedrichsen, G. (2015, 21. Feb.): Schuldig trotz Freispruch? *Der Spiegel*, …

(III) Friedrichsen, G. (21.02.2015): Schuldig trotz Freispruch? *Der Spiegel*, …

Persönlich bevorzuge ich die erste Variante, da diese sich optisch gut in das Literaturverzeichnis einfügt und den Zitationsweisen von Büchern und Fachartikeln am nächsten kommt. Ob Sie sich dieser Meinung anschließen, ist aber natürlich Ihnen selbst überlassen.

Punktuation: Weitere Unterschiede bei den Ratgebern und Leitfäden existieren bei der Punktuation, also etwa der Frage, ob Sie die einzelnen Angaben mit Punkt oder Komma voneinander abtrennen. Wichtig ist hier wie immer die Konsistenz.

Seitenangaben: Bei online erschienen Artikeln werden Sie in der Regel keine Angaben zur Seite machen können. Um kenntlich zu machen, dass Ihnen die Seitenangaben nicht vorliegen, können Sie im Deutschen die Abkürzung „o. S." (für „ohne Seitenangabe") verwenden, die englische Entsprechung ist „n. pag." (für „no pagination").

Online-Abruf eines gedruckten Zeitungsartikels: Oft kommt es vor, dass Sie über die Webseite der Zeitung auf Artikel stoßen, die auch in einer gedruckten Fassung erschienen sindZitieren Sie in diesem Fall jene Quelle, die Sie tatsächlich vor sich haben: Wenn Sie den Artikel online abrufen, verfahren Sie bitte wie bei einem Online-Zeitungsartikel; andernfalls gehen Sie wie bei einem gedruckten Zeitungsartikel vor. Alternativ können Sie sowohl die Fundstelle im Internet als auch die Fundstelle der gedruckten Version angeben (Bleuel 2001: 12). Persönlich halte ich das jedoch für übertrieben – es sei hier nur der Vollständigkeit wegen erwähnt.

Bittner, J. (2016): Europäische Union: Im Reich der Rechtlosen, DIE ZEIT Nr. 2/2016, 7. Januar 2016, im Internet veröffentlicht am 9. Januar, online unter: http://www.zeit.de/2016/02/europaeische-union-zersetzung-polen, 28.04.2016.

Online-Abruf via Datenbank bzw. Archiv: Über die Universitätsbibliotheken haben Sie oft Zugriff auf verschiedene Zeitungsarchive, beispielsweise auf das Archiv der *Süddeutschen Zeitung* oder der *Frankfurter Allgemeinen Zeitung (FAZ)*. Außerdem können Sie über Zeitungsdatenbanken wie *LexisNexis* oder *Library PressDisplay* nach Artikeln in mehreren tausend Zeitschriften, Magazinen und Zeitungen suchen und teilweise die Volltexte einsehen. Im Fall der Zeitungsarchive der *Süddeutschen* und der *FAZ* können Sie die Original-Zeitungseiten als Pdf einsehen. Aus diesem Grund können Sie diese Quellen wie gedruckte Zeitungsartikel behandeln; weitere Angaben zu dem Archiv entfallen. Bei *LexisNexis* (und anderen Datenbanken) hingegen haben Sie oftmals zwar Zugriff auf den Volltext, nicht jedoch auf die Zeitung selbst. Der Text erscheint hier also als Fließtext und Sie können nicht mehr nachvollziehen, wo genau der Artikel in der Zeitung erschienen ist (also in welchem Ressort, auf welcher Seite, etc.). Deshalb kann es in diesen besonderen Fällen ratsam sein, die Datenbank anzugeben. Ich formuliere dies an dieser Stelle so vorsichtig, weil die Meinungen bezüglich der Angabe von Datenbankinformationen in den Literatureintrag weit auseinandergehen. So empfiehlt die *American Psychological Association* (2013: 192), auf die Angabe von Datenbanken grundsätzlich zu verzichten und zwar aus zwei Gründen: Erstens können sich die auffindbaren Quellen in einer Datenbank über die Zeit hinweg ändern und zweitens kann ein Artikel auch in mehreren Datenbanken vorhanden sein. Allerdings kennt auch der APA-Stil eine Ausnahme, und zwar dann, wenn das Dokument über seinen ursprünglichen Publikationsweg kaum auffindbar und leichter über Archive oder Datenbanken zugänglich ist. Die *Modern Language Association* (2013: 192f.) oder die DIN ISO 690 (2013-10) hingegen geben die Datenbank an. Das dazugehörige Zitationsschema sieht dann so aus:

> Nachname, Vorname (bzw. Initial) (Jahr): Titel des Artikels oder der Rubrik. *Titel der Zeitung*. Nummer und Datum (Tag und Monat) der Ausgabe, Name der Datenbank, Zugriffsdatum.

Im Folgenden finden Sie einige mögliche Umsetzungen des obigen Zitationsschemas, die Ihnen die Spielräume verdeutlichen sollen.

Pernegger, M. (2015): Frauenpolitik kämpft um ihre Berechtigung. *Der Standard*, 7. März, Ausgabe Bundesland, o. S., *LexisNexis*, 10.03.2015.

Heckers, M. (2015): „Woher kommen die ganzen Schulden?", *Rheinische Post Düsseldorf*, 6. März, o. S., Zugriff über *LexisNexis*, 10.03.2015.

Brussels, I. T. (2015): Eurozone ministers turn screws on Greece after breaking off talks early, *The Guardian Domestic edition*, 10 March, n. pag., *Library PressDisplay*, 10.03.2015.

3.4.3 E-Journals und online abgerufene wissenschaftliche Quellen zitieren

Mittlerweile gibt es zahlreiche Fachzeitschriften und Zeitschriften für ein interessiertes Laienpublikum, die ausschließlich online erscheinen Auch die Open-Access-Bewegung führt dazu, dass immer mehr renommierte Wissenschaftler ihre Forschungsergebnisse kostenlos im Netz der Allgemeinheit zur Verfügung stellen.

In den meisten Fällen werden aktuell publizierte Online-Artikel einen persistenten Link (meist einen DOI) besitzen, über den die Quelle eindeutig im Internet aufrufbar ist. Besitzt der Artikel keinen DOI, so sollten Sie wie üblich die URL angeben. Bei Working Papers und anderer grauer Literatur, die über hochschuleigene Dokumentenserver nur einem bestimmten Nutzerkreis zugänglich ist, kann es sinnvoll sein, auf die Datenbank hinzuweisen. Übrigens: Falls aus dem Namen der Zeitschrift nicht deutlich werden sollte, dass es sich um ein Online-Journal handelt, können Sie einen Verweis in eckigen Klammern hinzufügen.

Ähnlich ist es sinnvoll, auch bei gedruckten Artikeln, auf die Sie online zugegriffen haben, nach Art des Zugangs differenzieren. Der Grund liegt darin, dass zwischen elektronischer Publikation und gedruckter Publikation durchaus Unterschiede bestehen können, die über reine Formalia wie die Seitenzahlen hinausgehen können. Beispielsweise finden Sie in Online-Versionen teilweise ergänzende Grafiken oder Hyperlinks, die in gedruckter Form fehlen. Auch umgekehrt kommt es vor, dass aufgrund von Lizenzrechten bestimmte Ausschnitte nicht für die elektronische Veröffentlichung freigegeben worden sind. Ähnlich sehen es die Forderungen der MLA (2009: 190-192) oder der DIN ISO 690 (2013-10). Für den Harvard-Stil gibt es keine einheitlichen Empfehlungen. Die entscheidende Frage, die Sie sich hier stellen sollten, ist wie so oft: Welche Angaben braucht der Leser, um möglichst einfach nachvollziehen zu können, woher die zitierten Informationen stammen? Sind die Inhalte nur für bestimmte Mitglieder auffindbar, so können diese Hinweise für den Leser sehr hilfreich sein. Hier einige Beispiele und Zitationsempfehlungen für originäre Webinhalte und als Print erschienene Inhalte, auf die Sie jedoch online zugegriffen haben:

Originäre Web-Publikationen:

Nachname, Vorname (bzw. Initial) (Jahr): Titel des Artikels. *Titel der Zeitschrift* [online], (evtl. weitere Angaben zu Jahrgansnummer (volume number), Ausgabennummer (issue number) oder gesondertem Titel), DOI **oder** Name der Datenbank und Zugriffsdatum **oder** URL und Zugriffsdatum.

Gwatipedza, J./ Barbier, E. B. (2014): Environmental Regulation of a Global Pollution Externality in a Bilateral Trade Framework: The Case of Global Warming, China and the US. Economics, *The Open-Access, Open-Assessment E-Journal*, 8 (2014-30). DOI:10.5018/economics-ejournal.ja.2014-30

Müller, N. (2012): ‚Helden' der inneren Sicherheit? Zur ironischen Subversion eines Mythos bei F. C. Delius, Heinrich Böll und Günter Grass. *eTransfers. A Postgraduate eJournal for Comparative Literature and Cultural Studies*, Issue 2: The Aesthetics of Security in Literature and Visual Media, online unter: http://www.qmul.ac.uk/cagcr/etransfers/issues/current/86151.pdf, 16.03.2015.

Moser, W. (2007): Garbage and Recycling: From Literary Theme to Mode of Production, *Other Voices – eJournal of Cultural Critisicm*, Vol. 3, No. 1 [Cultural Recycling], online unter: http://www.othervoices.org/3.1/wmoser/index.php, 17.03.2015.

Über Internet angerufene Inhalte (bereits in Print publiziert oder graue Literatur)

Nachname, Vorname (bzw. Initial) (Jahr): Titel. Ergänzende Informationen zu Zeitschrift oder Reihe, falls vorhanden mit Jahrgansnummer (volume number), Ausgabennummer (issue number), Seitenzahlen des Artikels, DOI **oder** Name der Datenbank und Zugriffsdatum **oder** URL und Zugriffsdatum.

Mit DOI:

Hu, J./ Lib, A. Y./ Zhangc, F. (2014): Does accounting conservatism improve the corporate information environment?, *Journal of International Accounting, Auditing and Taxation*, Vol.23, Iss.1, 32-43, DOI:10.1016/j.intaccaudtax.2014.02.003

Benhabib, S. (1994): Democracy and Difference: Reflections on the Metapolitics of Lyotard and Derrida, *Journal of Political Philosophy*, Vol.2, Iss.1, 1-23, DOI:10.1111/j.1467-9760.1994.tb00013.x

Über eine Datenbank:

Schneider, P. J. (2014): Supreme Court Determines FICA Taxation of Severance Payments. *Journal of Financial Service Professionals*, Vol. 68, Iss. 5, 21-25, Business Source Premier, 10.03.2015.

Hunt, M. (2014): The ‚Breaches' of Shakespeare's The Life of King Henry the Fifth, College Literature, 41(4): 7-24, MLA International Bibliography, *EBSCO*, 10.03.2015.

Über eine Website:

Heise, U. (2015): "Comparative Literature and the Environmental Humanities." *ACLA Report on the State of the Discipline*, online unter: http://stateofthediscipline.acla.org/entry/comparative-literature-and-environmental-humanities, 10.03.2015.

Lichter, A./ Peichl, A./ Siegloch, S. (2014): Exporting and Labor Demand: Micro-level Evidence from Germany, *ZEW Discussion Paper* No. 14-013, online unter: http://ftp.zew.de/pub/zew-docs/dp/dp14013.pdf, 10.03.2015.

Janeba, E./ Osterloh, S. (2013): Tax and the City – A Theory of Local Tax Competition and Evidence for Germany, in: *ZEW Discussion Paper* No. 12-005, http://ftp.zew.de/pub/zew-docs/dp/dp12005.pdf, 11.03.2015.

Wie zitiere ich das Abstract eines Journals? Manche Datenbanken bieten keine Volltexte, sondern ausschließlich das Abstract von Fachartikeln, Büchern oder einzelnen Buchkapiteln in Herausgeberwerken an. Abstracts fassen die wesentlichen Inhalte der Quelle in wenigen Sätzen zusammen, ohne diese zu werten oder zu interpretieren. Sie helfen dem Leser dabei, sich einen groben Überblick die Fragestellung, das methodische Vorgehen und zentrale Ergebnisse des wissenschaftlichen Artikels zu verschaffen. Bei Ihrer Recherche können Sie anhand dieser präzisen Kurztexte entscheiden, ob Sie den ganzen Beitrag lesen oder nicht.

Insofern sind Abstracts durchaus nützlich, um Literatur zu Themen oder Stichworten zu suchen und sich schnell in einem Fachgebiet zu orientieren. Andererseits können Abstracts die Volltexte keinesfalls ersetzen. Aus diesem Grund sollten Sie es in jedem Fall vermeiden, nur die Abstracts zu zitieren, zumal Sie zu jeder Publikation Angaben zu Autoren, Titel, Erscheinungsjahr und Medium finden und sich auf diese Weise die Texte meist gut besorgen können.

Falls Sie dennoch darauf angewiesen sind, ein Abstract zu zitieren, geben Sie folgende Angaben an:

Nachname, Vorname (bzw. Initial) (Jahr): Titel [Abstract]. Angaben zur Zeitschrift, Seitenzahlen (wenn vorhanden), abgerufen durch: Datenbank (Stand: Abrufdatum).

Kasten, E. (2015): Psychotherapie mit Parkinsonpatienten [Abstract], Report Psychologie, Vol. 40, No. 2, 56-68, abgerufen durch: PSYNDEX Datenbank, 13.04.2015.

3.5 Social Media (Blogs, *Twitter* oder Ähnliches) zitieren

Soziale Netzwerke im Internet haben insbesondere bei jüngeren Generationen einen immer höheren Stellenwert. Angefangen bei selbstgedrehten Videos oder Schnappschüssen von der letzten Party über getwitterte Beiträge zum letzten Tatort oder Bundesliga-Spiel bis zur Bereitstellung gefilmter Laborexperimente in professionellen Wissenschaftsblogs lebt das soziale Netz von selbst generierten Inhalten (*user generated content*).

Auch immer mehr Journalisten greifen auf das soziale Netz zurück, um Nachrichten aufzuspüren oder sich auszutauschen (Paulussen/ Harder 2013). Sowohl die Berichterstattung im Fernsehen als auch in Zeitungsartikeln oder im Radio lässt immer häufiger Reaktionen der Bevölkerung aus dem Netz einfließen – seien es nun Meinungen zum letzten Tatort, zu einem Polit-Talk oder einem sportlichen Ereignis.

Doch wie sieht es mit Social Media in Seminar- und Abschlussarbeiten aus? Fest steht, dass auch immer mehr Wissenschaftler Anwendungen und Inhalte im Netz nutzen. Das Spektrum reicht dabei von der Archivierung wissenschaftlicher Vorträge auf *YouTube* über Online-Archive, Online-Enzyklopädien und Datenbanken bis zu Content Sharing bzw. Cloud-Diensten wie Dropbox oder Slideshare (Kousha et al. 2012; Leibniz-Forschungsverbund *Science 2.0-Survey* 2015).

Insbesondere die Recherche und Auswertung von Informationen wurden durch die technischen Erneuerungen radikal verändert: Mussten Wissenschaftler noch vor knapp 30 Jahren mühsam die Zettelkästen und gedruckten Bibliografien von Bibliotheken durchsehen, so genügen heute wenige Klicks vom Schreibtisch aus. Viele Publikationen wie etwa Metaanalysen wurden sogar erst durch die onlinebasierten Werkzeuge und Informationskanäle ermöglicht.

Doch wie sieht es mit Social Media als Quelle aus? Sind Einträge aus dem sozialen Netz überhaupt zitierwürdig? Diese Frage sollten Sie sich selbst kritisch stellen. Viele Wissenschaftler lehnen Social Media-Einträge als wissenschaftliche Quelle für ihre eigenen Arbeiten kategorisch ab, da es hier schwierig ist, wissenschaftlich fundierte Aussagen von Laienwissen zu trennen. Wer im sozialen Netz unterwegs ist, arbeitet selten mit Fußnoten oder anderen Verweisen, und die verlinkten Dokumente sind häufig ebenfalls nicht von Experten geschrieben. Um Ihre Aussagen und Behauptungen wissenschaftlich zu untermauern, eignen sich Kommentare auf *Facebook* oder *Google+* daher in der Regel nicht.

Anders sieht es hingegen aus, wenn das Web 2.0 selbst Ihr Untersuchungsgegenstand ist. Falls Sie also analysieren wollen, welche Rolle *Facebook* bei der Organisation von Protestmärschen am Beispiel *Pegida* spielt, werden Sie nicht umhin können, Einträge auf *Facebook* zu zitieren. Oder ein anderes Beispiel: Sie interessieren sich für das Phänomen des *Shitstorms* und wollen herausfinden, welche Faktoren einen Sturm der Entrüstung im Internet entfachen. Auch hier werden Sie sämtliche Kanäle wie *Twitter*, *Facebook* oder Blogs in Betracht ziehen (und daher auch zitieren) müssen.

Sämtliche sozialen Netze von vornherein als Informationsquelle auszuschließen, erscheint insofern nicht sinnvoll. Gerade bei aktuellen Themen finden sich im Internet kleine Informationsjuwelen, die von Insidern oder Menschen vor Ort verfasst und dokumentiert wurden. Je nach Forschungsfrage können diese Quellen äußerst relevant und damit auch zitierwürdig sein; doch Zweifel an der Authentizität und Objektivität bleiben bestehen.

Versuchen Sie Ihre Quellen deshalb immer auf ihren Urheber hin zu überprüfen. Das ist nicht immer einfach. Angela Merkel etwa twittert nicht selbst, dafür aber ihr Regierungssprecher Steffen Seibert. Dennoch gibt es im Netz mehrere – sehr professionell gestaltete – (Pseudo-)*Twitter*-Accounts der Bundeskanzlerin, die teilweise auf den ersten Blick als Satire gedacht sind; andere hingegen agieren äußerst zurückhaltend und sind erst auf den zweiten Blick als Fälschung zu erkennen. Bei *Twitter*, *Facebook* und anderen Plattformen gibt es hierfür übrigens ein blaues Häkchen hinter dem Pseudonym, das die Authentizität des Accounts anzeigt. Blogs hingegen werden durchaus auch von Experten geschrieben, die grundsätzlich als „zitierwürdiger" gelten – wann genau ein Blog jedoch wissenschaftlich ist und wann nicht, das ist eine Gratwanderung. Auch Unternehmen haben die öffentliche Wirkung von Blogs erkannt und vertreten im Netz ihre eigenen Interessen – etwa in Form beschönigter Testberichte oder angeblicher Expertenbeiträge in Blogs. Um die Zitierwürdigkeit zu beurteilen, fragen Sie daher insbesondere kritisch nach dem Autor bzw. Herausgeber und nach dem Publikationsort (siehe Abschnitt 1.4). Letztendlich müssen Sie selbst entscheiden, ob Sie die Quelle heranziehen oder doch lieber auf „altvertraute" Zeitschriften und Bücher zurückgreifen.

3.5.1 Die Frage nach dem Pseudonym

Baller (2014) fordert, dass der Urheber eines Zitats eindeutig zu erkennen sein muss. Aus diesem Grund müssen Pseudonyme und Spitznamen entschlüsselt werden. Falls dies nicht möglich ist, rät die Autorin dazu, eine Mail an den Bloginhaber zu schreiben, um auf diesem Weg den vollständigen Namen des Bloggers ausfindig zu machen. Gleiches gilt ihrer Meinung nach auch für andere Soziale Netze. Manchmal hilft auch das Impressum weiter. Leitfäden aus dem angloamerikanischen Sprachraum wie jener von der *Deakin University Australia* sehen die Frage nach dem Pseudonym nicht so streng. Falls der eigentliche Name des Urhebers nicht bekannt ist, reicht es hier aus, nur das Pseudonym anzugeben. Diese Auffassung machen sich auch Zitiersysteme wie die *Modern Language Association* (2009: 149) oder die *American Psychological Association* (2013: 215) zu Eigen.

Ich schließe mich der zweiten Meinung an: Falls Sie den realen Namen des Bloggers oder *Twitter*ers nicht eruieren können, verwenden Sie dessen Benutzernamen. Allerdings sollten Sie dies nur in absoluten Ausnahmefällen tun, da Quellen allgemein als glaubwürdiger gelten, wenn der reale Urheber bekannt ist. Existieren sowohl realer Name als auch Pseudonym, so geben Sie beides an, sofern das Pseudonym für das Auffinden des Beitrags wichtig ist. Dies ist insbesondere in Foren oder Tweets der Fall (siehe hierzu auch Abschnitte 3.3.5 und 3.3.7).

3.5.2 Die Frage nach dem Urheber- und Persönlichkeitsrecht

Wie bereits angesprochen, genießen persönliche geistige Schöpfungen wie Literatur, Fotografie und Kunst nach dem Urheberrecht (UrhG) einen besonderen Schutz und dürfen nicht ohne Erlaubnis des Rechteinhabers vervielfältigt oder verbreitet werden. Für die Wissenschaft gibt es jedoch einige Ausnahmen. Die wohl wichtigste Sonderregelung betrifft das Zitat. So ist ein wissenschaftliches Zitat nach § 51 UrhG dann zulässig, sofern das Zitat einen Zweck innerhalb der eigenen Argumentation erfüllt (siehe auch Abschnitt 2.2), und zwar ohne vorherige Einwilligung des Urhebers.

Allerdings setzt dieses Vorgehen voraus, dass die Äußerung oder das Werk des Urhebers öffentlich zugänglich ist. Problematisch kann es werden, wenn Sie Informationen verwenden, die nicht öffentlich zugänglich sind. Dies ist etwa bei Diskussionen von geschlossenen Gruppen in sozialen Netzwerken wie *Facebook*, *Google+* oder *Xing* der Fall. Hier zu zitieren ist gleich in doppelter Hinsicht kritisch: Erstens kann der Leser nicht nachvollziehen, ob Ihre Angaben stimmen; zweitens verletzen Sie unter Umständen das Urheberrecht, wenn der Informationsgeber nicht eingewilligt hat, dass Sie seine Aussagen verwenden. Bei sämtlichen Inhalten, die von Nutzern des Web 2.0 selbst erstellt werden, ist also Vorsicht geboten, sofern die entsprechenden Texte, Fotos, Grafiken, Videos oder Ähnliches nicht allgemein zugänglich veröffentlicht worden sind.

Baller (2014) empfiehlt hier zu Dokumentationszwecken einen Screenshot zu machen und Namen und Bildern von Personen, die nicht zitiert werden, zu verpixeln. Von den zitierten Personen hingegen ist eine Erlaubnis einzuholen. Schestag (2014) sieht das Zitieren aus nicht offen zugänglichen Quellen strenger. Seiner Meinung nach muss bei wissenschaftlichen Arbeiten die Originalquelle eines Zitates nachprüfbar und damit öffentlich sein; andernfalls verbiete sich die Verwendung. Die *American Psychological Association* sieht dies nicht so kritisch und empfiehlt stattdessen, die Informationen als „persönliche Kommunikation" einzuordnen. Diese Social-Media Einträge auf nicht-öffentlichen Profilen und geschützten Webseiten werden im Text als solche markiert, nicht jedoch im Literaturverzeichnis aufgeführt.

Auch aus meiner Sicht gibt es keinen stichhaltigen Grund, in einem persönlichen Gespräch geäußerte Kommentare in wissenschaftlichen Arbeiten grundsätzlich zu erlauben, persönlich auf der privaten *Facebook*-Seite hinterlassene Einträge jedoch als „unwissenschaftlich" abzustempeln. Allerdings sollten Sie in jedem Fall die Erlaubnis der zitierten Person einholen (siehe hierzu den Abschnitt zu „persönliche Kommunikation zitieren“) und nur im Notfall auf persönliche Kommunikation zurückgreifen.

3.5.3 Die Frage nach dem Wie – Das grundsätzliche Vorgehen

Nach diesen Hinweisen nun aber zur eigentlichen Vorgehensweise. Analog zu den Zitationsvorgaben für andere Online-Dokumente empfiehlt etwa Baller (2014), sich an folgenden fünf Fragen zu orientieren:

1. Wer hat das gesagt, was ich hier zitieren will?
2. Wo hat er das gesagt?
3. Wann hat er es gesagt?
4. Wie lautet die Adresse, wo die Aussage zu finden ist?
5. Wann habe ich den Beitrag zuletzt gesehen?

Aufgrund der vielen Spezialfälle bei Social-Media-Quellen sollten Sie ergänzend zu Baller zudem nach dem Titel in eckigen Klammern das Format mit angeben, also beispielsweise [Blogeintrag], [*Facebook*-Kommentar], [Tweet] etc.

Sie werden schnell feststellen, dass gerade bei Social-Media-Quellen viele Fragen auftauchen, die hier nicht verbindlich geregelt sind. Wohin etwa mit Datum und Uhrzeit? Was tun, wenn es zusätzlich zum Autornamen auch noch einen Benutzernamen gibt? Ich werde versuchen, die folgenden Fragen zu umreißen und Ihnen verschiedene Möglichkeiten aufzeigen. Am Ende entscheiden Sie!

Beginnen wir mit einem ausführlichen Beispiel:

Stellen Sie sich folgendes Szenario vor: Heike Hoffmann hat einen Kommentar gepostet, und zwar in dem Blog von tagesschau.de, konkret zu dem Beitrag *ARD aktuell – Die Verschwörung von Paris*, der am 13. Januar 2015 um 21:39 Uhr veröffentlicht wurde. Sie selbst haben den Beitrag zehn Tage später (also am 22.01.2015) gelesen. Die entsprechende URL (http://blog.tagesschau.de/2015/01/13/die-verschwoerung-von-paris/) haben Sie sich notiert.

Die vollständige Referenz im Literaturverzeichnis könnte wie unten dargestellt aussehen. Bedenken Sie bitte, dass Sie insbesondere bei der Datumsangabe verschiedene Möglichkeiten haben (siehe hierzu auch Abschnitt 3.4.2).

Hoffmann, H. (2015): Ich habe am Sonntag über einen längeren Zeitraum den Trauermarsch und die Kundgebung verfolgt [Blogkommentar], *blog.tagesschau.de*, veröffentlicht am 13. Januar um 21:39, online unter: http://blog.tagesschau.de/2015/01/13/die-verschwoerung-von-paris/, 22.01.2015.

Ebenso denkbar wäre folgender Eintrag:

Hoffmann, H. (2015): Ich habe am Sonntag über einen längeren Zeitraum den Trauermarsch und die Kundgebung verfolgt [Blogkommentar zum Beitrag: „Die Verschwörung von Paris"], *blog.tagesschau.de,* 13. Januar um 21:39 Uhr, online unter: http://blog.tagesschau.de/2015/01/13/die-verschwoerung-von-paris/, 22.01.2015.

3.5.4 Blogeinträge zitieren

Ein Blog (auch Weblog genannt) ist ein im Internet geführtes, öffentliches Tagebuch. Der Begriff setzt sich aus den englischen Wörtern „web" als Synonym für das weltweite Netz und „log" für Protokoll oder Fahrtenbuch zusammen. Im Blog hält der Verfasser seine persönlichen Gedanken und Erfahrungen fest, oft gibt es einen thematischen Schwerpunkt. Die Beiträge können in der Regel von Lesern kommentiert werden. Neben Blogs von einzelnen Individuen oder Gruppen gibt es mittlerweile auch zahlreiche Unternehmensblogs, die insbesondere Einblicke in den Konzern geben wollen und damit den Dialog mit Außenstehenden suchen. Gute Beispiele sind der Blog der Automobilhersteller *Daimler* und *Audi* sowie der Blog des Softwarekonzerns *SAP*.

Ausgehend von obigem Grundschema könnten die Angaben bei einem Blogeintrag folgendermaßen aussehen:

Name des Autors, alternativ Username, alternativ Benutzername (Jahr): Titel des Beitrags [Blogeintrag], nähere Infos zum Blog und zum Datum/Uhrzeit, exakte URL sowie Zugriffsdatum.

Girgensohn, K. (2014): Zehn Jahre Schreibcenter der Uni Klagenfurt – Herzlichen Glückwunsch [Blogeintrag]. *Schreiben im Zentrum* [Blog des Schreibzentrums der Europa-Universität Viadrina], veröffentlicht am 23. November, online unter: http://schreibzentrum.wordpress.com/category/konferenzberichte/, 17.12.2014.

Bei Blogkommentaren ist es aufgrund der leichteren Auffindbarkeit sinnvoll, auch die genaue Uhrzeit anzugeben.

3.5.5 *Twitter* zitieren

Twitter ist eine digitale Echtzeit-Anwendung, um Kurznachrichten zu verschicken. Die einzelnen Beiträge, die *Tweets*, können öffentlich eingesehen oder abonniert werden. Neben Privatpersonen nutzen auch immer mehr Organisationen, Unternehmen und Massenmedien den *Twitter*-Dienst als Kommunikationsinstrument.

Allerdings versteht sich wohl von selbst, dass Sie mit nur 140 Buchstaben wohl kaum tiefgründige Erkenntnisse publizieren können. Für Moder/ Holzwarth bietet *Twitter* daher insbesondere authentisches und glaubwürdiges „Orientierungswissen" (2011: 108f.): Es eignet sich, um über tagesaktuelle Entwicklungen oder persönliche Erlebnisse auf dem Laufenden zu bleiben und nicht als Medium zur „vertiefte[n] Reflexion oder [...] (der] Vermittlung von Hintergrundinformationen".

Bei einem Tweet empfehle ich in Anlehnung an Lee (2013) und die *Modern Language Association* (2012) folgende Angaben:

> Name des Autors, alternativ Benutzername (Jahr): Die ersten Worte des Tweets [Tweet], exakte URL sowie Zugriffsdatum.

Wie bei Online-Zeitungsartikeln (siehe Abschnitt 3.4.2) und bei allen Social-Media-Einträgen haben Sie auch hier sowohl die Möglichkeit, das tagesaktuelle Datum direkt nach dem Autor zu nennen oder es später zu präzisieren. Achten Sie darauf, dass Sie mit der URL immer auf den konkreten Tweet verweisen und nicht auf das gesamte Nutzerprofil. Diese erhalten Sie, indem Sie den Tweet direkt anklicken. Die URL folgt dann dem Muster: https://twitter.com/Benutzername/status/123456123456123456

Seibert, S. [RegSprecher] (2015): Jede Generation muss neu für Religions-, Meinungs- u. Pressefreiheit eintreten. Kanzlerin #Merkel im FAZ-Interview. http://bpaq.de/FAZi [*Twitter*], veröffentlicht am 16. Januar, 03:42 Uhr, online unter: https://twitter.com/RegSprecher/status/556053921400381440, 22.01.2015.

Hayali, D. [dunjahayali] (2015, 15. Dezember): jeder hat das recht auf die str. zu gehen, um auf seine ängste hinzuweisen. schaut bloß, mit wem ihr da lauft #Pegida pic.twitter.com/orJVApEK3R
[*Twitter*], veröffentlicht um 04:30 Uhr, online unter: https://twitter.com/dunjahayali/status/544469589824778240/photo/1, 22.01.2015.

Greenpeace e.V. [greenpeace_de] (2015): EU-Parlament hat Neuregelung zugestimmt, die nationale Anbauverbote für Gen-Pflanzen zulässt: http://fal.cn/6yB #Gentechnik [*Twitter*], veröffentlicht am 13. Januar, 07:19 Uhr, online unter: https://twitter.com/greenpeace_de/status/555021373865988096, 22.01.2015.

Wohin mit dem Pseudonym? Stellt sich nun die Frage, an welcher Stelle das Pseudonym genannt wird. Auch hier weichen unterschiedliche Zitationsstile voneinander ab. Möglich ist u. a., den Benutzernamen in eckigen oder runden Klammern hinter den realen Namen zu schreiben, mit einem @-Zeichen abtrennen oder hinter den Tweet in kursiver Schrift setzen.

Seibert, S. @RegSprecher (2015): Jede Generation muss neu für Religions-, Meinungs- u. Pressefreiheit eintreten. Kanzlerin #Merkel im FAZ-Interview. http://bpaq.de/FAZi [*Twitter*], veröffentlicht am 16. Januar 2015, 03:42 Uhr, online unter: https://twitter.com/RegSprecher/status/556053921400381440, 22.01.2015.

Seibert, S. (RegSprecher) (2015): Jede Generation muss neu für Religions-, Meinungs- u. Pressefreiheit eintreten. Kanzlerin #Merkel im FAZ-Interview. http://bpaq.de/FAZi [*Twitter*], veröffentlicht am 16. Januar 2015, 03:42 Uhr, online unter: https://twitter.com/RegSprecher/status/556053921400381440, 22.01.2015.

Seibert, S. (2015): Jede Generation muss neu für Religions-, Meinungs- u. Pressefreiheit eintreten. Kanzlerin #Merkel im FAZ-Interview. http://bpaq.de/FAZi [*Twitter*], RegSprecher, veröffentlicht am 16. Januar 2015, 03:42 Uhr, online unter: https://twitter.com/RegSprecher/status/556053921400381440, 22.01.2015.

Seibert, S. [RegSprecher] (2015): Jede Generation muss neu für Religions-, Meinungs- u. Pressefreiheit eintreten. Kanzlerin #Merkel im FAZ-Interview. http://bpaq.de/FAZi [*Twitter*], veröffentlicht am 16. Januar 2015, 03:42 Uhr, online unter: https://twitter.com/RegSprecher/status/556053921400381440, 22.01.2015.

Wenn nur der Benutzername bekannt ist, verwenden Sie nur diesen:

RegSprecher (2015): Jede Generation muss neu für Religions-, Meinungs- u. Pressefreiheit eintreten. Kanzlerin #Merkel im FAZ-Interview. http://bpaq.de/FAZi [*Twitter*], veröffentlicht am 16. Januar 2015, 03:42 Uhr, online unter: https://twitter.com/RegSprecher/status/556053921400381440, 22.01.2015.

Zum Weiterlesen:

Baller, H. (2014): Wie zitiere ich korrekt aus Social Media? [Gast-Blogeintrag am 7. März], *PR-Doktor*, online unter: http://www.kerstin-hoffmann.de/pr-doktor/2014/03/07/wie-zitiere-ich-korrekt-aus-social-media/, 26.01.2015.

3.5.6 *Facebook, Google+* und andere soziale Netze zitieren

Soziale Plattformen wie *Facebook* oder *LinkedIn* werden von den meisten Wissenschaftlern äußerst kritisch beurteilt. So sind sie für Beck als wissenschaftliche Quelle inakzeptabel: „Wer hier nach Fakten sucht, kann auch gleich in seiner Stammkneipe recherchieren" (2014: 35). Wenn überhaupt sollten Sie spezifische Informationen aus sozialen Netzen nur verwenden, wenn diese öffentlich einsehbar sind. Dies trifft beispielsweise auf Fanseiten zu, die im Wesentlichen von Firmen, Organisationen, Künstlern, Bands oder öffentlichen Personen genutzt werden. Doch selbst dann ist die Wahrscheinlichkeit groß, dass Sie die gewünschten Informationen auch auf der entsprechenden Homepage (etwa in einer Pressemeldung) oder einem anderen Informationskanal finden. Nur die soziale Plattform den einzig verfügbaren Informationskanal darstellt (Sie also nur hier die gewünschte Information finden), sollten Sie die Quelle überhaupt nutzen. In solchen Fällen empfehle ich in Anlehnung an Lee (2010b) folgende Notation:

> Organisation [oder Benutzername bzw. Gruppenname] (Jahr): In *Facebook* (alternativ: Betreffzeile des Beitrags), [*Facebook*-Fanpage oder andere Erläuterungen], evtl. ergänzende Hinweise zum Forum, evtl. ergänzende Hinweise zu Datum/ Uhrzeit, online unter: URL [zuletzt abgerufen am DATUM].

> Bundesregierung (o. J.): Chronik [*Facebook* Fanseite], online unter: https://www.facebook.com/Bundesregierung, 27.04.2015.

Obama, B. [Barack Obama] (2015): My entire presidency is about helping working families recover from recession and rebuild for the future. [*Facebook* Status Update], 25. April um 08:40 Uhr, online unter: https://www.facebook.com/barackobama, 27.04.2015.

Deutsche Bahn (o. J.): in: LinkedIn [Unternehmensprofil], online unter: https://de.linkedin.com/in/deutschebahn, 30.04.2015.

3.5.7 Beiträge in Internetforum zitieren

Internetforen bieten einen virtuellen Platz zum Gedankenaustausch und zur Weitergabe von Wissen. Das Spektrum reicht von Hilfeforen, in denen Betroffene Leidensgenossen finden oder Ratschläge einholen können bis zu professionellen Benutzerforen von Herstellern, die bei konkreten Anwendungsfragen weiterhelfen. In der Regel finden Sie in Foren vor allem persönliche Meinungen oder Fragen an einen (möglicherweise selbst ernannten) Experten. Eine externe Qualitätskontrolle fehlt meist ebenso wie eine langjährige Speicherung der Beiträge. Sehr oft haben Sie es zudem mit anonymen Autoren zu tun. Insofern sollten Sie Foren sehr skeptisch bewerten – es sei denn, Sie untersuchen die asynchrone Kommunikation zwischen den Nutzern oder ähnliche Fragestellungen. Falls Sie sicher sind, ein zitierwürdiges Forum gefunden zu haben, können Sie die Informationen nach unten stehender Notation zitieren. Zur Erklärung: Der Begriff *Posting* meint den einzelnen Diskussionsbeitrag, der *Thread* bezeichnet das übergeordnete Thema (also die Summe der aufeinander folgenden Einzelbeiträge).

Nachname, Vorname (bzw. Initial) [oder Pseudonym] (Jahr): Titel des Threads (alternativ: Betreffzeile des Beitrags), [Onlineforum-Beitrag], evtl. ergänzende Hinweise zum Forum, evtl. ergänzende Hinweise zu Datum/ Uhrzeit, online unter: URL [zuletzt abgerufen am DATUM].

Lischewski, N. [alias Nordlicht] (2010): Wie finde ich eine Zeitschrift, die meinen Artikel herausbringen will? [Onlineforum-Beitrag], Deutsches Schriftstellerforum, verfasst am 2. Juni um 19.19 Uhr, online unter: http://www.dsfo.de/fo/viewtopic.php?t=23826, 27.04.2015.

oder

Kobel, M. (2014 18. April): Quant oder Nicht-Quant? [Onlineforum-Beitrag], Netzwerk Teilchenwelt-Forum, verfasst um 17.33 Uhr, online unter: http://www.teilchenwelt.de/forum/index.php?page=Thread&threadID=319&s=1db7417980c430088a74de51a74b183c39751107, 27.04.2015.

Im Text wird der Forumseintrag wie gewohnt mit Autor und Jahr zitiert.

3.5.8 Hashtags zitieren

Hashtags dienen dazu, bestimmte Begriffe zu verschlagworten. Sie vereinfachen damit die gezielte Suche in sozialen Netzwerken. Der Begriff ist ein Kompositum aus dem englischen Wort „hash" für das Schriftzeichen Doppelkreuz und dem Wort „tag" für Markierung. Hashtags müssen Sie grundsätzlich nicht zitieren (McAdoo 2015b). Sie gehören zu Ihrem methodischen Vorgehen und werden daher im Text erläutert, ähnlich wie bei der systematischen Literatursuche für eine

Literaturübersicht (siehe Abschnitt 1.8). Eine beispielhafte Formulierung könnte etwa lauten: „Zu diesem Zweck suchte ich in *Twitter* nach den Hashtags #Klimawandel und #Erderwärmung." (McAdoo 2015b)

3.6 Online-Videos und audiovisuelle Medien zitieren

Der digitale Wandel bringt es mit sich, dass das analoge Fernseh- und Radioprogramm an Bedeutung verliert. Lange sind die Zeiten vorbei, in denen man zu einer bestimmten Uhrzeit vor dem Fernsehgerät sitzen musste, um eine Sendung sehen zu können. Mediatheken, Streamingdienste und Videoportale machen es möglich, zeit- und ortsunabhängig auf audiovisuelles Material aus der ganzen Welt und in fast allen Sprachen zuzugreifen. So ergab die ARD/ZDF-Onlinestudie 2014, dass die Nachfrage nach Fernsehinhalten im Netz mit der zunehmenden Verbreitung mobiler Endgeräte kontinuierlich steigt. Allein in den Jahren 2012 bis 2014 hat sich die Unterwegsnutzung bei aktiven Internetnutzern mehr als verdoppelt und liegt bei derzeit 50 Prozent (Eimeren/ Frees 2014: 385). Zwar hat das klassische Fernsehen mit 94 Prozent noch immer den Hauptanteil an der Bewegtbildnutzung, doch gewinnen die Mediatheken der Fernsehsender vor allem bei der jüngeren Generation an Attraktivität (Koch/ Liebholz 2014: 405).

Dabei nimmt die Anzahl verfügbarer Inhalte in dramatischem Ausmaß zu. So hat *YouTube* laut eigenen Angaben mehr als eine Milliarde Nutzer, die täglich Videos mit einer Gesamtdauer von mehreren hundert Millionen Stunden ansehen. Pro Minute wird dabei neues Videomaterial mit einer Länge von 300 Stunden hochgeladen.

Diese Flut an audiovisuellem Material findet zunehmend Eingang in wissenschaftliche Publikationen. Dies belegt eine Untersuchung von Kousha et al. (2012). Die Forscher analysieren die Nutzung von *YouTube* als akademische Quelle und weisen signifikante Unterschiede je nach Fachrichtung nach. So nutzen Geisteswissenschaftler die Videos insbesondere in den Bereichen Kunst, Kultur und Geschichte, während Mediziner und Naturwissenschaftler zur Dokumentation von Experimenten, Laboranordnungen oder wissenschaftlichen Vorträgen auf *YouTube* zurückgreifen. In den Sozial- und Wirtschaftswissenschaften wiederum werden vorzugsweise Videos zum aktuellen Weltgeschehen sowie Dokumentationen herangezogen.

Nichtsdestotrotz sollten Sie aufgrund der derzeit noch nicht umgesetzten Langzeitarchivierung von audiovisuellen Inhalten nur sparsam auf Video, TV und Hörfunk zurückgreifen. Darüber hinaus richten sich solche Sendungen oft an ein Laienpublikum und eignen sich daher meist eher zu Illustrationszwecken.

Im Folgenden werden einige Besonderheiten näher erläutert.

3.6.1 Notwendige Angaben bei Video- und Audiomaterial und Spielräume

Wenn Sie Video- und Audiodateien zitieren wollen, begegnen Sie vor allem zwei Herausforderungen: Welche Angaben übernehmen Sie und welchen Fundort geben Sie an?

Die zweite Frage lässt sich einfach beantworten: Beziehen Sie sich immer auf die Quelle, die Sie tatsächlich konsultiert haben. Zwar gibt es bei Filmen und anderen audiovisuellen Inhalten oft mehrere Fundstellen im Internet, doch geben Sie (wie bei allen anderen Quellen auch) jene Fundstelle an, die Sie mit eigenen Augen gelesen (bzw. im Fall von Audiomaterial mit eigenen Ohren gehört) haben.

Die erste Frage ist hingegen komplexer, und zwar deshalb, weil die Fülle an audiovisuellem Material so groß und so heterogen ist. Der Sonderfall ist hier fast schon die Regel. Das fängt zum Beispiel damit an, dass neben Hörfunk- und TV-Anstalten auch viele Unternehmen oder Organisationen eigene Multimedia-Kanäle bedienen und PR-Filme drehen oder Videos zu erklärungsbedürftigen Produkten oder Prozessen produzieren lassen. Hier handelt es sich also weder um künstlerische oder journalistische Werke, sondern um

Auftragsarbeit, bei der die eigentlichen Macher hinter die bezahlende Institution oder Organisation zurücktreten. Viele Angaben wie etwa beim Spielfilm zu Regie oder Produktionsstudio sind hier oft nicht möglich, da die beauftragen Agenturen nicht bekannt sind.

Die demokratische, partizipative Organisation des Internets bringt es zudem mit sich, dass die Grenze zwischen Medienproduzenten auf der einen und Medienkonsumenten auf der anderen Seite immer mehr verwischt. Mittlerweile kann jedermann und jederfrau durch günstige Videokameras selbst zum Regisseur werden – aus Empfängern werden selbständig agierende Kommunikatoren. Nicht immer sind diese selbstgedrehten Inhalte rezeptionswürdig. Doch unter der Vielzahl der trivialen Selbstdarstellungen finden sich ab und an hervorragende kritische Berichterstattungen und anderes mehr. Hier ist Ihre Fähigkeit der Selektion und Evaluation gefragt.

Zurückkommend zur Frage, welche Angaben Sie in den Literatureintrag übernehmen, so haben Sie hier Entscheidungsspielräume. Bei ausschließlich online verfügbarem Material wie etwa Video-Podcasts, Video-Tutorials, Video-Vorlesungen und Ähnlichem reicht in der Regel als Antwort auf das „Wo?" die URL (mit Zugriffsdatum). Bei Video- und Audioinhalten, die originär in einem anderen Medium ausgestrahlt wurden, sollten Sie Angaben zum Sender etc. ergänzen (siehe Abschnitt 3.4.2 und 3.4.3). Bei Video-Podcasts kann es zudem sinnvoll sein, Angaben zur Serie oder zum Produzenten zu machen. Das Gleiche gilt für archivierte Radiosendungen und Podcasts.

Weiteren Entscheidungsspielraum haben Sie bei der Anordnung der Angaben. Literatureinträge zu TV/ Film und Hörfunk werden in der Regel unter ihrem Titel eingeordnet. Wenn Sie jedoch eher auf das Werk einer Person hinweisen möchten (beispielsweise auf den Regisseur oder den Produzenten), können Sie diese Informationen auch zuerst anführen.

Ähnliche Variationsmöglichkeiten haben Sie bei der Frage, ob Sie zuerst den konkreten Titel der Einzelsendung oder erst die Sendereihe nennen. In Anlehnung an die Zitation eines Sammelbands lässt sich argumentieren, dass es sinnvoll ist, erst den Einzelbeitrag und dann die Sendung aufzuführen. Denkbar ist aber auch, die Sendereihe (analog zu einem Film) als eigenständiges Werk in den Mittelpunkt zu stellen und dann (wie bei einem Buch oder Artikel) einfach den Titel der Sendung nennen. Dies sieht insbesondere dann schöner aus, wenn Sie im Fließtext zitieren, da Sie dann nur auf die Sendung und nicht die Episode verweisen müssen. Hier ein Beispiel:

Variante 1 Literaturverzeichnis:
Monitor (2014) [Fernsehsendung]: Mindestlohn – die perfiden Tricks der Arbeitgeber, Nr. 670, WDR, ausgestrahlt am 11.12.2014, 06:57 min, online unter: http://www1.wdr.de/daserste/monitor/sendungen/mindestlohn-dieperfiden-tricks-der-arbeitgeber100.html, 13.01.2015.

Variante 1 Fließtext:
Der frühere Bundesrichter Franz Josef Düwell erklärt in einem Fernsehbeitrag, dass nicht nur in der Vollzeit, sondern auch während Bereitschaftszeiten der Mindestlohn gezahlt werden muss. Das sei „gesicherte Rechtslage" (Düwell in *Monitor* 2014).

Variante 2 Literaturverzeichnis:
Mindestlohn – die perfiden Tricks der Arbeitgeber (2014) [Fernsehbeitrag], in: *Monitor* Nr. 670, WDR, ausgestrahlt am 11.12.2014, 06:57 min, online unter: http://www1.wdr.de/daserste/monitor/sendungen/mindestlohn-die-perfiden-tricks-der-arbeitgeber100.html, 13.01.2015.

Variante 2 Fließtext:
Der frühere Bundesrichter Franz Josef Düwell erklärt in einem Fernsehbeitrag, dass nicht nur in der Vollzeit, sondern auch während Bereitschaftszeiten der Mindestlohn gezahlt werden muss. Das sei „gesicherte Rechtslage" (Düwell in Mindestlohn – die perfiden Tricks der Arbeitgeber 2014).

Wenn Sie auf eine bestimmte Stelle im Video- oder Audiomaterial verweisen möchten, gehen Sie genauso wie bei Printmedien vor. Einziger Unterschied: Die Seitenzahl wird durch eine Minutenangabe ersetzt (in Minuten: Sekunden). Dies ist insbesondere dann relevant, wenn Sie beispielsweise aus einem Interview ein wörtliches Zitat übernehmen.

All dies soll Ihnen verdeutlichen, dass Sie nachfolgende Zitationsempfehlungen gerne an Ihre individuellen Vorlieben anpassen dürfen. Insofern kann ich Ihnen an dieser Stelle nur den Rat geben, so viele Angaben wie aus Ihrer Sicht notwendig zu machen und dabei kreativ und flexibel vorzugehen. Die nachfolgende Abbildung fasst die wichtigsten Punkte beim Zitieren von Video- und Audiodateien zusammen.

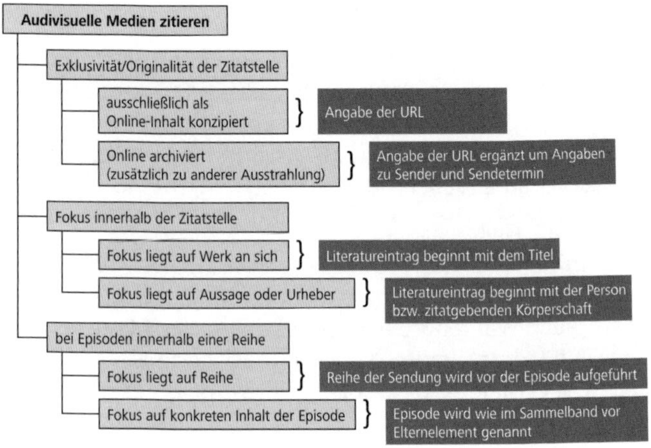

Abb. 17: Audiovisuelle Quellen und Videomaterial zitieren

3.6.2 Videoclips zitieren

Die Trennung zwischen echten Online-Videos und Videos, die online archiviert werden, ist nicht immer ganz einfach. Viele Fernsehanstalten strahlen ihre Sendungen zuerst im TV aus und machen sie später in einer Mediathek für eine begrenzte Dauer verfügbar. Entscheidend ist der Unterschied insofern, als Sie bei TV-Sendungen, die Sie online abrufen, zusätzlich Angaben zu Medium, Sender/Kanal und Uhrzeit machen sollten. Näheres hierzu lesen Sie in Abschnitt 3.4.3.

Videos, die als einmalige und eigenständige Publikation gedreht und auf eine Plattform oder Webseite hochgeladen werden, lassen sich am besten nach dem Muster für Videoclips zitieren. Ähnliches trifft auf Online-Tutorials, Erklärfilme oder anderes Material zu, das von Unternehmen oder öffentlichen Institutionen produziert wurde. Handelt es sich hingegen um regelmäßig erscheinende Episoden innerhalb einer übergeordneten Reihe, so sollten Sie diese Informationen zum Elternelement ergänzen.

Videos von Videoplattformen wie *YouTube* sollten folgende bibliografischen Angaben enthalten:

> Name des Autors, alternativ Username (Jahr): Titel des Clips, Datum der Aufschaltung des Videos, exakte URL sowie Abrufdatum des Clips.

Fabian4Liberty (2012): HOW TO Defeat The System [Dokumentarfilm auf YouTube], veröffentlicht am 02. Juni, online unter: https://www.youtube.com/watch?v=fG9cYpK6DS0, 07.01.2016.

Kim, J. Y. (2012): The Big Interview. [YouTube-Video.] Interview geführt von Jacob M. Schlesinger, Wall Street Journal, veröffentlicht am 11. Oktober, online unter: https://www.youtube.com/watch?v=GYcxaH7Gg-8, 07.04.2016.

World Bank (2013): World Bank and UN Explore Ways to End Poverty Together [YouTube-Video], veröffentlicht am 19. April, online unter: https://www.youtube.com/watch?v=l271GW9AAww, 07.04.2016.

3.6.3 Filme, Fernsehsendungen und Hörfunkbeiträge zitieren

Filme sowie Fernseh- und Radiobeiträge werden in der Regel unter ihrem Titel und Ausstrahlungsjahr zitiert. Wahlweise können Sie auch den Urheber, Regisseur, Drehbuchautor oder Produzenten zuerst nennen, wenn Sie dessen individuelle Leistung betonen wollen.

Für Fernseh- und Hörfunkbeiträge, die online abrufbar sind, sollten URL und Abrufdatum ergänzt werden. Je nach Art des Beitrags sind unterschiedliche Angaben notwendig (siehe unten). Wenn Sie audiovisuelle Medien im Fließtext zitieren, geben Sie anstelle der Seitenzahl eine genaue Zeitangabe an. Alternativ können Sie – sofern vorhanden – auf das Transkript der Sendung verweisen.

(1) (Einmaliger) Kinofilm/ Spielfilm:

Titel (Jahr). [Form (z.B. DVD, Blue Ray)], gegebenenfalls Autoren, Produzenten oder Regisseure, evtl. Spieldauer, Produktionsort/-land: Filmstudio (bzw. Institution), Sendetermin.

The Lord of the Rings: The Fellowship of the Ring (2003) [DVD]. Regie P. Jackson. Neuseeland: Produktion: Wing-Nut Films, The Saul Zaentz Company, Vertrieb: New Line Cinema.

Papa und die Braut aus Kuba (2016) [Spielfilm]. Produzent: Hager, K. und Remirez, A., 90 Minuten, ARD, Erstausstrahlung am 15. April 2016, 20.15 Uhr, Das Erste.

Auch Filme von öffentlichen Einrichtungen und Unternehmen können auf diese Weise zitiert werden – etwa dann, wenn es Ihnen nicht um das Unternehmen als Produzenten geht, sondern um die Inhalte des Films an sich. Alternativ ist auch eine Zitation als PR-Film oder als Online-Videoclip möglich.

120 Seconds with SAP CEO Bill McDermott (2015) [Video]. SAP TV, 16. Januar, online unter: http://www.news-sap.com/120-seconds-sap-ceo-bill-mcdermott/, 20.02.2016.

(2) (Regelmäßig ausgestrahlte) Fernsehsendung:

Titel (eventuell Serienname, Episodenname, Episodennummer) (Jahr). [Fernsehsendung] Sendeanstalt/Kanal, Sendedatum, Uhrzeit, ggf. Länge. Wenn bekannt: Name/n der Redakteure/ Gestalter/ Autoren.

Frontfrau – Deutschlands erste Verteidigungsministerin: Ursula von der Leyen (2015).
[Fernsehsendung], WDR, Montag, 30. März 2015, 23.00 – 23.45 Uhr (43:57),
http://www.ardmediathek.de/tv/Reportage-Dokumentation/Frontfrau-Deutschlands-erste-Verteidig/Das-Erste/Video?documentId=27389192&bcastId=799280, 01.04.2015.

(3) Hörfunkbeitrag:

Titel (eventuell Serienname) (Jahr). [Radio] Sendeanstalt/ Kanal, Sendedatum, Uhrzeit, ggf. Länge. Wenn bekannt: Name/n der Redakteure/ Gestalter/ Autoren.

Warum der Vorsitzende der Martin-Heidegger-Gesellschaft zurückgetreten ist (2015) [Radiobeitrag], Sendung: Fazit, Autor: G. Figal, Deutschlandradio Kultur, Sendezeit: 16. Januar 2015, 23:37 Uhr, 06:05 Minuten, online unter: http://ondemand-mp3.dradio.de/file/dradio/2015/01/16/drk_20150116_2337_5051e0e7.mp3, 17.01.2015.

(4) Podcasts und Video-Podcasts:
Podcasts und Video-Podcasts (oder kurz „Vodcasts") sind Mediendateien, die im Internet veröffentlicht und regelmäßig durch neue Folgen ergänzt werden. In der Regel können In-

teressenten die Podcasts abonnieren und über einen Web-Feed direkt mit dem Abspielgerät synchronisieren.

Beim Zitieren nehmen Podcasts und Video-Podcasts eine Zwitterposition ein: Wie bei Online-Videoclips ist als Fundstelle immer eine URL und in der Regel ein Urheber anzugeben. Wie bei regelmäßig erscheinenden TV- und Hörfunkbeiträgen gibt es zudem jedoch meist auch eine „Sendereihe", also ein übergeordnetes Elternelement, das zu spezifizieren ist.

Urheber bzw. Organisation/ Institution (Jahr): Titel (oder bei einer Reihe die Nummer) der Podcast-Episode, Titel des Podcasts [Video-Podcast]. ggf. Tag und Monat, an dem der Podcast zur Verfügung gestellt wurde, URL, Zugriffsdatum.

Merkel, A. (2016): Engagement ein ‚wunderbares Zeichen' [Video-Podcast, Ausgabe Nr. 12/2016]. Die Kanzlerin direkt. Ausgestrahlt am 9. April, online unter: https://www.bundesregierung.de/Content/DE/Podcast/2016/2016-04-09-Video-Podcast/2016-04-09-Video-Podcast.html, 13.04.2016.

Pritlove, T. (2016): LNP174 Die Messwerte waren okay [Podcast]. Logbuch:Netzpolitik, veröffentlicht am 29. Februar, online unter: http://logbuch-netzpolitik.de/lnp174-die-messwerte-waren-okay/, 13.04.2016.

(5) Sonderfall: PR-Film

Organisation bzw. Institution (Jahr): Titel [Imagevideo]. Wenn bekannt: Name/n der Redakteure/ Gestalter/ Agenturen, Ort, ggf. Länge, URL, Zugriffsdatum.

BMW (2014): BMW 2er Active Tourer: Freude ist zum Teilen da. [Werbefilm], bereitgestellt am 08. September, online unter: http://www.bmw.de/de/neufahrzeuge/2er/active-tourer/2014/bilder-videos.html#_GalleryItemVideoVideoT-humbad744e9b7d6ba4e0602e0070eaee22e9, 29.01.2015.

3.6.4 Transkripte zu Sendungen zitieren

Manchmal bieten Sender in ihrem Archiv bzw. ihrer Mediathek nicht nur das Video- und Audiomaterial an, sondern auch ein schriftliches Transkript (manchmal auch Manuskript genannt) der Sendung. Wenn Sie über ein solches Schriftstück verfügen, speichern Sie es bitte und zitieren dieses Dokument. Hier zwei Beispiele für TV und Radio:

Merkel, A. (2016): Merkel sieht für Flüchtlinge Chancen im Handwerk [Transkript zum Video-Podcast, Ausgabe Nr. 7/2016]. Die Kanzlerin direkt. Ausgestrahlt am 20. Februar, online unter: http://www.bundeskanzlerin.de/Content/DE/Podcast/2016/2016-02-20-Video-Podcast/links/download-PDF.pdf?__blob=publicationFile&v=3, 13.04.2016.

Unser Land – unser Gold. Wie in Griechenland aus Bürgern Rebellen werden (2015). [Manuskript zur Radiosendung] , SWR2 Feature, SWR, 14. Januar, 22.03 Uhr, Manuskript online unter: http://www.swr.de/-/id=14671404/property=download/nid=659934/1479nuu/swr2-feature-20150114.pdf, 19.01.2016.

3.7 Interviews zitieren

Es lassen sich folgende grundlegende Interviewformen unterscheiden, die allesamt auch unterschiedlich zitiert werden:

- Persönliche Interviews durch den Verfasser der Arbeit (entweder persönlich, telefonisch, per Skype etc.)
- Interviews, die im Radio, Fernsehen oder Internet ausgestrahlt werden
- Interviews, die in einem Buch, einem Magazin oder einer Zeitung abgedruckt werden

Abbildung 18 stellt überblicksartig dar, worauf beim Zitieren von Interviews zu achten ist.

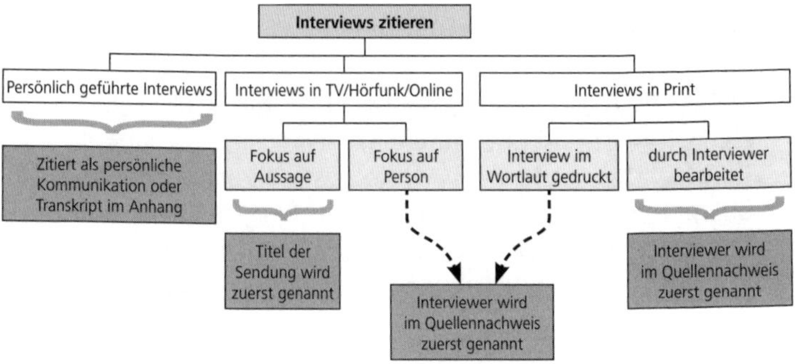

Abb. 18: Differenziertes Vorgehen beim Zitieren von Interviews

3.7.1 Persönliche Interviews durch den Verfasser

Persönliche Interviews durch den Verfasser gehören zur persönlichen Kommunikation (siehe oben). Sie werden daher nicht im Literaturverzeichnis aufgenommen, sondern in der Regel nur im Fließtext zitiert. Die grundlegende Form sieht wie folgt aus:

Nachname, Vorname (bzw. Initial) des Interviewten. Interview (oder persönliche Kommunikation). Datum (Tag, Monat, Jahr)

In einem persönlichen Gespräch äußert sich der Personalchef kritisch zur Personalakquise in sozialen Netzen. (Schmitt, W. Interview. 4. März 2014). Seine Auffassung nach …

oder

In einem Interview äußert sich Markus Schmitt kritisch zur Personalakquise in sozialen Netzen (persönliche Kommunikation, 4. März 2014). Seine Auffassung nach …

Bei wichtigen Interviews – sprich Interviews, aus denen Sie viel zitieren – ist es gute wissenschaftliche Praxis, das Interview zu transkribieren und als Anhang beizufügen. Transkribieren im weitesten Sinne des Wortes meint dabei die Übertragung von gesprochener oder geschriebener Sprache in eine andere schriftliche Form. Die Sprachwissenschaft versteht unter Transkription die Verschriftlichung von Gesprächen zum Zweck der wissenschaftlichen Analyse. Dazu werden auch Phänomene wie Ins-Wort-Fallen, Auslassungen, Lautstärke oder Pausen berücksichtigt. In der Regel ist diese Präzision zum Belegen von Zitaten nicht notwendig. Vielmehr sollte es ausreichen, wenn Sie eine „normale" Niederschrift der zentralen Aussagen anfertigen und diese dann dem Interviewpartner zum Autorisieren vorlegen. Dabei ist es legitim, wenn Sie Interviewaussagen sprachlich glätten. Möglich ist auch, ein Gedächtnisprotokoll anzufertigen und dieses Protokoll vom Interviewpartner genehmigen zu lassen (beispielsweise in einer E-Mail).

Ein solches Vorgehen hat den großen Vorteil, dass Sie im Fließtext Ihre Zitate mit einer Fundstelle belegen können, indem Sie auf den Anhang verweisen (z.B. Nummer des Anhangs und Seitenzahl). Im Anhang sollten Sie das transkribierte Interview um folgende Informationen ergänzen:

- Name, Position und Tätigkeitsbereich des Interviewpartners in dem Unternehmen (bzw. der Organisation oder Institution)
- evtl. Kontaktmöglichkeiten, beispielsweise Anschrift des Unternehmens
- Datum und Art der Auskunftserteilung (z. B. telefonisch oder persönlich)

3.7.2 Interviews, die im Radio, Fernsehen oder Internet ausgestrahlt werden

Bei Interviews, die Sie im Radio hören oder im Fernsehen sehen (oder nachträglich online abrufen), haben Sie mehrere Möglichkeiten. Die meisten Ratgeber empfehlen hier, das Interview im Literaturverzeichnis unter dem Namen der interviewten Person einzuordnen und den Moderator später zu nennen. Zudem sollten Sie den Titel der Sendung oder Sendereihe und das Medium angeben. Es ist auch denkbar, dass Sie in eckigen Klammern die Hinweise [Interviewer] und [interviewte Person bzw. Interviewer] hinzufügen.

Wichtig: Wenn Sie den Fernseh- oder Hörfunkbeitrag nachträglich online abrufen, ergänzen Sie bitte die Quelle (URL) und das Zugriffsdatum.

> Nachname, Vorname (bzw. Initial) des Interviewten (Jahr): Titel (des Interviews oder der Sendung), im Gespräch mit Vorname (bzw. Initial) Nachname des Interviewers, [Medium], Name Sender, Datum, Uhrzeit.

Schulz, M. (2015): Was kommt nach der Trauerarbeit? Interview mit EU-Parlamentspräsident Martin Schulz. Moderation H. Fischer. [TV] Mittagsmagazin, Das Erste, 12.01.2015, 13 Uhr, 03:45 Min., online unter: http://www.ardmediathek.de/tv/Mittagsmagazin/Was-kommt-nach-der-Trauerarbeit-Intervi/Das-Erste/Video-Podcast?documentId=25802034&bcastId=314636, 13.01.2015.

Steinbrecher, M. (2015): Leute. Im Gespräch mit Stefan Siller [Radio] SWR1, 07.01. 2015, 10.00 Uhr, online unter: http://www.swr.de/swr1/bw/programm/leute/michael-steinbrecher/-/id=1895042/did=14836604/nid=1895042/1nqjvda/index.html, 13.01.2015.

Sonderfall: Person als Statement-Geber

Bei mehreren Interviewgästen, beispielsweise in einer Talkshow, kann es angebracht sein, den Interviewten weniger in den Vordergrund zu stellen. Gleiches gilt, wenn weniger die Person selbst als deren Aussage wichtig für Sie ist; etwa, wenn ein Experte in einem Dokumentarfilm eine Stellungnahme (einen sogenannten O-Ton) abgibt. In solchen Fällen können Sie nach Ihrem eigenen Ermessen auch die Sendung selbst zitieren (siehe audiovisuelle Medien) oder wie bei gedruckten Interviews vorgehen.

Verweis im Literaturverzeichnis:

Günther Jauch (2015): Der Terror-Schock – wie reagieren wir auf die neuen Anschläge? [Talkshow, TV]. Das Erste, 11.01.15, 22:00 Uhr, online unter: http://daserste.ndr.de/guentherjauch/Der-Terror-Schock-wie-reagieren-wir-auf-die-neuen-Anschlaege,guentherjauch472.html, 15.1.2015.

Im Fließtext hieße es dann entsprechend:

Bundesinnenminister Thomas de Maizière von der CDU betont die europäische und internationale Dimension von Terrorismus (ARD-Sendung *Günther Jauch* 2015: 11:32 – 12:11 min).

Hier noch ein weiteres Beispiel, einmal mit dem Fokus auf die interviewte Person, einmal mit Fokus auf die Aussage selbst (und daher im Literaturverzeichnis wie eine Fernsehsendung aufgeführt). Die Zitation mit dem Fokus auf dem Moderator ist hier nicht empfehlenswert, da dieser im Hintergrund steht. Da selbst der ausstrahlende Sender den Moderator nicht explizit nennt und man nur durch Recherche auf seinen Namen stößt, kann er im Literaturverzeichnis außen vor gelassen werden. Sie merken schon: Letztendlich obliegt vieles beim Zitieren Ihrem gesunden Menschenverstand und Ihrem eigenen Ermessen.

Fokus auf interviewte Person:

Verweis im Literaturverzeichnis: Philipp, B. (2014): *IFA 2014 – „Tatort": Barbara Philipp im Interview.* Moderator René Kindermann [Video-Aufzeichnung von der ARD-Bühne auf der IFA: Die Stars des Ersten berichten über ihre Arbeit], Das Erste, 11.09.2014, 07:24 Min, verfügbar online unter: http://www.ardmediathek.de/tv/Interviews-und-Extras/IFA-2014-Tatort-Barbara-Philipp-im-/Das-Erste/Video?documentId=23420422&bcastId=1528132, 18.01.2015.

Im Fließtext: Im Tatort zu spielen ist für Barbara Philipp wie „ein Ritterschlag" (Interview vom 11.09.2014, 00:38-00:42min).

Fokus auf Aussage:

Verweis im Literaturverzeichnis: *IFA 2014* (2014): „Tatort": Barbara Philipp im Interview. [Video-Aufzeichnung von der ARD-Bühne auf der IFA: Die Stars des Ersten berichten über ihre Arbeit], Das Erste, 11.09.2014, 07:24 Min, verfügbar online unter: http://www.ardmediathek.de/tv/Interviews-und-Extras/IFA-2014-Tatort-Barbara-Philipp-im-/Das-Erste/Video?documentId=23420422&bcastId=1528132, 18.01.2015.

Im Fließtext: Im *Tatort* zu spielen ist für Barbara Philipp wie „ein Ritterschlag" (*IFA 2014*, aufgenommen am 11.09.2014, 00:38-00:42min).

3.7.3 Interviews, die in einem Buch, einem Magazin oder einer Zeitung erscheinen

Im Unterschied zu audiovisuellen Interviews, bei denen sich die Rolle des Interviewers auf die Gesprächsführung beschränkt, werden gedruckte Interviews häufig nicht im Wortlaut wiedergegeben, sondern gekürzt oder anderweitig bearbeitet. Aus diesem Grund liegt der Schwerpunkt hier weniger auf der interviewten Person als auf dem Interviewer selbst. Dementsprechend wird im Literaturverzeichnis nicht der Interviewte, sondern der Name des Interviewers vorangestellt. Zur Verdeutlichung können Sie auch hier gerne die Anmerkungen [Interviewer] und [interviewte Person bzw. Interviewer] hinzufügen. Im Fließtext können Sie dann etwa auf die Formulierung B im Interview mit A zurückgreifen.

Nachname, Vorname (bzw. Initial) des Interviewers (Jahr), Titel [evtl. zusätzliche Angaben, z. B. Interview mit XY], Weitere Informationen zur Quelle.

Lyons, B. (1999): ‚Making His Muscles Work for Himself': An Interview with David Henry Hwang. In: *Literary Review*, Vol. 42, No. 2, 230-244.

DiGaetani, J. L. (1989) *M. Butterfly*: An Interview with David Henry Hwang. In: *TDR*, Vol. 33 No. 3, 141-153.

Im Fließtext hieße es dann etwa: „Hwang zitiert in Lyons (1999)..." oder „In einem Interview mit John DiGaetani (1989) erklärt Hwang, dass..."

Zum Weiterlesen:

Department of Translation Studies, University of Tampere (2012): How to Cite Interviews, [Teil des Kurses *PK6 Academic Citation and Documentation* am 01.03.2012, zuletzt aktualisiert am 22.01.2012], online unter: https://www15.uta.fi/FAST/PK6/CITEX/intrview.html, 11.01.2015.

3.8 Der richtige Umgang mit Tabellen, Grafiken und anderem Bildmaterial

Grafiken und Illustrationen sind wichtige Möglichkeiten, um komplexe Sachverhalte und Informationen leserfreundlich zu transportieren. Gerade sehr zahlenlastige Texte profitieren von einer ergänzenden visuellen Darstellung. Denken Sie an das Sprichwort: „Ein Bild sagt mehr als tausend Worte." Sowohl Tabellen als auch Grafiken sind in der Regel kompakt und können Informationen stark verdichtet und zugleich verständlich vermitteln. Allerdings sollten Sie Tabellen und Grafiken nicht für sich sprechen lassen, sondern in Ihren Text einbauen und Kernaussagen der Abbildung nochmal verschriftlichen. Ihr Text muss also auch ohne Abbildungen funktionieren. Am besten stellen Sie sich vor, dass Sie am Tag vor Abgabe Ihre Arbeit ausdrucken und binden lassen möchten, aber der Drucker (warum auch immer, manchmal sind Drucker ja sehr nutzerunfreudlich) beschlossen hat, dass er alles druckt außer Abbildungen. Wenn Ihr Text dann noch immer ‚funktioniert', der Leser also alles Wichtige mitbekommt, dann haben Sie alles richtig gemacht. Die folgenden Abschnitte setzen sich etwas ausführlicher mit Formalia und Zitierrichtlinien bei Fotos und Grafiken auseinander.

3.8.1 Das Zitieren von Bildmaterial – Urheberrecht und andere Bildrechte

Grundsätzliche stehen Ihnen drei Möglichkeiten offen, um an eine Abbildung für Ihre Arbeit zu kommen (siehe Abbildung 19): Sie übernehmen originalgetreu eine Abbildung von einem anderen Autor (quasi als direktes Zitat); Sie modifizieren die Abbildung eines anderen oder Sie entwickeln eine eigene Abbildung. In letzten Fall, wenn Sie einen Sachverhalt grafisch „übersetzen", also eine eigene Abbildung entwickeln und diese Idee von Ihnen kommt, brauchen Sie keinen Nachweis. Diese Regel greift allerdings nicht, wenn Sie auf fremde Daten zurückgreifen: Hier ist ein Hinweis auf die Datenquelle notwendig. Wenn Sie hingegen eine Abbildung originalgetreu von einem anderen Autor übernehmen oder diese modifizieren, müssen Sie wie bei einem Textzitat auch eine Quelle angeben. Andernfalls machen Sie sich des Plagiats schuldig, denn ein Plagiat meint die Übernahme fremder geistiger Leistungen, ohne diese zu kennzeichnen. Das schließt neben Texten auch Fotos, Tabellen oder andere bildliche Darstellungen mit ein.

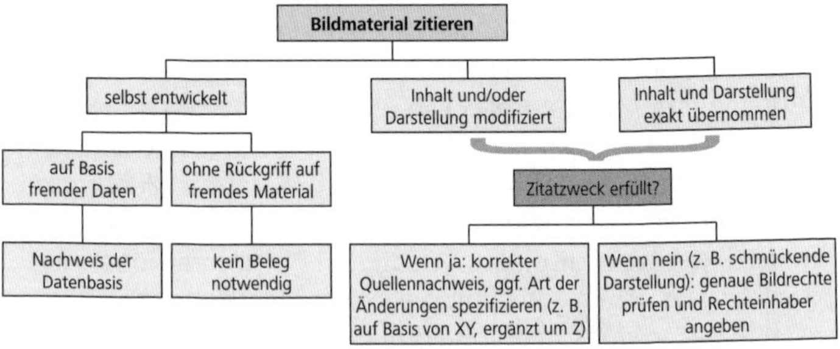

Abb. 19: Differenziertes Vorgehen beim Zitieren von Bildmaterial

Tipp

Unabhängig davon, ob die Idee zum Schaubild von Ihnen stammt oder nicht, sollten Sie wenn möglich alle Tabellen und Abbildungen selbst erstellen (bzw. „nachbauen"). Dies hat den großen Vorteil, dass die Abbildungen nicht wie ein Fremdkörper in Ihrer Arbeit wirken, sondern Sie einheitliche Schriftarten und -größen verwenden können. Wenn Sie Bilder hingegen aus anderen Online-Dokumenten und Pdfs per „Cut and Paste" in Ihren Text einfügen, ist das Gesamtbild Ihrer wissenschaftlichen Arbeit uneinheitlich.

Darüber hinaus verletzten Sie mit selbst erstellten Grafiken keine Urheberrechte. Ein einfacher Hinweis auf die Quelle bzw. den Ideengeber reicht aus.

Manche Schaubilder lassen sich manchmal nur schwer oder mit erheblichem Zeitaufwand in Eigenregie „nachbauen". Das gilt umso mehr, als es noch nie so einfach war, in Sekundenschnelle an eine Vielzahl an Bildern, Fotos, Grafiken und anderem mehr zu gelangen. Doch auch die Anforderung an wissenschaftliche Präzision kann es erforderlich machen, dass

Sie Schaubilder kopieren und einfügen. So ist es zum Beispiel oft nicht möglich, Kurven- oder Liniendiagramme exakt nachzuzeichnen, sofern die zugrundeliegenden Datenwerte nicht hinlänglich bekannt sind. In diesen Fällen bietet es sich an, Bilder oder Grafiken aus dem Netz abzuspeichern oder als Screenshot abzufotografieren. Schaubilder aus Büchern und Fachzeitschriften können Sie einscannen oder ebenfalls abfotografieren.

Allerdings: Die meisten Bilder unterliegen dem Urheberrecht (UrhG) und dürfen nur mit Einwilligung der Rechteinhaber verwendet werden. Zu den geschützten Werken zählen laut §2 des UrhG sowohl Lichtbildwerke und Lichtbilder als auch „Darstellungen wissenschaftlicher oder technischer Art, wie Zeichnungen, Pläne, Karten, Skizzen, Tabellen und plastische Darstellungen".

Im außer-wissenschaftlichen Kontext müssten Sie zur Nutzung eines Bildes immer eine schriftliche Einwilligung des Urheberrechteinhabers einholen – es sei denn, dass dieser seit mehr als 70 Jahre verstorben ist. In diesem Fall ist das Werk gemeinfrei.[25] Für wissenschaftliche Zwecke ist das UrhG wie in Abschnitt 3.5.2 bereits angesprochen jedoch durch das Zitatrecht beschränkt. Dieses Zitatrecht gilt – wie oben ausgeführt – nicht nur für Texte, sondern auch für Bilder. Die gesetzlichen Anforderungen für Bildzitate sind jedoch strenger als für Textzitate, und zwar deshalb, weil Sie Bilder nicht ausschnittsweise, sondern in der Regel vollständig übernehmen (Schwenke 2012). Dementsprechend greifen Sie stärker in die Rechte des Urhebers ein, da Sie sein ganzes Werk ohne Einwilligung abdrucken. Aus diesem Grund müssen Sie sicherstellen, dass Sie das Bild nicht zum Selbstzweck verwenden. Wichtig ist vor allem, dass das Bild Ihre Argumentation untermauert (Belegfunktion). Dies setzt voraus, dass Sie sich

[25] Allerdings müssen Sie auch bei gemeinfreien Werken den Urheber nennen.

mit dem zitierten Bild auseinandersetzen. Außerdem sollten Sie begründen können, weshalb Sie gerade dieses spezielle Bild verwenden (Kriterium der Notwendigkeit) (Schwenke 2012).

Fotografien Sofern Sie Schaubilder aus anderen wissenschaftlichen Aufsätzen übernehmen, eine Quelle angeben und das Schaubild in Ihrem Text kommentieren, ist das Bildzitat in der Regel vollkommen unproblematisch. Komplizierter wird es bei Bildern mit einem künstlerischen Anspruch wie etwa Fotografien, aber auch Schalt- und Architekturplänen oder technischen Konstruktionszeichnungen. So ist es beispielsweise denkbar, dass die Verwertungsrechte für Fotografien an einen Verlag übergegangen sind. Gerade Fotografien sind auch deshalb kniffelig, weil zu dem Urheberrecht am Foto selbst auch noch ein Urheberrecht am abgebildeten Motiv hinzukommen kann (TUM 2015: 11). Dies gilt insbesondere bei Kunst- und Bauwerken. So ist etwa die Beleuchtung des Eiffelturms bei Nacht urheberrechtlich geschützt. Selbst wenn Sie selbst den Eiffelturm vor Ort fotografieren, dürfen Sie das Foto nicht abdrucken, ohne auf den Rechteinhaber *SETE – illuminations Pierre Bideau* zu verweisen (Heidrich/ Bleich 2012: c154). Bei Aufnahmen innerhalb eines öffentlichen Gebäudes oder Grundstücks wie etwa Theater, Bibliotheken oder Bahnhöfe, müssen Sie zudem das Hausrecht beachten, das Aufnahmen verbieten kann (TUM 2015: 11). Ähnliches gilt für Fotos, auf denen Personen klar zu erkennen sind (TUM 2015: 11). Aufgrund dieser rechtlichen Herausforderungen empfehlen Heidrich/ Bleich (2012: c157), Fotografien nur aus seriösen Quellen wie etwa Stockbild-Agenturen –notfalls kostenpflichtig – zu erwerben. Eine andere Option stellen Bilder dar, die unter einer Creative Commons-Lizenz veröffentlicht worden sind (siehe hierzu den nachfolgenden Abschnitt 3.8.2). Auch bei Präsentationen müssen Sie die Urheberrechte an verwendeten Bildern beachten (Schwenke 2013) – selbst wenn es sich um einen nicht-öffentlichen Vortrag im Rahmen eines Seminars handelt. Natürlich gilt hier strenggenommen die Devise: Wo kein Kläger, da kein Richter. Dennoch sollten Sie eine Quellenübersicht am Ende der Präsentation hinzufügen. Bei gekauften Bildern aus einem Stockbildarchiv gelten unter Umständen jedoch besondere Lizenzbedingungen. Hier kann es notwendig sein, den Urheber und die Quelle unmittelbar unter oder neben dem Bild einzubetten. Im Zweifelsfall sollten Sie davon ausgehen, dass alle Fotografien und Bilder rechtlich geschützt sind (Schwenke 2013) und lieber einmal zu oft als zu selten eine Quelle anfügen.

Beispiel 1: Sie wollen für Ihre Bachelorarbeit eine schematische Darstellung eines Rotors abdrucken, die Sie in einem Fachaufsatz gefunden haben. Sie gehen in ihrer Arbeit ausführlich auf die Bauweise von Rotoren ein; die Abbildung ist also begründet. Sofern Sie die Quelle korrekt angenehmen, ist ein Bildzitat unproblematisch.

Beispiel 2: Sie wollen Ihre Bachelorarbeit in einem Self-Publishing Verlag publizieren. Dazu möchten Sie auf dem Einband den Ausschnitt einer Fotografie abdrucken, die ausschließlich als Zierde gedacht ist. Der Zitatzweck ist damit nicht erfüllt. In diesem Fall müssen Sie sich fragen, ob das Urheberrecht die Nutzung erlaubt (beispielsweise durch eine Creative Commons-Lizenz) und ob es weitere Rechte wie etwa Verwertungsrechte an der Fotografie gibt, die Sie beachten müssen.

Beispiel 3: In Ihrer Bachelorarbeit wollen Sie ein Verfahren zur Blutdruckmessung optimieren und bitten einen Freund, den bestehenden und den optimierten Laboraufbau zu fotografieren. Die Fotos sollen dem Leser einen besseren Einblick geben und diesen der Illustration. Damit gibt es einen inhaltlichen Zusammenhang zwischen den Fotos und Ihrer Arbeit. Sie dürfen die Fotos also problemlos abdrucken. Allerdings sollten Sie aus Gründen der Transparenz und Fairness den Freund als Urheber nennen – auch wenn im Zweifelsfall niemand überprüfen wird, wer der eigentliche Urheber der Fotos ist und Sie vermutlich auch keine Abmahnung des Freundes zu befürchten haben.

Sie sehen also, dass die Frage, wann Bildzitate in wissenschaftlichen Werken und Präsentationen erlaubt sind und wann nicht, hoch komplex ist und auch von Juristen nicht einfach beantwortet werden kann. Geben Sie daher immer den Namen und den Link zur Quelle und ggf. zusätzlich den Copyright-Besitzer an. Dies können Sie bei vielen Bildern und Grafiken auch in einem separaten Quellen- bzw. Bildverzeichnis machen. Übrigens dürfen Sie das zitierte Bild (analog zu einem wörtlichen Textzitat) nicht bearbeiten, ohne dies kenntlich zu machen.

3.8.2 Freigabe zum Abdruck durch Creative Commons-Lizenzen

Creative Commons (CC) ist eine gemeinnützige Organisation, die vorgefertigte Lizenzverträge anbietet, mit denen Urheber festlegen können, wie ihr rechtlich geschütztes Werk verwendet werden darf. Dabei erweitern CC-Lizenzen immer das gültige Urheberrecht und erlauben damit mehr Möglichkeiten der Nutzung. Im Hinblick auf eine wissenschaftliche Arbeit haben Sie bei einer CC-Lizenz also die Gewissheit, dass Sie den Inhalt aus dem Internet zitieren dürfen.

Derzeit gibt es sechs verschiedene CC-Lizenzen, die sich etwa in der Frage unterscheiden, ob das Werk bearbeitet werden oder zu kommerziellen Zwecken genutzt werden darf. Die Minimalanforderung bei jeder Lizenz ist eine Namensnennung des Urhebers. Hinzu kommen dann je nach Wunsch des Urhebers weitere Einschränkungen. Abbildung 20 gibt eine Übersicht über die derzeit aktuell verfügbaren Lizenzen.

Abb. 20: Überblick der Lizenzen von Creative Commons

Art der Lizenz	**Erklärung**
Namensnennung CC BY	• Erlaubt anderen, das Werk zu verbreiten, zu bearbeiten und weiterzuentwickeln, solange der Urheber genannt wird (auch kommerziell)
Namensnennung – Weitergabe unter gleichen Bedingungen CC BY-SA	• Erlaubt anderen, das Werk zu verbreiten, zu bearbeiten und weiterzuentwickeln, solange der Urheber genannt wird (auch kommerziell) • Die auf dem Werk basierenden neuen Werke müssen unter denselben Bedingungen veröffentlicht werden
Namensnennung-Keine Bearbeitung CC BY-ND	• Erlaubt anderen, das Werk ohne Veränderungen und vollständig zu verbreiten (auch kommerziell), solange der Urheber genannt wird
Namensnennung-Nicht kommerziell CC BY-NC	• Erlaubt anderen, das Werk zu verbreiten, zu bearbeiten und weiterzuentwickeln, solange der Urheber genannt wird (nur nicht-kommerziell) • Neue Werke müssen nicht unter der gleichen Lizenz veröffentlicht werden

Art der Lizenz	Erklärung
Namensnennung – Nicht-kommerziell – Weitergabe unter gleichen Bedingungen CC BY-NC-SA	• Erlaubt anderen, das Werk zu verbreiten, zu bearbeiten und weiterzuentwickeln, solange der Urheber genannt wird (nur nicht- kommerziell) • Neue Werke müssen unter der gleichen Lizenz veröffentlicht werden
Namensnennung – Nicht-kommerziell – Keine Bearbeitung CC BY-NC-ND	• Erlaubt anderen, das Werk zu nutzen und verbreiten, solange der Urheber genannt wird • Keinerlei Bearbeitung oder kommerzielle Nutzung

Quelle: modifiziert nach Creative Commons → Lizenzen

Für wissenschaftliche Zwecke ist obige Differenzierung irrelevant: Bilder mit CC-Lizenz können Sie ohne weitere Einschränkungen abdrucken, sofern Sie den Urheber namentlich aufführen und auf die Lizenzurkunde verweisen. Nur wenn Sie Ihre Arbeit publizieren und CC-lizensierte Werke zu Schmuckzwecken nutzen oder aber die Bilder selbst bearbeiten wollen, sollten Sie sich den Lizenzvertrag im Detail ansehen.

Übrigens: Wenn keine CC-Lizenz vorliegt, heißt dies im Umkehrschluss nicht, dass Sie das Bild nicht trotzdem abdrucken dürfen. Wie oben erläutert, genießt die Wissenschaft (im Gegensatz etwa zu privaten Bloggern) hier einen Sonderstatus.

Tipp

Übrigens gibt es spezielle Suchmaschinen bzw. Suchoberflächen, mit denen Sie das Netz ganz gezielt nach CC-Bildmaterial durchforsten können. Beispiele sind unter anderem *Let's CC* (unter http://letscc.net) oder *CC-Search* (unter http://search.creativecommons.org/). Auch bei *Yahoo*, *Bing*, *Google* oder *Flickr* ist es bei einer Bildersuche möglich, in den Suchoptionen nach unterschiedlichen Lizenzen filtern. Die Datenbank Pixelio bietet ausschließlich kostenloses Bildmaterial an. Um möglichst viele CC-lizensierte Dateien zu finden, verwenden Sie am besten englische Suchbegriffe.

3.8.3 Das Zitieren von Bildmaterial – Formale und leserbezogene Aspekte

Brauche ich ein Tabellen- oder Abbildungsverzeichnis? Häufig fragen sich Studierende, ab welcher Anzahl von Tabellen oder Abbildungen sie ein gesondertes Verzeichnis anlegen müssen. Theisen (2013: 209) beantwortet diese Frage entschieden mit Ja. Selbst bei nur einer einzigen Abbildung ist seiner Auffassung nach ein Verzeichnis anzufertigen. Die wenigsten Ratgeber zum wissenschaftlichen Arbeiten sind jedoch so streng. Aus meiner Sicht liegt es in Ihrem eigenen Ermessen, ob Ihre Tabellen und Abbildungen eine „kritische Masse" erreicht haben – oder eben nicht. Bei mehr als zehn Tabellen bzw. Abbildungen bietet sich ein Verzeichnis aus Sicht des Lesers sicherlich an – ein wissenschaftliches Muss ist es nach meinem Wissen allerdings nicht. Möglich ist auch, für beide Darstellungsformen ein Verzeichnis anzulegen, dieses heißt dann Darstellungsverzeichnis.

Wohin mit den Quellenangaben? Ähnlich uneindeutig sind die Meinungen zu der Frage, ob der Quellennachweis in das Abbildungs- und Tabellenverzeichnis hineingehört. In der Praxis werden die Quellen in den Abbildungs- und Tabellenverzeichnissen meist nicht aufgeführt. Stattdessen fügen die Autoren entweder ein separates Quellenverzeichnis ein oder nehmen die Quellen in die Literaturliste mit auf.

Wie werden Tabellen und Abbildungen beschriftet? Auch das ist eine beliebte Frage. Fest steht, dass jede Beschriftung folgende Elemente enthalten sollte:

- eine fortlaufende Nummer, teilweise gibt es zudem eine Kapitelnummer
- einen Titel
- eine Quelle mit Seitenangabe

Manchmal kann zudem eine Erläuterung der Legende oder verwendeter Abkürzungen und Symbole angebracht sein.

An unten stehenden Beispielen sehen Sie außerdem, dass Sie bei den Formatierungsdetails (Quelle in Klammern oder mit Komma oder Semikolon abgetrennt, etc.) zahlreiche Freiheiten haben. Achten Sie hier auf Konsistenz!

Abb. 2: Auswertung der Kategorien 1 bis 4. Quelle: Müller et al., 1998, S. 4.

Abb. 2: Auswertung der Kategorien 1 bis 4 (Müller et al. (1998): 4).

Abbildung 3.2: Auswertung der Kategorien 1 bis 4 (Quelle: Müller et al., 1998, S. 4).

Abb. 3-3: Formen des Vertriebs (Quelle: Reinhard (2007), S. 82).

Abb. 2-5: Entwicklung der Getreidepreise von 1990 bis 2000 in Deutschland (Quelle: In Anlehnung an Bundesamt für Statistik 2001: S. 23)

Weniger streng ist hingegen geregelt, ob die Beschriftung über oder unter das Bild bzw. die Tabelle kommt. In den Naturwissenschaften hat es sich durchgesetzt, mit Tabellen-ÜBERschriften und BildUNTERschriften zu arbeiten. Auch in vielen Büchern und Artikeln der Wirtschafts- und Sozialwissenschaften findet sich diese Unterscheidung wieder. Der Grund für dieses auf den ersten Blick inkonsistente Vorgehen ist in der Typografie zu suchen: Tabellen in wissenschaftlichen Publikationen können sich manchmal über mehrere Seiten erstrecken, deshalb bietet sich hier eine Überschrift an. Um ein einheitliches Erscheinungsbild zu gewähren, hat es sich in der Typografie eingebürgert, immer Tabellenüberschriften zu verwenden (KOMA 2008). Bei Abbildungen hingegen wirken Überschriften oft „kopflastig", daher haben sich hier Bildunterschriften durchgesetzt (KOMA 2008).

Dennoch gibt es gegenteilige Auffassungen, die dafür plädieren, bei Abbildungen und Tabellen einheitlich zu verfahren. Falls es also keine expliziten Vorgaben durch Ihren Betreuer gibt, liegt die Entscheidung bei Ihnen.

Welche Grafik nutze ich für welche Inhalte? Bedenken Sie bitte, dass sich nicht jede Darstellung für jeden Inhalt eignet. Die wichtigsten fünf Arten von Grafiken sind das Säulendiagramm, das Balkendiagramm, das Kreis- oder Kuchendiagramm, das Liniendiagramm und das Punktdiagramm. Als Erweiterungen gibt es zudem Blasen-, Ring-, Netz- und Bereichsdiagramme, die jedoch seltener verwendet und daher im Folgenden ausgeblendet werden.

- *Säulendiagramme* eignen sich gut bei der Analyse von Zeitreihen (Aufzeigen von Trends) oder Häufigkeiten.
- *Balkendiagramme* sind dem Säulendiagramm sehr ähnlich, aber um 90° gedreht. Aus diesem Grund werden Balkendiagramme gerne dazu eingesetzt, um Rangfolgen darzustellen.
- *Kreisdiagramme* stellen das Verhältnis zwischen dem Ganzen und seinen Teilen dar (z.B. die Aufteilung des Werbebudgets auf einzelne Mediengattungen).
- *Liniendiagramme* zeigen in der Regel mehrere Zeitverläufe parallel an und stellen diese vergleichend gegenüber. Auch einzelne Kurven (z. B. die Entwicklung der Konzentrationsfähigkeit im Tagesverlauf) sind möglich.
- *Punktdiagramme* bilden einzelne numerische Werte ab und werden daher im Allgemeinen zum Vergleichen von statistischen oder technischen Daten verwendet. Sie sind

insbesondere dann hilfreich, wenn Sie auch Ausreißer kenntlich machen oder viele Datenpunkte ohne Beachtung der Zeit analysieren wollen.

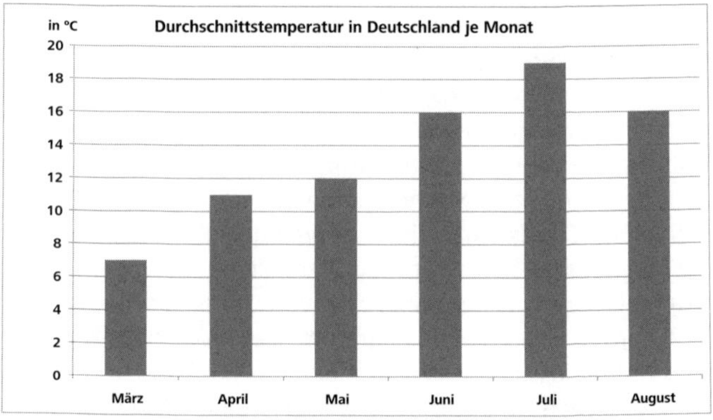

Abb. 21: Beispiel für ein Säulendiagramm

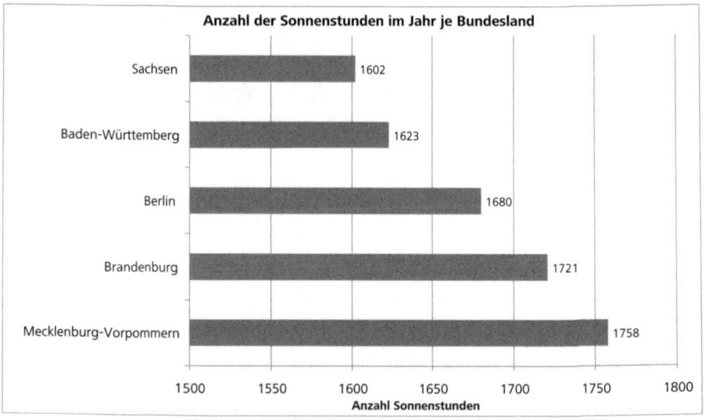

Abb. 22: Beispiel für ein Balkendiagramm

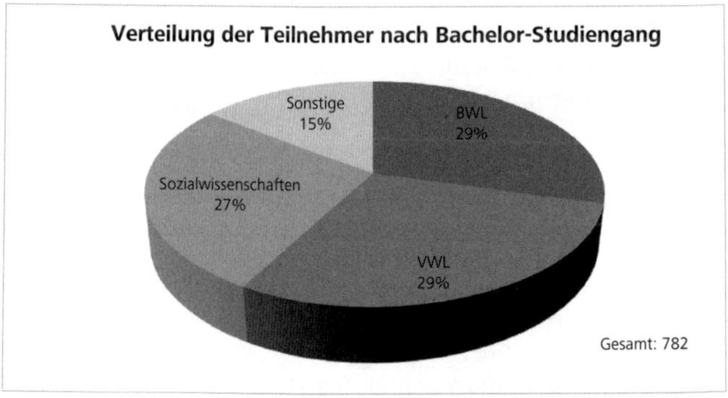

Abb. 23: Beispiel für ein Kreis- oder Kuchendiagramm

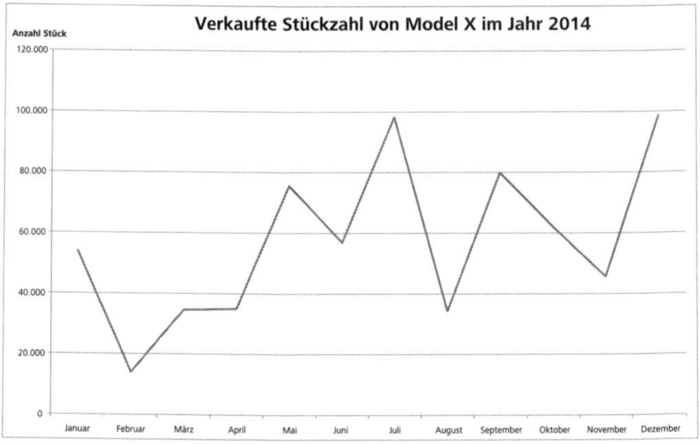

Abb. 24: Beispiel für ein Liniendiagramm

Weitere Möglichkeiten:

- *Zeitstrahl*: verdeutlicht, was zu einem bestimmten Zeitpunkt zu erledigen ist bzw. markiert wichtige Ereignisse

- *Organigramm*: spiegelt die Struktur einer Organisation/ Abteilung etc. wider
- *Flussdiagramm*: stellt Arbeits- oder Entscheidungsabläufe dar

Wie sollte ich mein Bildmaterial gestalten? Die schönste Visualisierung bringt Ihnen nichts, wenn sie zu überfrachtet oder kaum lesbar ist. Die folgenden Tipps sollen Ihnen helfen, gute Grafiken und Schaublider zu erstellen.

- Überladen Sie Ihre Abbildungen daher nicht mit grafischen Elementen, sondern achten Sie stets auf Übersichtlichkeit und Verständlichkeit. Ein minimalistisches Design reduziert die Darstellung auf das Wesentliche und überfordert den Leser nicht mit unnötigen Informationen. Dieser Hinweis gilt übrigens auch für PowerPoint-Folien.
- Achten Sie auf eine genaue Beschriftung. Gerade bei Zahlen ist es notwendig, die Achsen zu beschriften und anzugeben, ob es sich um Prozentangaben, Durchschnittswerte oder Preise in Mio. Euro handelt. Eine serifenlose Schrift liest sich besser.
- Kopieren Sie nicht gedankenlos komplette Tabellen aus Softwareprogrammen, ohne kritisch zu hinterfragen, welche Informationen zum Verständnis Ihrer Argumentation tatsächlich notwendig sind. Sie können die vollständigen Datenauswertungen als Anhang abdrucken und in den Hauptteil nur Auszüge aus Tabellen verwenden.
- Interpretieren Sie die Abbildungen und Tabellen im Text. Sie sind kein Selbstzweck, sondern dienen dazu, Ihre verbale Interpretation visuell zu unterstützen. Deshalb sollten alle Abbildungen und Tabellen in Ihrem Text erwähnt bzw. erklärt werden.
- Vermeiden Sie Grauschattierungen und achten Sie auf genügend Kontrast und ausreichend dicke Linien. Gerade wenn Sie Ihre Arbeit später ausdrucken, sollten Sie zudem

auf eine hohe Auflösung der Abbildungen und eine ausreichende Schriftgröße achten.

- Unterlegen Sie aus dem gleichen Grund Ihre Grafiken und Abbildungsbeschriftungen nicht mit farbigen Flächen. Das behindert die Lesbarkeit.
- Versuchen Sie wenn immer möglich, Abbildungen und Tabellen selbst zu erstellen, auch wenn Sie durch andere Autoren inspiriert werden. Dadurch erzielen Sie ein einheitliches Erscheinungsbild Ihrer Arbeit und verletzten keine Urheberrechte (sofern Sie die Quelle angeben).

Zum Weiterlesen:

Beck, H. (2014): Recherchieren – Strukturieren – Präsentieren. München, C.H. Beck.

Ebster, C./ Stalzer, L. (2013): Wissenschaftliches Arbeiten für Wirtschafts- und Sozialwissenschaftler. 4. Aufl., Wien, Facultas.wuv, Kapitel 7.

Graf, K. (2009): Urheberrechtsfibel – nicht nur für Piraten. Der Text des deutschen Urheberrechtsgesetzes, erklärt und kritisch kommentiert (PiratK-UrhG), Reihe Netzbürger, Contumax-Verlag, online unter: http://ebooks.contumax.de/02-urheberrechtsfibel.pdf, (20.04.2016).

Heidrich, J./ Bleich, H. (2012): Fotofallen. Juristische Klippen bei der Veröffentlichung von Bildern im Web, in: c't, Nr. 21 S. 154-157 online unter: http://heise.de/-2337754.

Technische Universität München – Universitätsbibliothek (2015): TUM-Zitierleitfaden, online unter: https://mediatum.ub.tum.de/node?id=1225458&dir=1225458 (13.04.2016).

Theisen, M. R. (2013): Wissenschaftliches Arbeiten. Erfolgreich bei Bachelor- und Masterarbeit, 16. Aufl., München, Vahlen.

3.9 Sonstige Spezialfälle

Im Folgenden finden Sie eine Reihe von Sonderfällen, die sich in zahlreichen Beratungsgesprächen mit Studierenden immer wieder ergeben haben. Die Liste erhebt keinen Anspruch auf Vollständigkeit und ich freue mich sehr über weitere Anregungen und Ergänzungen.

3.9.1 Software zitieren

Insbesondere wenn Sie eine empirische Arbeit anfertigen, werden Sie vermutlich bei der Berechnung Ihrer Daten auf Programmiersprachen wie *SPSS*, *Stata*, *R* oder andere Software zurückgreifen müssen. Wie bei Büchern oder Fachartikeln handelt es sich auch bei Software um fremdes geistiges Eigentum, das Sie kenntlich machen müssen. Gleiches trifft auch auf Anwendungssoftware für Mobilgeräte (Apps) oder Videospiele zu. Grundsätzlich gilt: Je spezieller die Software, der Algorithmus, etc., desto genauer müssen Sie zitieren. Standard-Software wie Microsoft Word, Java oder Photoshop müssen Sie nicht aufführen (McAdoo 2015a). Was genau als Standard-Software gilt, ist allerdings nicht geregelt. Hier müssen Sie selbst entscheiden.

Orientieren Sie sich bei Ihrer Arbeit an den entsprechenden Vorgaben des Anbieters. Die eigentliche Notation folgt nach dem Wer-Wann-Was-Wo-Schema (McAdoo 2015a), wobei Sie anstelle des Autors (wenn möglich) den Rechteinhaber nennen. Der Name der Software wird kursiv gesetzt; zudem sollten Sie die Versionsnummer ergänzen. Bei der Ortsangabe empfiehlt sich die URL und das Zugriffsdatum; daneben besteht jedoch auch die Möglichkeit, den Anbieter anzugeben.

Rechteinhaber/ Entwickler (Jahr): Name der Software bzw. des Programms (Versionsnummer), [Erläuterung], online unter: URL und Zugriff (alternativ: verfügbar oder heruntergeladen von: Quelle).

SurveyMonkey (2014): SurveyMonkey (Version 1.0.900) [mobile App]. Verfügbar unter: https://itunes.apple.com/de/app/surveymonkey/id723867634?mt=8, 13.04.2015.

oder

SurveyMonkey (2014): SurveyMonkey (Version 1.0.900) [Anwendungssoftware für Mobilgeräte]. Heruntergeladen von Apple App Store.

oder

R Core Team (2013): R: A language and environment for statistical computing. R Foundation for Statistical Computing, Wien, ISBN 3-900051-07-0, online unter: http://www.R-project.org/, 13.04.2015.

In der Praxis gehen viele Wissenschaftler nur im Fließtext ihrer Arbeiten darauf ein, welcher Software bzw. welcher Erweiterungen oder Pakete sie sich bedient haben. Wieder andere danken den Entwicklern in einer Fußnote oder einer separaten Danksagung (Acknowledgement). Eine beispielhafte Formulierung könnte wie folgt aussehen:

„Die Onlinebefragung wurde mithilfe der Software *Survey Monkey* (Version 1.0.900) durchgeführt."

oder

„Die obigen Berechnungen erfolgten auf Grundlage des R-Codes. Den Autoren sei an dieser Stelle ausdrücklich gedankt."

Gerade wenn Sie Open-Source-Programmcode benutzen oder diesen erweitern, so ist es sinnvoll, den vollständigen Code in den Anhang zu packen und auf ihn zu verweisen. Dies gilt umso mehr bei selbst entwickeltem Programmcode, da dieser (meist) nicht öffentlich zugänglich ist. Falls Sie sich unsicher sind, sprechen Sie mit Ihrem Betreuer.

3.9.2 Formeln zitieren

Was für Texte gilt, trifft auch auf mathematische Formeln oder Gleichungen zu. Auch hier ist alles zu zitieren, was nicht (zumindest potentiell) dem eigenen Vermögen entspricht. Die Schwelle für diese Beurteilung hängt einerseits vom Schreiber und andererseits vom Fachgebiet bzw. dem Adressatenkreis der Arbeit ab:

- Der Schreiber: Für einen Bachelor-Studierenden zählt hier ein anderer Maßstab als beispielsweise bei einem Doktoranden.
- Der Adressat: Je mathematischer die Leserschaft, desto mehr mathematische Beweise fallen unter die Rubrik des Selbstverständlichen und können daher als allgemein bekannt vorausgesetzt werden.

Als grobe Faustregel können Sie davon ausgehen, dass Sie Beweise oder Formeln, die aus einschlägigen Lehrbüchern der ersten vier Semester Ihres Studiums hervorgehen, nicht zu zitieren brauchen. Ähnliches gilt für triviale Maßzahlen, z. B. arithmetisches Mittel, Varianz oder die Umrechnung von Zentimetern in Meter. Umgekehrt sollten Sie Formeln, die in wissenschaftlichen Artikeln bereits von anderen Autoren zitiert werden, ebenfalls zitieren. Dies kann sich erübrigen, falls Sie zur Formel ohnehin schon auf die Sekundärliteratur verwiesen haben. Im Zweifelsfall gilt wie immer: Lieber einmal zu viel zu zitieren als zu wenig.

3.9.3 Datensätze zitieren

Gerade in den Wirtschafts- und Sozialwissenschaften, aber auch in anderen Disziplinen, arbeiten Sie häufiger empirisch. Dazu greifen Sie in Ihrer Arbeit oft auf Datensätze zurück, etwa von der OECD, der Weltbank oder dem Sozio-oekonomischen Panel (SOEP). Einen hervorragenden Leitfaden zum Umgang mit Forschungsdaten in den Wirtschafts- und Sozialwissenschaften haben das Leibniz-Informationszentrum Wirtschaft (ZBW), das Leibniz-Institut für Sozialwissenschaften (GESIS) sowie der Rat für Sozial- und Wirtschaftsdaten (RatSWD) herausgegeben. Dort finden Sie neben einer guten Übersicht verschiedener kommerzieller und nicht-kommerzieller Anbieter von Daten auch konkrete Vorschläge zum Zitieren und Dokumentieren.

Das Zitieren von Datensätzen bereitet Wissenschaftlern noch Probleme, denn noch gibt hierzu keinen einheitlichen Standard (ZBW/ GESIS/ RatSWD 2014: o. S.). Fest steht: Wenn Sie auf fremde Daten zurückgreifen, müssen Sie dies kenntlich machen. In der Praxis lassen sich folgende Vorgehensweisen erkennen:

- Manche Datensätze besitzen einen DOI, dann ist die Zitation unproblematisch und folgt dem Standard für elektronische Ressourcen, meist ergänzt um eine Beschreibung der Daten in eckigen Klammern.

- Manche Organisationen wie die OECD geben eine Empfehlung zum Zitieren an, die Sie übernehmen können.
- Oft gibt es eine Datenbankbeschreibung wie z. B. beim GSOEP, auf die Sie verweisen können.
- Wenn Sie sich Schaubilder und Tabellen selbst zusammenstellen und nicht 1:1 übernehmen, bietet es sich an, auf die übergeordnete Website zu verweisen und einen menügeführten Zugang festzuhalten (siehe Abschnitt 3.3). Sofern Sie Daten aufbereiten bzw. weiterverarbeiten, sollten Sie zudem zumindest grob die Aufbereitungsschritte erklären und die wichtigsten Variablen des Datensatzes (vor allem diejenigen, mit denen Sie arbeiten) beschreiben (nach dem Muster: „Variable 1, Definition, Skalierung/ Variable 2, Definition, Skalierung).
- Bei tagesaktuellen Daten – etwa DAX-Werte oder ähnliche Finanzkennzahlen – müssen Sie das exakte Datum und ggfs. die Webseite mit angeben. Außerdem sollten Sie diese Daten in jedem Fall archivieren.
- Manche Wissenschaftler zitieren Datenbanken auch getrennt vom Literaturverzeichnis entweder in einem separaten Datenquellenverzeichnis oder ausschließlich im Text bzw. einer Fußnote im Text. Wichtig ist, dass der Bezug eindeutig ist und die Quelle entsprechend recherchiert werden kann.

Formal zitieren Sie die Datenbank bzw. den Datensatz im Fließtext wie andere Literatur auch, also mit dem Namen des Autors oder der Datenbank als „Herausgeber", einer Beschreibung der Daten und dem Jahr (etwa OECD 2006 oder World Bank: World Development Indicators 2007). Dieses Format passt vor allem dann, wenn die entsprechenden Daten jedes Jahr publiziert werden. Bei tages- oder monatsaktuellen Daten müssen Sie entsprechend tages- bzw. montasgenau arbeiten.

Unter der Voraussetzung, dass ein DOI bekannt ist, schlagen schlagen ZBW, GESIS und RatSWD (2014: o. S.) für das Literaturverzeichnis ein Zitationsmuster vor, das Sie leicht abgewandelt unten dargestellt finden. Der Publikationsagent bezieht sich dabei auf den Namen des Datenzentrums oder der Institution, welche die Ressource veröffentlicht hat.

Nachname, Vorname (bzw. Initial) (Jahr): Titel. [ggf. weitere Angaben der Studie/ des Datensatzes] [Typ der Ressource] Version. Publikationsagent. Persistent Identifier.

Schupp, J./ Kroh, M./ Goebel, J./ Schröder, C./ Bügelmayer, E./ Giesselmann, M. et. al. (2014): Sozio-oekonomisches Panel (SOEP), Daten der Jahre 1984-2013. [Datensatz], Version: 30. SOEP-Sozio-oekonomisches Panel. DOI:10.5684/soep.v30beta.

Lerner, D./ Institut für International Vergleichende Sozialforschung, Universität zu Köln (1966): The European Elite Panel Study (1965, Germany). [Datensatz], Version 1.0.0, GESIS. ZA0003, DOI:10.4232/1.0003

The World Bank (2014): World Development Indicators 2014. The World Bank, Washington, DOI:10.1596/978-1-4648-0163-1

Ohne DOI geben Sie URL und Zugriffsdatum an.

Dahlberg, S./ Holmberg, S./ Rothstein, B./ Hartmann, F./ Svensson, R. (2015): The Quality of Government Basic Dataset, [Datensatz], Version Jan15. University of Gothenburg: The Quality of Government Institute, online unter: http://www.qog.pol.gu.se (→ Data → Data Downloads), 25.04.2015.

Hier noch ein Beispiel für tagesgenaue Daten:

Im Fließtext: Bloomberg 2014a: FTSE 100 Index und Bloomberg 2014b: Nikkei 225

Im Literaturverzeichnis:
Bloomberg (2014a): FTSE 100 Index [Aktienindex im Tagesverlauf], online unter: http://www.bloomberg.com/quote/UKX:IND, 12.12.2014.

Bloomberg (2014b): Nikkei 225 [Aktienindex im Tagesverlauf], online unter: http://www.bloomberg.com/quote/NKY:IND, 12.12.2014.

Zum Weiterlesen:
ZBW/ GESIS/ RatSWD (2014): Auffinden, Zitieren, Dokumentieren: Forschungsdaten in den Sozial- und Wirtschaftswissenschaften, DOI: 10.4232/10.fisuzida2014.1.1.

3.9.4 Unternehmensinformationen zitieren

Je nach Thema und Untersuchungsgegenstand müssen Sie unter Umständen auch Informationen über ein Unternehmen veröffentlichen. Gerade wenn Sie selbst im Unternehmen arbeiten, greifen Sie hierbei auf sensible interne Quellen wie etwa Unternehmenspräsentationen, Konzepte, Wettbewerbsanalysen, Mitarbeiterbefragungen oder Ähnliches zurück, deren Inhalte nicht in die Öffentlichkeit dringen sollen. Hier können Sie mit einem Sperrvermerk arbeiten, der in der Regel nach dem Deckblatt Ihrer Arbeit eingefügt wird. (Er hat also die römische Seite II und erscheint nicht im Inhaltsverzeichnis.) Einen möglichen Wortlaut können Sie dem Beispiel entnehmen.

Ein Sperrvermerk könnte im Wortlaut wie folgt klingen:

Die nachfolgende Arbeit enthält vertrauliche Daten und Informationen der (Firmenname). Veröffentlichungen oder Vervielfältigungen – auch nur auszugsweise – sind ohne ausdrückliche schriftliche Genehmigung des Unternehmens nicht gestattet. Die Arbeit ist nur den Korrektoren zugänglich zu machen.

oder

Die vorliegende Arbeit enthält streng vertrauliche Informationen, die ausschließlich für den Gebrauch der Firma XY bestimmt sind. Die Weitergabe dieser Arbeit darf deshalb nur zur Korrektur an den betreuenden Dozenten oder ausschließlich nach Rücksprache mit Firma XY an Dritte erfolgen. Das gilt für die komplette Arbeit sowie für einzelne Auszüge und Informationen daraus.

Aufgepasst vor Lobbyismus: Im Netz verschwimmen viele Grenzen – auch die Grenze zwischen möglichst hoher Objektivität und pseudowissenschaftlicher oder interessensgeleiteter Einflussnahme. Gerade Studien oder Stellungnahmen von Unternehmen können dazu missbraucht werden, die eigene Position zu stützen. Lassen Sie also Vorsicht walten und bleiben Sie kritisch. (Näheres hierzu finden Sie auch im Abschnitt 1.4 zum Kriterium der Zitationswürdigkeit.)

Eine Studie der *denkstatt GmbH* in Kooperation mit der *Altstoff Recycling Austria AG* (ARA) vom April 2015 hat gezeigt, dass eine optimierte Verpackung die Haltbarkeit von Lebensmitteln erhöht und dadurch Lebensmittelabfälle reduziert. Dabei will ich mir nicht anmaßen, den wissenschaftlichen Anspruch der Studie anhand der im Netz verfügbaren Informationen einzuschätzen. Auffallend ist jedoch, dass die Studie der *denkstatt GmbH* in Kooperation mit mehreren Unternehmen aus den Bereichen der Rohstoffherstellung, der Verpackungsproduktion und dem Handel entstanden (und vermutlich von diesen Unternehmen finanziert worden) ist. Zumindest diese Projektpartner wie *Lidl*, *Rewe*, *Scheyer Verpackungstechnik* oder *Plastics Europe Austria* dürfte es sehr gefreut haben, dass sich der höhere Verpackungsmüll dennoch positiv auf den Klimafußabdruck von Lebensmitteln auswirkt.

Expertengespräche: Expertengespräche zählen zu den Instrumenten der qualitativen Erhebung. Im Vordergrund steht nicht die Person des Experten, sondern sein Wissen zu einem bestimmten Sachgebiet. In der Regel strukturiert ein Leitfaden das Gespräch, der insbesondere offene Fragen beinhaltet und dem Experten ausreichend Spielraum lässt, um seine Erfahrungen zu schildern. Im Unternehmenskontext werden in der Regel Führungskräfte als Experten ausgewählt. Falls sie ein solches Gespräch führen und dieses zitieren wollen, so sind diese Aussagen wie Interviews zu behandeln (siehe Abschnitt 3.7).

[26] Deckstatt (2015): Vermeidung von Lebensmittelabfällen durch Verpackung, online unter: http://denkstatt.at/abfallvermeidung.html, 24.04.2015.

Öffentlich zugängliche Unternehmensinformationen: Unternehmensquellen, die öffentlich im Internet zugänglich sind, können Sie meist unproblematisch wie normale Internetquellen zitieren. Dazu zählen beispielsweise Geschäftsberichte und Quartalsberichte, Pressemeldungen oder Broschüren. Große Unternehmen bieten in ihrem Pressebereich zudem meist umfängliches Material über das Unternehmen und dessen Produkte oder Dienstleistungen an. Anstelle eines Autors steht dabei meist die Organisation. Es bietet sich an, eine Erklärung zu der Quelle in eckige Klammern hinter den Titel zu setzen, da dieser nicht immer selbsterklärend ist. Im Folgenden finden Sie einige Beispiele, die sich allesamt an dem in Abschnitt 3.3 vorgestellten Zitationsmuster orientieren.

Informationen aus dem Intranet: Insbesondere an Fachhochschulen und Dualen Hochschulen kommt es häufiger vor, dass wissenschaftliche Arbeiten über einen bestimmten Betrieb verfasst und hierfür interne Dokumente herangezogen werden. Problematisch sind diese Quellen deshalb, weil sie für Außenstehende nicht überprüfbar sind. Sie laufen daher dem Grundsatz der intersubjektiven Nachprüfbarkeit zuwider und sollten strenggenommen nicht oder nur sehr sparsam zitiert werden.

Falls Sie dennoch darauf angewiesen sind, firmeninterne Quellen zu nutzen, sichern Sie sich einen Beleg, den Sie als Anhang der Arbeit einfügen, beispielsweise durch einen Screenshot oder indem Sie die Seite als PDF drucken. In Ihrem Hauptteil können Sie dann auf den Anhang verweisen. Alternativ (aber weniger transparent und daher weniger empfehlenswert) geben Sie die unternehmensinternen Quellen so detailliert wie möglich an und stellen Sie Ihrem Betreuer eine Kopie zur Verfügung, beispielsweise auf einem USB-Stick (Fachhochschule Ludwigshafen am Rhein 2012: 15, 17).

Zuletzt können Sie die Quelle auch als unveröffentlichtes Intranet-Dokument im Literaturverzeichnis angeben (*Univer-*

sity of Portsmouth 2014: 7). Auch hier wird das Kriterium der Nachprüfbarkeit verletzt, deshalb so selten wie möglich einsetzen.

Im Folgenden finden Sie Beispiele für unterschiedliche Informationsmedien.

Informationen oder Berichte von der unternehmenseigenen Homepage:
Deutsche Bank (2015): Erklärung zur Unternehmensführung Corporate-Governance-Bericht 2014, online unter: https://geschaeftsbericht.deutsche-bank.de/2014/gb/serviceseiten/downloads/files/dbfy2014_corporate_governance.pdf, 12.04.2015.

Geschäftsbericht als Pdf:
BASF (2015): Bericht 2014. Ökonomische, ökologische und gesellschaftliche Leistung [Stand: 27.02.2015], online unter: file:///Users/lydiaprexl/Downloads/BASF_Bericht_2014.pdf, 12.04.2015.

Geschäftsbericht als Online-Version:
BASF (2015): Bericht 2014. Ökonomische, ökologische und gesellschaftliche Leistung [Online-Version des Berichts], online unter: http://bericht.basf.com/2014/de/, 12.04.2015.

Unternehmensbroschüre bzw. -publikation:
dena (Deutsche Energie-Agentur) (2012): Energie- und Klimaschutzmanagement: Der Schlüssel zu mehr Energieeffizienz in Kommunen [Broschüre], online unter: http://www.dena.de/fileadmin/user_upload/Publikationen/Gebaeude/Dokumente/Broschuere_Energie-_und_Klimaschutzmanagement.pdf, 12.04.2015.

Pressemeldung:
DHL (2015): DHL Express legt Grundstein für neuen Betriebsstandort in der Region Freiburg [Pressemitteilung], veröffentlicht am 09.04.2015, 13:00 Uhr, online unter: http://www.dpdhl.com/de/presse/pressemitteilungen/2015/dhl_express_legt_grundstein_betriebsstandort_region_freiburg.html, 12.04.2015.

Informationen aus dem Intranet:
SAP (2015): Organigramm des Personalbereichs [unveröffentlichtes Intranet-Dokument], zuletzt aktualisiert am 13. Januar 2015, Walldorf.

Öffentlich zugängliche Präsentation:
Bilfinger (2015): Der internationale Engineering- und Servicekonzern [Unternehmenspräsentation], online unter: http://www.bilfinger.com/fileadmin/corporate_webseite/Presse/Praesentationen/2015/Bilfinger-Unternehmenspraesentation.pdf, 12.04.2015.

Interne Präsentation:
Schmeichel, C. (2015): How to improve employer branding within SAP. [unveröffentlichte Präsentation der Personalabteilung der SAP AG], gehalten am 13. Januar 2015, Walldorf.

3.9.5 Werbung und Kampagnen zitieren

Je nach Themengebiet einer wissenschaftlichen Arbeit werden Sie unter Umständen auch einzelne Werbung oder Kampagnen untersuchen und zitieren müssen. Das trifft etwa auf die Medien- und Kommunikationswissenschaften oder den Bereich Marketing zu. Social Marketing-Kampagnen etwa verfolgen das Ziel, Menschen zum freiwilligen Handeln zu überzeugen. Sie werden in der Regel von nicht-kommerziellen Institutionen entwickelt und sind als Forschungsgegenstand auch für die Politik- und Sozialwissenschaften oder die Psychologie interessant.[27]

Wie Werbung zu zitieren ist, hängt ganz davon ab, um was für ein Medium bzw. Kommunikationskanal es sich handelt. Das Grundprinzip bei Werbung orientiert sich wie bei allen elektronischen Quellen ebenfalls an den 4 W's:

- Wer: Hier nennen Sie das Unternehmen, das die Anzeige in Auftrag gegeben oder geschaltet hat. Die PR- oder Medienagentur hingegen wird in der Regel nicht aufgeführt.
- Wann: Ergänzen Sie falls möglich das Jahr, in dem die Anzeige bzw. der Werbespot veröffentlicht (nicht produziert) wurde.
- Was: Führen Sie den Titel der Anzeige an. Falls die Kampagne keinen eigenen Namen hat, führen Sie den Slogan auf. Wenn sinnvoll, ergänzen Sie einordnende Kommentare und Erläuterungen in eckigen Klammern.
- Wo: Der Ort ist wohl am schwierigsten zu ermitteln. Bei einem Online-Video oder online verfügbaren Bild geben Sie die URL und das Zugriffsdatum an. Gleiches gilt für TV-Spots oder Kinowerbung, auf die Sie vermutlich über *YouTube* oder andere Online-Videoportale zugreifen werden. Bei Printsachen hingegen nennen Sie die Zeitung oder das Magazin, aus dem Sie die Anzeige entnommen haben. Bei reiner Online-Werbung, etwa in Form von Pop-ups oder Bannern, sind hingegen Screenshots hilfreich, die Sie in

[27] Social Marketing (auch Sozio-Marketing) zielt auf die Lösung sozialer Aufgaben bzw. auf mehr Akzeptanz bestimmter gesellschaftlicher Werte und Normen ab und ist oft mit einem Handlungsappell verbunden. Beispiele sind etwa Kampagnen für Rücksicht im Straßenverkehr (*Finger weg vom Handy*), Kampagnen zur Gesundheitsvorsorge (*Gib AIDS keine Chance*, *Rauchen kann tödlich sein*), Kampagne zum Verantwortungsbewusstsein des Menschen als Teil der Gesellschaft (*Du bist Deutschland*, *Brich dein Schweigen* [Kampagne gegen häusliche Gewalt], *Das trägt man heute: den Organspendeausweis*).

den Anhang packen. Auch gedruckte Werbung in Form von Postern oder Printanzeigen sollten Sie zusätzlich im Anhang verfügbar machen.

Name des Werbetreibenden (z. B. Unternehmen, Organisation, Verein) (Jahr): Titel der Werbung bzw. der Kampagne [ggf. Erläuterung]. Angaben zum Ort (Zeitung bzw. Magazin mit Jahrgang und Heftnummer; alternativ Datum der Aufschaltung der Werbung mit exakter URL sowie Abrufdatum).

Printanzeige:
Mercedes Benz (2016): Hohe Kosten? Sind Schnee von gestern. [Printanzeige], in: DER SPIEGEL, Nr. 16, Ausgabe vom 16. April, S. 15.
Hewlett Packard (2016): Erkenntnisse besser nutzen [Printanzeige], in: Handelsblatt, Nr. 73, Ausgabe vom 15./16./17. April, S. 23.

Plakatkampagne:
Weisser Ring (2010): Kampagne „Schuldig" [Kinder sind nie Täter, sondern immer Opfer. Kampagne gegen häusliche Gewalt gegen Kinder], online unter: https://www.weisser-ring.de/internet/medien/pressefotos/fotostrecke-kampagne-schuldig/index.html (10.03.2016).

TV-Spot:
Nutella [nutellaDeutschland] (2016): „Eile" [TV-Spot], veröffentlicht am 14.02.2016 online unter: https://www.youtube.com/watch?v=wWotRfz95ao (10.03.2016).

3.9.6 Lexika zitieren

Beim Zitieren von Lexika oder Enzyklopädien variieren die Vorgaben je nach Zitierstil teilweise sehr stark. Weitgehend einheitlich verfahren die Zitationsstile, wenn der **Autor des Beitrags bekannt** ist. In diesem Fall wird der Eintrag wie ein Artikel in einem Sammelband behandelt, also:

Nachname, Vorname (bzw. Initial) (Jahr): Titel bzw. Stichwort. In: Titel des Lexikons, Name des/ der Herausgeber(s), weitere Angaben (Nummer des Bandes, Auflage, Ort, Verlag, Seite oder Internetseite und Zugriffsdatum).

Kühnel, J./ Immer, N. (2007): Tragödie. In: Metzler Lexikon Literatur: Begriffe und Definitionen. Hrsg. Burdorf, D./ Fasbender, C./ Moennighoff, B., Stuttgart, Weimar: Metzler, S. 777.

Wenn **kein Autor bekannt** ist, haben Sie mehrere Möglichkeiten. Nach dem APA-Stil wird der Beitrag unter dem jeweiligen Stichwort bzw. Titel eingeordnet. Im MLA-Stil hingegen wird der Beitrag i. d. R. unter dem Namen des Lexikons eingeordnet, Angaben zum Stichwort entfallen. Der Harvard-Stil enthält unterschiedliche Empfehlungen. Hier ist es laut dem Harvard Guide der *University of Sydney* (2014: 11) etwa möglich, das Lexikon unter dem Namen des Herausgebers einzuordnen, wenn ein solcher vorhanden ist, das Stichwort wird nur im Fließtext erwähnt. Die *Deakin University Australia* (2014: 11) hingegen empfiehlt, das Nachschlagewerk nur im Fließtext zu erwähnen und erst gar nicht ins Literaturverzeichnis aufzunehmen. Persönlich empfehle ich eine von den beiden folgenden Varianten, wenn der Autor des Beitrags nicht bekannt ist:

(I) Titel des Lexikons (Jahr): Titel bzw. Stichwort. Name des/ der Herausgeber(s), weitere Angaben (Nummer des Bandes, Auflage, Ort, Verlag, Seite oder Internetseite und Zugriffsdatum).

oder

(II) Name des/ der Herausgeber(s) (Jahr): Titel bzw. Stichwort. In: Titel des Lexikons, Name des/ der Herausgeber(s), weitere Angaben (Nummer des Bandes, Auflage, Ort, Verlag, Seite oder Internetseite und Zugriffsdatum).

Referenz im Text:

Der Metzler Literatur Lexikon definiert den Begriff der „Tragödie“ wie folgt: ... (2007: 777).

Verweis im Literaturverzeichnis:

(I) Metzler Lexikon Literatur. Begriffe und Definitionen (2007): Stichwort Tragödie. Hrsg. Burdorf, D./ Fasbender, C./ Moennighoff, B., Stuttgart; Weimar: Metzler, S. 777-779.

oder:

(II) Burdorf, D./ Fasbender, C./ Moennighoff, B. (Hrsg.) (2007): Stichwort Tragödie. In: Metzler Lexikon Literatur. Begriffe und Definitionen. Stuttgart; Weimar: Metzler, S. 777-779.

3.9.7 Wikis zitieren

Ein Wiki ist ein vereinfachtes Content-Manangement-System, welches es den Nutzern erlaubt, gemeinschaftlich und gleichzeitig an identischen Inhalten auf Webseiten zu arbeiten. Die bekannteste Anwendung von Wikis ist die Online-Enzyklopädie *Wikipedia*, die eigenen Angaben zufolge gegenwärtig auf Platz sechs der weltweit meistbesuchten Webseiten rangiert. Neben *Wikipedia* gibt es mittlerweile jedoch auch zahlreiche Unternehmen, Universitäten oder andere Institutionen, die eigene Wikis ins Leben gerufen haben und sowohl für interne als auch öffentlichkeitswirksame, externe Zwecke n utzen.

Wikis zeichnen sich insbesondere dadurch aus, dass zu ihrer Benutzung weder eine weitere Software noch fundierte Informatikkenntnisse notwendig sind. Die Inhalte selbst können als Hypertexte miteinander verlinkt werden; die Versionsgeschichte macht es zudem möglich, alle Änderungen einer Seite rückgängig zu machen bzw. auf frühere Versionen zuzugreifen.

In der Fachwelt werden Wikipedia und andere Wikis in der Regel nicht als wissenschaftliche Quelle akzeptiert. So taugt Wikipedia für Beck (2014: 31) höchstens als „Krücke" für den Einstieg in die Recherche. Ähnlich kritisch äußert sich Theisen, der Wikipedia ebenfalls als „trübe Quelle" (2013: 62) ablehnt. Auch Schröder et al. (2010: 32) geben zu bedenken, dass Beiträge in Wikipedia höchstens die „'Durchschnittsmeinung' zu einem bestimmten Thema" dokumentieren.

Grund der Skepsis ist in der Regel die Tatsache, dass bei Wikipedia (und anderen Wikis) jeder Inhalte hinzufügen, ändern oder entfernen kann und damit eine Qualitätssicherung wie bei renommierten Fachlexika und Enzyklopädien fehlt. Diese fehlende inhaltliche Kontrolle führt unter anderem zu verzerrten Sichtweisen. Immer wieder kommt es auch zu gezieltem Vandalismus, etwa zu bewussten Falschinformationen, PR-induzierten Beschönigungen oder persönlichen Rachefeldzügen, bei denen Personen bewusst diffamiert werden (Wikipedia o. J.). So kamen in der Vergangenheit beispielsweise mehrere Vorfälle ans Licht, in denen Politiker vor Wahlen ihre eigenen Biografien aufhübschten und die des Widersachers verschlechterten (Wikipedia o. J.).

Umgekehrt gibt es auf Wikipedia zahlreiche Artikel von exzellenter Qualität, die den Vergleich mit Beiträgen in traditionellen Nachschlagewerken nicht scheuen müssen.

So zeigt etwa Halsted (2013), dass Wikipedia ähnlich zuverlässig ist wie traditionelle Enzyklopädien. Auch vorherige Studien bestätigen dieses Ergebnis, etwa von Rosenzweig (2006), Wiegand (2007), Güntheroth/ Schönert (2007) oder Reavley et al. (2011).[28]

Aus diesem Grund greifen auch immer mehr Wissenschaftler auf Wikipedia als Rechercheinstrument und wissenschaftliche Quelle zurück, wie eine Untersuchung des Online-Magazins *Research Trends* des Elsevier Verlages bestätigt. Im untersuchten Datensatz taucht das Onlinelexikon Wikipedia in knapp 4.000 Veröffentlichungen im Literaturverzeichnis auf. Das ist angesichts der insgesamt über 60 Millionen Einträge im Datensatz zwar eine verschwindend geringe Zahl, doch zeigt sich eine klare Tendenz: In den Jahren 2007 bis 2011 ist die Anzahl der Wikipedia-Referenzen jedes Jahr u m über 30 Prozent gestiegen (Huggett 2012, ähnlich Park 2011).

Das grundsätzliche Problem aber bleibt bestehen: Der Laie kann nicht beurteilen, welche Information valide ist und welche nicht. Aus diesem Grund erklärt sogar Wikipedia-Gründer Jimmy Wales, dass „weder Studenten noch Akademiker noch sonstige Menschen, die auf professioneller Ebene Informationen sammeln und verwerten", Wikipedia als wissenschaftliche

---

28 Rector (2008) hingegen zeigt in ihrer Untersuchung, dass Wikipedia signifikant weniger zuverlässig und akkurat ist als vergleichbare Fachenzyklopädien. Einschränkend ist jedoch anzumerken, dass Rector lediglich neun Lexikoneinträge miteinander vergleicht. Dennoch kommt auch die Online-Enzyklopädie auf eine hohe Genauigkeit von 80 Prozent.

Quelle nutzen sollten. Er betont: „Wikipedia bietet Hintergrundwissen. Das Lexikon erlaubt Menschen, sich bei einem Thema zu orientieren, um dann gegebenenfalls tiefer einzusteigen. Aber es ist kein Fachmagazin mit Peer Review." (Wales 2014: 102)

Aus diesem Grund fordert Scheloske (2008, o. S.) Dozierende dazu auf, Studierende für die Besonderheiten von Wikis zu sensibilisieren. Das Zitieren von Wikipedia grundsätzlich zu untersagen, bezeichnet er hingegen als „Blödsinn". Stattdessen müsse der Autor laut Scheloske in der Lage sein, nachvollziehbar zu begründen, weshalb er auf Wikis und nicht auf konventionelle Alternativen zurückgreift, beispielsweise aufgrund der hohen Aktualität. Ich kann mich dieser Auffassung nur anschließen. Denn wie alle öffentlich und dauerhaft zugänglichen Quellen sind auch Wikis zitierfähig und vom Grundsatz her zitierwürdig, solange Sie die dort dargebotenen Informationen kritisch auf Wissenschaftlichkeit, Plausibilität und Glaubwürdigkeit hin überprüfen. Das gilt jedoch für alle Quellen, nicht nur für Wikis und Social Media.

Fazit: Es gibt keinen Grund, Wikis zu verteufeln. Vor allem für das schnelle Einlesen in ein Thema bieten Wikis meist sehr verständlich geschriebene Artikel und können nützlich sein, um verwandte Themen oder Stichworte für Ihre Recherchen zu identifizieren. Falls Sie ein Wiki zitieren, gehen Sie wie bei einer normalen Webseite vor. Allerdings sollten Sie begründen können, weshalb Sie eine Online-Enzyklopädie und keine traditionellen Nachschlagewerke wie der *Britannica* nutzen.

> Nachname, Vorname (bzw. Initial) (Jahr): Titel bzw. Stichwort. In: Titel des Lexikons, Name des/der Herausgeber(s), weitere Angaben (Nummer des Bandes, Auflage, Ort, Verlag, Seite oder Internetseite und Zugriffsdatum).

3.9.8 Gesetze zitieren

Für das Zitieren in der Rechtswissenschaft gibt es gesonderte Zitationsrichtlinien, die sich vom „normalen" wissenschaftlichen Zitieren teilweise erheblich unterscheiden. Der wohl wichtigste Unterschied besteht darin, dass die meisten juristischen Texte nicht ins Quellenverzeichnis aufgenommen werden. Dazu zählen etwa Gerichtsentscheidungen, Gesetze oder Gesetzessammlungen. Der Grund ist leicht nachvollziehbar: Gesetze und Rechtsvorschriften existieren unabhängig von irgendeinem Verlag oder Herausgeber und gelten – wie die Bibel oder andere religiöse Schriften – als Allgemeingut. Aus diesem Grund werden Gesetze und juristische Verordnungen unmittelbar im Text (bzw. in einer Fußnote) zitiert. Gleiches gilt für Gerichtsentscheidungen. Anders werden etwa Kommentare, also nichtamtliche Erläuterungen und Auslegungen von Gesetzen, behandelt. Sie sind in der Regel an eine Person oder ein Gericht gebunden und werden auch im Literaturverzeichnis aufgeführt. Selbst für Juristen ist das Zitieren in ihrer Fachrichtung teilweise herausfordernd, denn noch mehr als in wohl allen anderen Disziplinen kommt es hier auf absolute Präzision an.

Aus diesem Grund konzentriere ich mich an dieser Stelle ausschließlich auf das Zitieren von Gesetzen, da dies für Nicht-Juristen die häufigste Begegnung mit der Rechtspraxis in ihrer eigenen wissenschaftlichen Abhandlung darstellt. Auch zur nachfolgenden Notation gibt es jedoch Ausnahmen, deshalb verweise ich auf die entsprechende Lektüreempfehlung am Ende dieses Abschnitts.

Üblicherweise wird ein Gesetz nach folgendem Muster notiert:

> Paragraph § (bzw. Artikel/ Art.), ggf. Absatz (Abs. x oder Römische Ziffer) und Satz (S. x oder nur x) und dem Gesetz aus dem zitiert wird (z.B. aus BGB, StGB, etc.)

Zusätzlich gibt es die Abkürzung „§§" für mehrere Paragraphen und die Abkürzung „Halbs." bzw. „HS" für Halbsätze. Als Ebene unterhalb des Absatzes findet man in Rechtsnormen der Europäischen Union häufig Unterabsätze, die mit „Unterabs." oder „UA" abgekürzt werden.

Bitte entscheiden Sie sich für eine Zitationsweise; die Verwendung von Ziffern (z.B.: I 1, II 3) und die ebenfalls zulässige abgekürzte Schreibweise (Abs., S.) sollten Sie nicht mischen.

§ 243	I	2	Nr. 1	StGB
oder:				
§ 243	Abs. 1	S. 2	Nr. 1	StGB

Bitte beachten Sie:

Bei Gesetzen und Verordnungen muss das Datum der benutzten Fassung genannt werden.

Wenn Sie eine frühere Fassung eines Gesetzes zitieren wollen, so müssen Sie dies kenntlich machen, indem Sie das offizielle Datum der Veröffentlichung („in der Fassung vom" = idF v.) nennen.

Zitieren Sie immer die amtliche Veröffentlichung (beispielsweise das Bundesgesetzblatt (BGBl) oder die GesetzÐ und Verordnungsblätter der Bundesländer (GVBl)), oder das Gesetz bzw. die Rechtsnorm selbst (z. B. BGB, SGB VII).

Gesetze und andere Rechtsnormen sollten Sie bei der ersten Nennung vollständig mit dem offiziellen Titel ausschreiben und dann in Klammern die Abkürzung einführen.

Entscheidungen europäischer und internationaler Gerichte werden anders zitiert als Entscheidungen deutscher Gerichte. Auch Verordnungen und Richtlinien unterliegen gesonderten Vorschriften. Bitte konsultieren Sie in Sonderfällen oder wenn

Sie sich unsicher sind einen speziellen Ratgeber für juristisches Zitieren.

§ 27 Abs. 1 StGB wird derjenige der Beihilfe beschuldigt, der „vorsätzlich einem anderen zu dessen vorsätzlich begangener rechtswidriger Tat Hilfe geleistet hat".

Die Verordnung (EG) Nr. 852/2004 des Europäischen Parlaments und des Rates über Lebensmittelhygiene vom 29. April 2004 (ABl. EU Nr. L 204 S. 26) definiert Lebensmittelhygiene in Artikel 2 (Absatz 1 Buchstabe a) als jene „Maßnahmen und Vorkehrungen, die notwendig sind, um Gefahren unter Kontrolle zu bringen und zu gewährleisten, dass ein Lebensmittel unter Berücksichtigung seines Verwendungszwecks für den menschlichen Verzehr tauglich ist".

Übrigens: **Gesetzestexte auf Bundesebene** finden Sie am besten im Internet, etwa im Bundesgesetzblatt (www.bgbl.de) oder unter www.gesetzeÐimÐinternet.de. Analog finden Sie Gesetze und Vorschriften auf Länderebene ebenfalls im Internet; für Baden-Württemberg etwa unter: http://www.landesrecht-bw.de.

Zum Weiterlesen:

Byrd, B. S./ Lehmann, M. (2007): Zitierfibel für Juristen, München: Beck [u. a.].

Keiler, S./ Bezemek, C. (2014): Leg cit 3: Leitfaden für juristisches Zitieren, Wien: Verl. Österreich.

Schröder, C./ Bergmann, M./ Sturm, M. (2010): Richtiges Zitieren. Ein Leitfaden für Jurastudium und Rechtspraxis, München: Vahlen.

3.9.9 Politische Dokumente und amtliche Quellen zitieren

Es gibt eine Vielzahl amtlicher Quellen, die für wissenschaftliche Publikationen relevant sein können. Dazu zählen etwa politische Verträge, internationale Abkommen, Sitzungsprotokolle, Koalitionsvereinbarungen, EU-Dokumente, Schriften von Ministerien, Grün- und Weißbücher oder Amtsblätter. Auch Rechts- und Verwaltungsverordnungen einer Regierung oder staatlichen Behörde sind hier zu nennen.

Die Problematik besteht darin, dass die Zitationsweise von Dokumentart zu Dokumentart unterschiedlich ist und es bei diesen Dokumenten daher ausnahmslos einer gesonderten Betrachtung bedarf. Aus diesem Grund muss ich mich an dieser Stelle auf sehr allgemeine Hinweise beschränken und Sie bitten, die genauen Details für Ihr ganz konkretes Anliegen selbst im Netz oder entsprechenden Fachpublikationen nachzuschlagen. Die unten stehenden Links und Literaturtipps können Ihnen als Einstieg in Ihre Recherche dienen.

Oft finden Sie Angaben zum Zitieren bei der jeweiligen beschlussfassenden Institution. Gerade die Europäische Union bietet unter EUR-Lex nicht nur einen kostenlosen Zugriff auf viele wichtige EU-Dokumente, sondern versieht diese Dokumente meist mit einem Permalink und einem Zitationsvorschlag. Auch der Deutsche Bundestag und der Bundesrat stellen wichtige Dokumente in einem ausgiebigen Archiv auf ihrer Webpräsenz lückenlos bereit.

Bitte achten Sie darauf, dass Sie bei Drucksachen der EU, der Bundesregierung oder anderen Regierungsbehörden in der Regel nicht die Fundstelle im Internet angeben, sondern die offizielle Fundstelle bzw. Veröffentlichungsnummer im Amtsblatt. So werden etwa alle Drucksachen des Bundestages oder der EU mit einer eindeutigen Nummer versehen. Weitere wichtige Angaben sind der institutionelle Ursprung (also der Name des politischen Gremiums bzw. des Herausgebers), die Art der Quelle (Verordnung, Richtlinie oder Beschluss) sowie das Datum, an dem die Quelle verabschiedet wurde.

Auf ein Zitationsvorschlag verzichte ich an dieser Stelle und beschränke mich auf einige Beispiele, die Ihnen einen guten Einblick in die Heterogenität amtlicher Quellen geben:

Drucksache des Deutschen Bundestages:
Im Fließtext:
BT-Drs. 17/5451 (2011), evtl. mit Seitenzahl oder
BT-Drs. 17/5451 vom 12.04.2011, S. 2.

Im Literaturverzeichnis:
BT-Drs. 17/5451 (2011): Drucksache des Deutschen Bundestages 17/5451 vom 12. April 2011: Entwurf eines Gesetzes zur Regelung der Präimplantationsdiagnotik (Präimplantationsdiagnostikgesetz – PräimpG)

Amtsblatt der Europäischen Union:
Im Fließtext:
RL 90/435/EWG (ABlEG Nr. L 225/6), S. 7.

Im Literaturverzeichnis:
Richtlinie 90/435/EWG (1990): Richtlinie 90/435/EWG des Rates vom 23. Juli 1990 über das gemeinsame Steuersystem der Mutter- und Tochtergesellschaften verschiedener Mitgliedstaaten (ABlEG Nr. L 225 v. 20.8.1990, S. 6-9).

Mitteilung der Europäischen Kommission
Europäische Kommission (2004): Mitteilung der Kommission an den Rat und das
Europäische Parlament – Empfehlung der Europäischen Kommission zu den Fortschritten

der Türkei auf dem Weg zum Beitritt, vom 06.10.2004, KOM(2004) 656 end., Brüssel

Regierungserklärung
Kraft, H. (2016): Menschen verbinden. MegaBits. MegaHerz. MegaStark. Regierungserklärung der Ministerpräsidentin des Landes Nordrhein-Westfalen am 29. Januar 2015 vor dem Landtag Nordrhein-Westfalen, online unter https://www.land.nrw/sites/default/files/asset/document/regierungserklaerung_mp_kraft_vor_dem_landtag_29_01_2015.pdf (24.04.2016).

Plenarprotokolle
Bundesrat (2016): Plenarprotokoll 942, Stenografischer Bericht, 942. Sitzung vom 26. Februar 2016, Berlin.

Koalitionsvertrag
Koalitionsvertrag (2005): Gemeinsam für Deutschland – mit Mut und Menschlichkeit. Koalitionsvertrag zwischen CDU, CSU und SPD. Vom 11. November 2005, Berlin.

Achtung: Teilweise findet man als Autor bei Koalitionsverträgen auch die Bundesregierung oder die Parteien, also: CDU, CSU, SPD (2005): Gemeinsam für Deutschland – mit Mut und Menschlichkeit. Koalitionsvertrag zwischen CDU, CSU und SPD. Vom 11. November 2005, Berlin.

Bundesregierung (2005): Gemeinsam für Deutschland – mit Mut und Menschlichkeit. Koalitionsvertrag zwischen CDU, CSU und SPD. Vom 11. November 2005, Berlin.

Zum Weiterlesen:

Sehr empfehlenswert ist das Handbuch der Rechtsöffentlichkeit, das vom Bundesministerium der Justiz und Verbraucherschutz online zur Verfügung gestellt wird. Das Handbuch finden Sie unter http://hdr.bmj.de/.

Für die vorliegende Thematik besonders relevant ist Teil B (Allgemeine Empfehlungen für das Formulieren von Rechtsvorschriften) und hier nochmal die Unterkapitel 3 (Zitierweise von Rechtsvorschriften) und 5 (Besondere Hinweise zum Recht der Europäischen Union).

Eine gute Übersicht über wichtige Dokumente der Europäischen Union bietet die Bibliothek der Universität Konstanz unter:

http://www.ub.uni-konstanz.de/fi/edz/fachspezifische-hilfe/wichtige-dokumente-der-europaeischen-union/

Konkrete und ausführliche Hinweise zum Zitieren von völker- und europarechtlichen Dokumenten bietet das Walther-Schücking-Institut für Internationales Recht an der Christian-Albrechts-Universität zu Kiel unter:

https://www.wsi.uni-kiel.de/de/lehre/vorlesungen/archiv/ss-2014/lehrmaterialien/leitfaden-teil-ii

Ebenfalls empfehlenswert ist das Buch von Thomas Möllers (2014): Juristische Arbeitstechnik und wissenschaftliches Arbeiten, 7. Aufl., München: Vahlen.

3.9.10 Vorlesungsunterlagen und Skripte zitieren

Vorlesungsunterlagen gehören zur grauen Literatur und sollten nur sehr sparsam verwendet werden. Besser ist es, die Informationen anhand von Lehrbüchern oder anderen Publikationen des Dozenten zu belegen. Falls dies nicht möglich ist, können Sie sich an folgendem Muster orientieren:

Nachname, Vorname (bzw. Initial) (Jahr): Titel der Vorlesung bzw. des Seminars, [Folientexte zur Vorlesung], Angaben zur Veranstaltung und Institution, unveröffentlicht.

Müller, E. (2013): Föderalismus und Steuerwettbewerb, Sommersemester 2013, Wirtschaftswissenschaftliche Fakultät, Universität Münster, unveröffentlicht.

oder:

Müller, E. (2013): Föderalismus und Steuerwettbewerb, Sommersemester 2013, Münster: Westfälische Wilhelms-Universität Münster (Wirtschaftswissenschaftliche Fakultät), unveröffentlichtes Skript.

oder:

Müller, E. (2013): Föderalismus und Steuerwettbewerb [Skript zur gleichnamigen Vorlesung, gehalten im Sommersemester 2013 an der Wirtschaftswissenschaftlichen Fakultät), Münster: Westfälische Wilhelms-Universität Münster.

3.9.11 Persönliche Kommunikation zitieren

Persönliche Kommunikation zeichnet sich dadurch aus, dass sie unmittelbar an Ihre Person gebunden ist. Dazu zählen etwa E-Mails, Briefe, Protokolle oder Mitschriften. Bei diesen Informationen handelt es sich um Gebrauchstexte, die nur sehr sparsam zitiert werden sollten. Da die Informationen für Außenstehende nicht aufgefunden werden können (sie also strenggenommen nicht zitierfähig sind), taucht persönliche Kommunikation nicht im Quellenverzeichnis auf, sondern wird im Fließtext eingearbeitet. Beachten Sie bitte, dass Sie insbesondere aus einem persönlichen (elektronischen) Schriftverkehr nie ohne Erlaubnis des Urhebers zitieren dürfen.

In einem Interview plädiert Meier (persönliche Kommunikation, 20. September 2013) dafür, Steuerhinterzieher härter zu bestrafen.

oder:

Meier zufolge (persönliche Mitteilung, 20. September 2013) sollten Steuerhinterzieher härter bestraft werden.

Bei **persönlich geführten Interviews** (auch via Telefon, Skype, E-Mail, etc.) können Sie das Gespräch als Gedächtnisprotokoll transkribieren und von Ihrem Informationsgeber unterschreiben lassen. Dadurch wird Ihr Protokoll nochmals vom eigentlichen Urheber autorisiert. Dieses Transkript können Sie dann in den Anhang Ihrer Arbeit packen und darauf verweisen (siehe hierzu auch 3.7).

Manche Zitationssysteme wie jener *der American Psychological Association* (APA-Stil) bewerten auch **Kommentare und Einträge in nicht-öffentlichen Sozialen Netzen** als persönliche Kommunikation. Falls Sie diese Information verwenden möchten, sollten Sie sich ebenfalls die Erlaubnis des Kommentators bzw. Schreibenden einholen, da Sie andernfalls gegen das Persönlichkeits- und Urheberrecht verstoßen könnten (Spielkamp 2012: 6-12).

3.10 Test

Beim folgenden Multiple-Choice-Test können Sie Ihr Wissen nochmal überprüfen. Es ist immer nur eine Antwort richtig.

Frage 1: Wie heißt der allgemeingültige Code für Quellen, der auch für alle online Quellen unabhängig von ihrem Speicherort gilt?

a. URL (Uniform Resource Locator) ❑
b. DOI (Digital Object Identifier) ❑
c. ISON (International Standard Online Number) ❑
d. GSSN (Global Standard Serial Number) ❑

Frage 2: Auf welche Angabe kann man bei einer Online-Quelle verzichten, wenn ein DOI vorliegt?

a. Autor der Veröffentlichung ❑
b. Datum der Veröffentlichung ❑
c. URL der Veröffentlichung und letztes Abrufdatum ❑
d. Titel der Veröffentlichung ❑

Frage 3: Sind elektronische Quellen prinzipiell zitierwürdig?

a. Ja, elektronische Quellen sind immer zitierwürdig, da man sie im Internet über die URL oder einen DOI eindeutig auffinden kann. ❑
b. Nein, elektronische Quellen sind immer zitierfähig, aber zitierwürdig nur in Ausnahesituationen, wenn keine Printversion verfügbar ist. ❑
c. Nein, elektronische Quellen sind prinzipiell nicht zitierwürdig, da sich die Inhalte schnell verändern können und die Qualität kaum überprüft werden kann.
d. Die Zitierwürdigkeit einer elektronischen Quelle ist im Einzelfall zu prüfen. ❑

Frage 4: Was ist der Zweck von persistenten Links (Persistent Identifiers)?

a. Persistente Links werden für forschungsintensive Dissertationen von der jeweiligen Universität vergeben. Sie helfen dabei, diese Dissertationen innerhalb der Forschungsgemeinschaft zugänglich zu machen. ❑
b. Persistente Links sind spezielle URL-Adressen für Marketingzwecke, die ähnlich wie ein QR-Code funktionieren. ❑
c. Persistente Links sind Verweise, um Objekte im Netz direkt zu identifizieren und nicht indirekt über den Ort (die URL), der sich verändern kann. ❑
d. Persistente Links sind allgemeine Verweise auf ein Dokument, die jedoch sehr teuer sind und daher nur von namhaften Journals verwendet werden. ❑

Frage 5: Welche der folgenden Quellenangaben entspricht den wichtigsten Kriterien des Social Media-Zitierens?

a. Mankiw, N. G. (2009): Greg Mankiw's Blog [Blog des Ökonomen Nicholas Gregory Mankiw], Uncertainty and the MPC [Blog-Eintrag am 13.02.2009], online unter: http://gregmankiw.blogspot.de/2009/02/uncertainty-and-mpc.html ❑
b. Mankiw, N. G., Uncertainty and the MPC [Blog-Eintrag am 13.02]. In: Greg Mankiw's Blog. [Blog des Ökonomen Nicholas Gregory Mankiw], Stand: 30.10.2015. ❑
c. Mankiw, N. G. (2009): Uncertainty and the MPC [Blog-Eintrag]. In: Greg Mankiw's Blog [Blog des Ökonomen Nicholas Gregory Mankiw], online unter: http://gregmankiw.blogspot.de/2009/02/uncertainty-and-mpc.html (30.10.2015) ❑

d. Mankiw, N. G. (2009): http://gregmankiw.blogspot.de/2009/02/uncertainty-and-mpc.html, Stand: 30.10.2015. ❑

Frage 6: Sie schreiben eine Bachelorarbeit über die Ausgestaltung verschiedener Rentensysteme. Während Ihrer Recherche stoßen Sie auf ein *YouTube*-Video, in dem die Journalistin Constanze Abratzky den ehemaligen Ministerpräsidenten von Sachsen, Kurt Biedenkopf, zum Thema Rentensystem und Generationskonflikt interviewt. Das Interview wurde bei Phoenix am 02.12.2014 ausgestrahlt und einen Tag später bei *YouTube* hochgeladen. Dürfen Sie dieses Video in Ihrer Arbeit zitieren?

a. Nein, da das Video bei mehr in der Mediathek von Phoenix zur Verfügung steht und damit nicht zitierfähig ist. ❑
b. Nein, da das Video keinen wissenschaftlichen Inhalt hat und damit nicht zitierwürdig ist. ❑
c. Ja, das Video darf verwendet werden, um wichtige Aussagen von Kurt Biedenkopf in die wissenschaftliche Arbeit einbauen zu können. Dabei müssen die Zitierregeln beachtet werden. ❑
d. Ja, das Video darf verwendet werden, allerdings mit einer Einschränkung: Das Interview muss transkribiert und im Anhang der Arbeit abgedruckt werden. ❑

Frage 7: Welche der folgenden Angaben im Literaturverzeichnis entspricht den wichtigsten Kriterien des Zitierens von elektronischen Ressourcen?

a. Daimler AG (2015): Unternehmensfilm 2015, veröffentlicht am 23.02.2015 auf YouTube. ❑
b. Daimler AG (2015): Unternehmensfilm 2015, veröffentlicht am 23.02.2015, online unter: https://www.youtube.com/watch?v=_V4jLsP-jHc ❑

c. Daimler AG (2015): Unternehmensfilm 2015 [You-Tube-Video], veröffentlicht am 23.02.2015, Uhrzeit unbekannt, Länge: 4.22 min, online unter: https://www.youtube.com/watch?v=_V4jLsP-jHc, 28.11.2015. ❑
d. Daimler AG (2015): Unternehmensfilm 2015 [You-Tube-Video], veröffentlicht am 23. Februar, online unter: https://www.youtube.com/watch?v=_V4jLsP-jHc, 28.11.2015. ❑

Frage 8: Sie werten in Ihrer Arbeit Daten des Statistischen Bundesamtes (DESTATIS) aus. Dabei übernehmen Sie einzelne Werte, jedoch keine vollständigen Tabellen bzw. Auswertungen. Wie müssen diese Daten zitiert werden?

a. Da es sich um eine Bundesbehörde handelt, dürfen die Statistiken zu Forschungszwecken auch ohne Angabe von Quellen benutzt werden. ❑
b. Da Sie keine vollständigen Tabellen oder Ähnliches verwenden, sondern diese selbst erstellen, ist die Eigenleistung als sehr hoch einzustufen. Eine Angabe der Datenbasis ist nicht notwendig. ❑
c. Da die Werte von verschiedenen Seiten und Auswertungen stammen, ist es leserunfreundlich, hinter jeden Wert einen ausführlichen Quellennachweis zu setzen. Stattdessen ist die allgemeine Homepage des Statistischen Bundesamtes im Literaturverzeichnis aufzuführen. ❑
d. Jeder eigenen Abbildung muss die Datenbasis so genau wie möglich hinzugefügt werden, ohne jeden Wert einzeln nachzuweisen. Zusätzlich zu einem Eintrag im Literaturverzeichnis sollte auch im Fließtext das genaue Vorgehen erläutert werden, damit der Leser weiß, woher die Werte stammen und nach welchen Kriterien/Variablen gesucht wurde. ❑

Frage 9: Wie ist mit Pinnwandeinträgen als Quelle zu Verfahren, um die Archivierung und damit die Nachvollziehbarkeit sicherzustellen?

a. Screenshots der Einträge machen und abspeichern ❑
b. Abschreiben der Einträge und in den Anhang packen ❑
c. Die Seite unter Favoriten speichern, damit man schnellen Zugriff hat ❑
d. Pinnwandeinträge dürfen aus Urheberrechtgründen nicht zitiert werden ❑

Frage 10: Worauf ist bei Facebook-Seiten bezüglich der Verifizierung des Autors zu achten?

a. Die Daten unter „Profil" ❑
b. Das Profilfoto ❑
c. Die Pinnwandeinträge anderer Nutzer ❑
d. Das blaue Häkchen hinter dem Namen der Seite ❑

Frage 11: Peter schreibt eine Bachelorarbeit über das Thema Freihandel. Bei seiner Recherche im Internet stößt er auf eine Seite mit Kritikpunkten des Bundes für Umwelt- und Naturschutz Deutschland e.V. (BUND). Er findet den Artikel gut und würde ihn zitieren, aber da er unsicher ist, fragt er seinen Freund Paul, ob er diese Seite zitieren sollte. Paul meint, die Seite wäre nicht zitierwürdig, da sie von einem Lobbyverband betrieben wird. Welcher der beiden hat Recht?

a. Peter hat Recht, die Seite ist zitierwürdig. ❑
b. Paul hat Recht, die Seite ist nicht zitierwürdig. ❑
c. Keiner von beiden hat Recht, da die Seite nicht zitierfähig ist. ❑
d. Peter darf die Seite verwenden, um die Sicht des Lobbyverbands darzustellen. Die vom BUND geäußerten Kritikpunkte muss er aber kritisch diskutieren. ❑

Frage 12: Sie wollen eine Aussage des Außenministers Frank-Walter Steinmeier zitieren, die Sie nur bei Twitter unter dem offiziellen Account des Auswärtigen Amts finden konnten. Welche Literaturangabe ist am besten?

a. Auswärtiges Amt (2015): #Steinmeier nach Anschlag von Tunis: Stehen an d Seite d tunesischen Bevölkerung u sind in Gedanken bei Angehörigen [Tweet], veröffentlicht am 24. November, online unter: https://twitter.com/AuswaertigesAmt/status/669243620436873216, 03.12.2015. ❑
b. Steinmeier, F.-W. [@AuswaertigesAmt] (2015): #Steinmeier nach Anschlag von Tunis: Stehen an d Seite d tunesischen Bevölkerung u sind in Gedanken bei Angehörigen [Tweet], online unter: https://twitter.com/AuswaertigesAmt, 3.12.2015. ❑
c. Steinmeier, F.-W. (2015): #Steinmeier nach Anschlag von Tunis: Stehen an d Seite d tunesischen Bevölkerung u sind in Gedanken bei Angehörigen [Tweet], 11:58 Uhr, online unter: https://twitter.com, 3.12.2015. ❑
d. Auswärtiges Amt [alias Steinmeier, F.-W.] (2015): #Steinmeier nach Anschlag von Tunis: [Tweet], online unter: https://twitter.com/AuswaertigesAmt/status/669243620436873216, Retweets 33, Gefällt 36, 03.12.2015. ❑

Frage 13: Sie stoßen bei Ihrer Recherche auf die technische Zeichnung eines 3-D-Druckers, die Sie gerne bearbeiten und zum Zweck der Erläuterung abdrucken möchten. Die Zeichnung ist unter einer CC BY-SA-Lizenz (Namensnennung – Weitergabe unter gleichen Bedingungen) lizensiert. Dürfen Sie die Zeichnung in Ihrer Bachelorarbeit benutzen?

a. Sie dürfen die Zeichnung ohne Bedenken verwenden und modifizieren, müssen aber den Urheber und die Lizenz aufführen. ❑
b. Sie dürfen die Zeichnung verwenden, müssen aber den Urheber und die Lizenz aufführen. Änderungen sind aufgrund des Zusatzes „Weitergabe unter gleichen Bedingungen" nicht möglich. ❑
c. Sie dürfen die Zeichnung verwenden, müssen aber den betreffenden Urheber schriftlich um Erlaubnis fragen. Änderungen sind nur mit schriftlicher Genehmigung möglich. ❑
d. Aufgrund eines drohenden Verstoßes gegen das Urheberrecht sollten Sie die Zeichnung besser nicht verwenden. ❑

Die Lösungen finden Sie auf Seite 279.

Lösungen zu den Übungen

Lösungen Aufgabe 1

Zitierfähigkeit: Da alle Quellen grundsätzlich für den Leser zugänglich sind, ist das Kriterium der Zitierfähigkeit in allen Fällen gegeben. Einzig *Wikipedia* ist aufgrund der schnellen Überarbeitung der Artikel und der nicht-überprüfbaren Autorenschaft nur eingeschränkt zitierfähig.

Zitierwürdigkeit: Die Zitierwürdigkeit ist – ohne die Quellen im Detail zu kennen – nur in Grenzen zu beurteilen. Allerdings legen die Titel und die Publikationsorte erste Vermutungen nahe. So handelt es sich bei Quellen [1] und [8] um praxisorientierte Handreichungen, deren Qualität erheblich variieren kann. Insbesondere Text [8] ist eher ein Text zur Vermarktung der eigenen Dienstleistung und soll die Kompetenz des Beraters unter Beweis stellen. Hier fehlen ebenfalls Literaturangaben, sodass der Text eher nicht zitiert werden sollte. Bei Quellen [2] und [5] handelt es sich um Lehrbücher, die sich insbesondere dazu eignen, einen guten Überblick zu gewinnen. Sie sind in jedem Fall zitierwürdig, sollten jedoch um spezifischere Quellen ergänzt werden. Die Hausarbeit [3] gehört zur grauen Literatur und ist als Prüfungsleistung – nicht als wissenschaftlich zitierwürdiger Text – zu verstehen. Sie können solche Texte lesen, um ein Gefühl für mögliche Themen zu bekommen oder die Anforderungen an eine solche Textart besser einschätzen zu können. Für eigene wissenschaftliche Arbeiten eignen sich Haus-, Seminar- und Bachelorarbeiten jedoch nicht. Anderes gilt für die Dissertation [5], die sich meist sehr umfassend mit einem speziellen Thema befasst und die aktuelle Literatur zu diesem Forschungsgebiet fundiert aufarbeitet. Zwar existieren auch hier Unterschiede hinsichtlich der Qualität, doch werden alle Dissertationen vor der Veröffentlichung begutachtet, sodass Dissertationen grundsätzlich zitierwürdig sind. Die Quellen [6] und [7] sind journalistische Texte, die sich bestenfalls eignen, um aktuelle Bezüge herzustellen, das Thema praxisbezogen zu verorten und konkrete Beispiele anzuführen.

Relevanz: Der Aspekt der Relevanz ist ohne Kenntnis der genauen Fragestellung nicht zu beurteilen. Allerdings lässt sich sagen, dass die Quellen [2], [4] und [5] mit Sicherheit relevanter sind als die übrigen Quellen.

Fazit: Was in der Literaturauswahl bislang zu kurz gekommen ist, sind Artikel aus Fachzeitschriften. Hier müsste noch stärker recherchiert werden, um eine ausgewogene und profunde Antwort auf die Forschungsfrage zu finden.

Lösungen Aufgabe 2:

Antwort 1: Ankündigungen bzw. Erläuterungen wie Year, Title und Publisher (oder die deutschen Entsprechungen) werden nicht aufgeführt.

Antwort 2: Reihenfolge der Einträge ist vertauscht, älteste Publikation zuerst.

Antwort 3: Im Literaturverzeichnis werden alle Autoren aufgeführt; Jahrgang der Zeitschrift und Nummer der Zeitschriftenausgabe fehlen.

Antwort 4: Anordnung nach Nachname, nicht nach Vorname, das Jahr kommt nach vorne.

Antwort 5: Der Titel des Sammelbandes kommt nach dem Herausgeber, der Seitenbereich fehlt.

Antwort 6: Die Erstauflage wird nicht aufgeführt.

Antwort 7: Da es sich um zwei Artikel aus dem gleichen Jahr des gleichen Autors handelt, muss mit lateinischen Kleinbuchstaben gearbeitet werden.

Antwort 8: Die Initialen des Autors fehlen: außerdem wird das Jahr nach dem Autor genannt.

Antwort 9: Der Namenszusatz „von" steht hinter dem Vornamen, die Jahresangabe kommt nach dem Autor.

Lösung Aufgabe 3:

Je nachdem, welchen Zitationsstil Sie verwenden, wird Ihr Lösungsvorschlag sich von den nachfolgenden Lösungen unterscheiden. Wichtig ist jedoch das Prinzip und die Frage, welche Angaben Sie aufgenommen haben und welche nicht. In welcher Reihenfolge oder Formatierung die Angaben stehen, ist zweitrangig.

Hier ein Vorschlag:

Eco, U. (2010): Wie man eine wissenschaftliche Abschlußarbeit schreibt: Doktor-, Diplom- und Magisterarbeit in den Geistes- und Sozialwissenschaften. 13. Aufl., Wien: Facultas.

Gauger, H.-M. (1980): Wissenschaft als Stil, in: Merkur – Deutsche Zeitschrift für europäisches Denken, Jahrgang 34, Heft 4, 364-374.

Kretzenbacher, H. L. (1992): Wissenschaftssprache, Studienbibliographien Sprachwissenschaft; Bd. 5, Heidelberg: Groos.

Kretzenbacher, H. L. (1995): Wie durchsichtig ist die Sprache der Wissenschaften? In: Linguistik der Wissenschaftssprache, Berlin-Brandenburgische Akademie der Wissenschaften, Hrsg. H. L. Kretzenbacher, Berlin; New York: de Gruyter, 15-39.

Weinrich, H. (1989): Formen der Wissenschaftssprache, in: Jahrbuch 1988, Akademie der Wissenschaften zu Berlin, Berlin, 119-158.

Lösung Aufgabe 4:

Im Folgenden handelt es sich um eine von sehr vielen Möglichkeiten, den Textauszug sinngemäß wiederzugeben. Wichtig ist jedoch, dass Sie Dichtl nach folgendem Muster zitieren: Dichtl zitiert in Disterer 2014: 79. Ins Literaturverzeichnis wird ausschließlich der Text von Disterer aufgenommen.

Für Disterer (2014: 79) ist es ein „Gebot der Redlichkeit", alle verwendeten Quellen offen zu legen. Wer hingegen fremde Gedanken oder Argumente als eigene Leistung verkauft, handelt nicht nur unwissenschaftlich, sondern macht sich des Plagiats schuldig. Für Disterer ist dieses Vergehen kein „Kavaliersdelikt" (2014: 79), sondern ein ernstzunehmender Verstoß. Aus diesem Grund distanziert er sich von Dichtl, der das Unterschlagen von benutzen Quellen nivellierend als „mogeln" (Dichtl zitiert in Disterer 2014: 79) bezeichnet.

Lösung Aufgabe 5:

Die Kunst liegt nicht darin, Dinge kompliziert und scheinbar wissenschaftlich auszudrücken, sondern schwierige Sachverhalte auch für Laien verständlich und anschaulich zu formulieren. Aus diesem Grund sollte die oberste Maxime Ihres Textes immer dessen Verständlichkeit sein. Folgende Regeln sollten Sie beherzigen:

- Sachlich und distanziert → sparsam mit wertenden Adjektiven, keine Umgangssprache und Anglizismen, Vorsicht bei Verallgemeinerungen wie „alle", „immer", „jeder", „stets"
- Konsistent → keine Suche nach Synonymen, Fachbegriffe wiederholen (Begriffe, die in Ihrem Fach als üblich gelten, dürfen Sie als bekannt voraussetzen)
- Verständlich und einfach → keine unnötigen Füllwörter (z. B. nämlich, auch, so, natürlich), keine Dopplungen und Wortblähungen, keine Wortungetüme
- Was auf Wortebene gilt, gilt auch auf Satzebene → Keine Schachtelsätze, kein Behördendeutsch, d.h. möglichst wenige Passivkonstruktionen, kein Nominalstil

Hier mögliche Lösungsvorschläge:

[1] Geschulte Mitarbeiter befragten die Konsumenten.
[2] In der Zusammenfassung werden die aufgeführten Begriffe voneinander abgegrenzt.
Oder: Die Zusammenfassung grenzt die aufgeführten Begriffe voneinander ab.
[3] Die Studie untersucht die Frage, inwieweit zentrale Finanzkennziffern die Messbarkeit der Kundenzufriedenheit erhöhen können.
Oder: Die Studie untersucht, ob und inwieweit Kundenzufriedenheit mithilfe zentraler Finanzkennziffern besser gemessen werden kann.
[4] Bei den Pensionsrückstellungen verzichtet die Neufassung auf unterschiedliche Bewertungsmethoden, um die Rechnungslegung zu vereinfachen.
[5] Die Arbeit untersucht, inwieweit der Bankensektor durch eine zielgruppenspezifische Werbung Preisvorteile erzielt.

Lösung Aufgabe 6:

Falsch: Sprachplagiat, die Quelle ist zwar angegeben, doch wurde unzureichend paraphrasiert und komplette Satzstrukturen übernommen.

Falsch bzw. fragwürdig: Es wurde zwar ausreichend paraphrasiert, doch keine Quelle angegeben. Hier wurden Gedanken ohne Kennzeichnung übernommen, sodass eine Einstufung als Ideenplagiat nahe liegt. Zwar ist es denkbar, dass zwei Personen unabhängig voneinander auf die gleichen Ideen kommen oder ähnliche Schlussfolgerungen ziehen. Wurde jedoch ein Autor von einem anderen inspiriert, so sollte man aus Gründen der Redlichkeit die Quelle dieser Inspiration nennen.

Falsch bzw. unsauber: Wörtliches Zitat, korrekt gekennzeichnet, aber unsauber übernommen. Alle Veränderungen gegenüber dem Original müssen gekennzeichnet werden. Das schließt Auslassungen und Hinzufügungen ebenso ein wie eine veränderte Groß- und Kleinschreibung.

Richtig: Sinngemäßes Zitat, Quelle angegeben.

Richtig: Halb sinngemäßes, halb wörtliches Zitat, korrekt gekennzeichnet, Quelle angegeben, in den Satz integriert.

Falsch: Bauernopfer, ein Teil der Übernahme ist als wörtliches Zitat korrekt ausgewiesen, der Rest ist ein Plagiat.

Richtig: Sinngemäßes Zitat (ausreichend paraphrasiert) und wörtliches Zitat kombiniert. Hier reicht ein Quellennachweis aus, da anhand der Formulierung klar wird, dass sich die Aussagen auf Ruhmann beziehen.

Falsch: Übersetzungsplagiat, nicht als Zitat erkennbar, Quelle nicht angegeben.

Richtig: Sinngemäßes Zitat, in Fremdsprache übersetzt, korrekt gekennzeichnet und Quelle angegeben.

Richtig: Wörtliches Zitat, vollständig gekennzeichnet, Quelle angegeben.

Lösungen Test 1

1b; 2d; 3b; 4d; 5a; 6d; 7c; 8a; 9d; 10c; 11b; 12c; 13d; 14b; 15b; 16d; 17b; 18a; 19c.

Lösungen Test 2

1b; 2c; 3d; 4c; 5c; 6c; 7d; 8d; 9a; 10d; 11d; 12a; 13a.

Weiterführende Literatur

Wissenschaftlich schreiben lernen Sie nur, indem Sie es selbst tun, dabei Fehler machen und aus diesen Fehlern lernen. Gerade wenn Sie vor Ihrer ersten wissenschaftlichen Arbeit stehen und sich noch sehr unsicher fühlen, kann es aber durchaus ratsam sein, sich in der Theorie mit dem Schreibprozess zu befassen. Schreibratgeber können Ihnen helfen, wenn Sie spezifische Fragen haben oder vor einer ganz konkreten Aufgabe wie dem Verfassen eines Thesenblatts stehen. Im Folgenden finden Sie eine kommentierte Auswahl von empfehlenswerten Ratgebern.

Darüber hinaus sollten Sie jedoch immer auch relevante Fachartikel lesen, an deren Gliederung Sie sich orientieren können. Auch die Seminar- oder Bachelorarbeiten Ihrer Kommilitonen, also jene Textarten, die Sie selbst anfertigen, können Ihnen hilfreiche Denkanstöße geben und die Anforderungen für Sie transparenter machen. Zudem bietet es sich an, Texte zu lesen, die Ihr Betreuer geschrieben hat. Natürlich sollten Sie dessen Stil oder Struktur nicht unreflektiert imitieren. Dennoch bieten vom Betreuer verfasste Arbeiten oft die Möglichkeit, Rückschlüsse auf jene Faktoren zu ziehen, auf die Ihr Betreuer einen besonderen Wert legt.

Boeglin, M. (2012): Wissenschaftlich arbeiten Schritt für Schritt. 2. Aufl., Paderborn, München, Fink: Sehr praxisorientierter Ratgeber, der sich mit Lesestrategien, Schreibblockaden, Kreativitätstechniken sowie Zeit- und Lernmanagement befasst.

Brink, A. (2013): Anfertigung wissenschaftlicher Arbeiten. Ein prozessorientierter Leitfaden zur Erstellung von Bachelor-, Master- und Diplomarbeiten. 5. Aufl., Wiesbaden: Springer

Gabler: Guter Ratgeber, insbesondere wegen seiner exzellenten Informationen zum Thema Literaturrecherche und -beschaffung zu empfehlen.

Ebster, C./ Stalzer, L. (2013): Wissenschaftliches Arbeiten für Wirtschafts- und Sozialwissenschaftler. 4. Aufl., Wien, Facultas.wuv: Bieten eine sehr gute und übersichtliche Einführung in wissenschaftliches Arbeiten. Ein besonderer Schwerpunkt liegt auf dem Thema Empirie.

Esselborn-Krumbiegel, H. (2014): Von der Idee zum Text. Eine Anleitung zum wissenschaftlichen Schreiben. 4., aktual. Aufl., Paderborn [u.a.], Ferdinand Schöningh: Sehr anschaulicher Ratgeber, der sich ausführlich mit einem gelungenen wissenschaftlichen Stil befasst. Auch die Ausführungen zur Themeneingrenzung sind empfehlenswert.

Esselborn-Krumbiegel, H. (2012): Richtig wissenschaftlich schreiben: Wissenschaftssprache in Regeln und Übungen. Paderborn, Schöningh: Ein sehr guter Einstieg mit vielen anschaulichen Beispielen. Ideal für alle, die sich beim Formulieren schwer tun und Anregungen suchen.

Frank, A./ Haacke, S./ Lahm, S. (2007): Schlüsselkompetenzen: Schreiben in Studium und Beruf. Stuttgart [u.a.], Metzler: Eine Mischung aus theoretischem Wissen und praktischem Leitfaden. Empfehlenswert für alle, die sich auch aus theoretischer Sicht mit dem Thema Schreibkompetenz beschäftigen wollen.

Kornmeier, M. (2013): Wissenschaftlich schreiben leicht gemacht – für Bachelor, Master und Dissertation. 6. Aufl., Bern [u.a.]: Haupt: Eine gute und fast schon unterhaltsame Lektüre, die dennoch fundiert Wissen vermittelt.

Kruse, O. (2007): Keine Angst vor dem leeren Blatt. Ohne Schreibblockaden durchs Studium. Frankfurt [u.a.], Campus: Widmet sich unter anderem dem Thema Schreibblockaden und gibt anschauliche Tipps zum wissenschaftlichen Arbeitsprozess.

Limburg, A./ Otten, S. (2011): Schreiben in den Wirtschaftswissenschaften, Paderborn [u.a.]: Ferdinand Schöningh: Ebenfalls eine sehr anschauliche Einführung zum Thema Wissenschaftliches Schreiben, eignet sich insbesondere für empirische Arbeiten und BWL-orientierte Fragestellungen.

Mix, C. (2011): Schreiben im Jurastudium. Klausur – Hausarbeit – Themenarbeit, Paderborn: Ferdinand Schöningh.

Müller, E. (2013): Schreiben in Naturwissenschaften und Medizin, Paderborn: Ferdinand Schöningh.

Stary, J./ Franck, N. (Hrsg.) (2013): Die Technik wissenschaftlichen Arbeitens. Eine praktische Anleitung. 17. Aufl., Paderborn [u.a.]: Ferdinand Schöningh: Sammelband mit sehr guten Beiträgen zu allen Themen des wissenschaftlichen Arbeitens, sehr präzise und aktuell.

Stickel-Wolf, C./ Wolf, J. (2013): Wissenschaftliches Arbeiten und Lerntechniken. Erfolgreich studieren – gewusst wie! 7. aktual. und erw. Aufl., Wiesbaden: Springer Gabler: Bieten ebenfalls eine gute und übersichtliche Einführung in wissenschaftliches Arbeiten. Zusätzlich werden hier auch Themen wie ein gezielter Wissenserwerb, Lesestrategien und Präsentationskompetenz besprochen.

Theuerkauf, J. (2012): Schreiben im Ingenierstudium. Effektiv und effizient zur Bachelor-, Mater- und Doktorarbeit, Paderborn: Ferdinand Schöningh.

Theisen, M. R. (2013): Wissenschaftliches Arbeiten. Erfolgreich bei Bachelor- und Masterarbeit, 16. Aufl., München, Vahlen: Ebenfalls ein Klassiker; bewährte Qualität.

Verwendete Literatur

Ahrens-Drath, R. (2007): Lese-Info 1: Was ist Lesen?, Publikation im Auftrag des Hessisches Bildungsministeriums, online unter: https://kultusministerium.hessen.de/sites/default/files/media/lese_info_1.pdf, 25.03.2015.

American Psychological Association (APA) (2013): Publication Manual of the American Psychological Association, 6. Aufl., Washington, DC.

Anglia Ruskin University (2015): Guide to the Harvard Style of Referencing, 5. Aufl., online unter: http://libweb.anglia.ac.uk/referencing/harvard.htm, 16.04.2015.

APA → siehe American Psychological Association

Bagusche, S. (2013): Richtig zitieren – eine Einführung. Bibliothek Umwelt-Campus Birkenfeld, Version: 28. Februar 2013, online unter: http://www.umwelt-campus.de/ucb/fileadmin/groups/45/Open_access_Dokumente/Zitieren__Crashkurs__-_2013-02-28.pdf, 15.12.2014.

Bahr, J./ Frackmann, M. (2011): Richtig zitieren nach der Harvard-Methode. Eine Arbeitshilfe für das Verfassen wissenschaftlicher Arbeiten. Solothurn (Schweiz), Institut für Praxisforschung, online unter: http://www.institut-praxisforschung.com/publikationen/studienhilfen/, 16.04.2015.

Baller, H. (2014): Wie zitiere ich korrekt aus Social Media? [Gast-Blogeintrag], veröffentlicht auf: PR-Doktor am 7. März 2014, online unter: http://www.kerstin-hoffmann.de/pr-doktor/2014/03/07/wie-zitiere-ich-korrekt-aus-social-media/, 26.01.2015.

Bänsch, A./ Alewell, D. (2013): Wissenschaftliches Arbeiten, 11. Aufl., München: Oldenbourg.

BDZV → siehe Bundesverband Deutscher Zeitungsverleger e.V.

Beck, H. (2014): Recherchieren – Strukturieren – Präsentieren. München, C.H. Beck.

Bitkom (2015): Jeder Vierte liest digitale Bücher [Presseinformation], veröffentlicht am 6. Oktober online unter: https://www.bitkom.org/Presse/Presseinformation/Jeder-Vierte-liest-digitale-Buecher.html, 28.04.2016.

Bleuel, J. (2001): Zitation von Internet-Quellen. Online unter: http://www.bleuel.com/ip (bzw. PURL: http://purl.oclc.org/NET/Bleuel/Zitieren), 28.04.2016.

Börsenverein des Deutschen Buchhandels (2015): Verlage in Deutschland 2014 [Mediendossier], online unter: http://www.boersenverein.de/sixcms/media.php/1117/Dossier_Verlage_2014.pdf, 27.04.2016.

Börsenverein des Deutschen Buchhandels (2016): E-Book-Bericht 2015: Umsatzanteil steigt nur noch leicht [Presseinformation], veröffentlicht am 16.02. unter http://www.boersenverein.de/de/portal/Presse/158382?presse_id=1100374, 28.04.2016.

Boeglin, M. (2012): Wissenschaftlich arbeiten Schritt für Schritt. 2. Aufl., Paderborn, München: Fink.

Bouville, M. (2008): Plagiarism: Words and ideas, in: Science and Engineering Ethics, online unter: http://arxiv.org/pdf/0803.1526.pdf, doi: 10.1007/s11948-008-9057-6

Brink, A. (2013): Anfertigung wissenschaftlicher Arbeiten. Ein prozessorientierter Leitfaden zur Erstellung von Bachelor-, Master- und Diplomarbeiten. 5. Aufl., Wiesbaden: Springer Gabler.

Browner, S./ Sears, R./ Pulsford, S. (2000): Literature and the Internet. A guide for students, teachers, and scholars. New York: Garland.

Bundesverband Deutscher Zeitungsverleger e.V. (2015): Zur wirtschaftlichen Lage der Zeitungen in Deutschland 2015 [Presseinformation], veröffentlicht am 08. November online unter: http://www.bdzv.de/maerkte-und-daten/wirtschaftliche-lage/artikel/detail/zur_wirtschaftlichen_lage_der_zeitungen_in_deutschland_2015/, 28.04.2016.

Bundesverband Deutscher Zeitungsverleger e.V. (2016): Die deutschen Zeitungen in Zahlen und Daten 2016, online unter: http://www.bdzv.de/fileadmin/bdzv_hauptseite/aktuell/publikationen/2016/ZDF_2016.pdf, 21.04.2016.

Buzan, Tony (2013): Speed reading. Schneller lesen mehr verstehen besser behalten. München: mvg.

Carver, R. P. (1990): Reading rate: a review of research and theory. San Diego [u.a.]: Academic Press.

Cloes, R. (2011): Entwicklung und Bedeutung der im Internet ehrenamtlich eingestellten Wissensangebote insbesondere im Hinblick auf die Wiki-Initiativen. Wissenschaftliche Dienste Infobrief (Aktenzeichen: WD 10 – 3010 – 074/11), online unter: http://www.bundestag.de/blob/191994/e2aba3f5b651ea39cf94a38109d215de/wiki-data.pdf, 29.04.2015.

Deakin University Australia (2014): HARVARD Deakin University guide to referencing. online unter: http://www.deakin.edu.au/students/study-support/referencing/harvard, 16.04.2015.

Deutsche Nationalbibliothek (2008): Persistent Identifier [Ergebnisse Ergebnisse der Projekte CARMEN (Arbeitspaket 4: Persistent Identifiers and Metadata Management in Science) und EPICUR (Enhancement of Persistent Identifier Services) an der Deutschen Nationalbibliothek], online unter: http://www.persistent-identifier.de/, 18.01.2016.

Deutscher Bibliotheksverband (2015): E-Books in Bibliotheken, online unter: http://www.bibliotheksportal.de/themen/digitale-bibliothek/e-books-in-bibliotheken.html, 18.04.2016.

Ebster, C./ Stalzer, L. (2013): Wissenschaftliches Arbeiten für Wirtschafts- und Sozialwissenschaftler. 4. Aufl., Wien: Facultas.wuv

Eco, U. (2010): Wie man eine wissenschaftliche Abschlußarbeit schreibt: Doktor-, Diplom- und Magisterarbeit in den Geistes- und Sozialwissenschaften. 13. Aufl., Wien: Facultas.

Eimeren, B. van/ Frees, B. (2014): 79 Prozent der Deutschen online – Zuwachs bei mobiler Internetnutzung und Bewegtbild. Ergebnisse der ARD/ ZDF-Onlinestudie 2014. Media Perspektiven, 7-8, S. 378-396, online unter: http://www.ard-zdf-onlinestudie.de/fileadmin/Onlinestudie_2014/PDF/0708-2014_Eimeren_Frees.pdf, 22.04.2015.

Elbow, E. (2008): The Believing Game – Methodological Believing [Konferenzpapier zur Conference on College Composition and Communication, New Orleans, April 2008], online unter: http://works.bepress.com/cgi/viewcontent.cgi?article=1019&context=peter_elbow, 24.04.2015.

Fachhochschule Ludwigshafen am Rhein (2012): Richtlinien zur Anfertigung von wissenschaftlichen Arbeiten für Bachelor-, Master-, Diplom- und Seminararbeiten am Fachbereich III Dienstleistungen und Consulting, Stand: 02/ 2012, online unter: http://fb3.fh-ludwigshafen.de/fileadmin/files/05_download/RL-wiss-Arb-WI.pdf, 13.04.2015.

Fachhochschule Nordwestschweiz Pädagogische Hochschule (2012): Handreichung Quellenangaben und Zitate in wissenschaftlichen Texten, 2., durchges. Aufl., online unter: http://www.schreiben.zentrumlesen.ch/myUploadData/files/handreichung_quellenangaben_zitate_ph_fhnw.pdf, 20.03.2016.

Frank, A./ Haacke, S./ Lahm, S. (2007): Schlüsselkompetenzen: Schreiben in Studium und Beruf. Stuttgart [u.a.]: Metzler.

Frei, R. (2013): [Methoden der Textanalyse. Unveröffentlichtes Workshop-Material. Diversitätsorientiertes Schreibzentrum der Universität Tübingen].

Grieshammer, E./ Liebetanz, F. (2013): Zukunftsmodell Schreibberatung. Eine Anleitung zur Begleitung von Schreibenden im Studium. Baltmannsweiler: Schneider Verlag Hohengehren.

Güntheroth, H./ Schönert, U. (2007): Wikipedia: Wissen für alle. Stern online, veröffentlicht am 25. Dezember unter:

http://www.stern.de/digital/online/wikipedia-wissen-fuer-alle-3217272.html, 20.04.2016.

Halsted, D. G. (2013). Accuracy and Quality in Historical Representation: Wikipedia, Textbooks and the Investiture Controvers, in: Digital Medievalist, 9, online unter: http://digitalmedievalist.org/journal/9/halsted/, 20.04.2016.

Harvard College Writing Program (n. d.): Newspapers and Magazines, in: Harvard Guide to Using Sources, online unter: http://isites.harvard.edu/icb/icb.do?keyword=k70847&pageid=icb.page363226, 11.03.2015.

Heidrich, J./ Bleich, H. (2012): Fotofallen. Juristische Klippen bei der Veröffentlichung von Bildern im Web, in: c't, Nr. 21 S. 154-157 online unter: http://heise.de/-2337754, 8.04.2016.

hindemith (2015): Sekundärzitat oder Originalquelle angeben [Kommentar zu Forumsbeitrag auf VroniPlag], veröffentlicht am 9. Dezember, online unter: http://de.vroniplag.wikia.com/wiki/Diskussionsfaden:5312, 07.04.2016.

Huggett, S. (2012): The influence of free encyclopedias on science, in: Research Trends, http://www.researchtrends.com/issue-27-march-2012/the-influence-of-free-encyclopedias-on-science/, 12.04.2016.

International Center for Academic Integrity (o. J.): About Plagiarism [Definition], online unter: http://www.academicintegrity.org/icai/integrity-1.php, 20.03.2016.

Jele, H. (2012): Wissenschaftliches Arbeiten: Zitieren, 3. Aufl., Stuttgart: Kohlhammer.

Jesson, J. K./ Matheson, L./ Lacey, F. M. (2011): Doing your literature review. Traditional and systematic techniques. London [u. a.]: SAGE.

Kastner, M./ Brünner, A./ Huss, S. (2010): Techniken des wissenschaftlichen Arbeitens, online unter: http://wwwg.uni-klu.ac.at/ifeb/eb/20100805_Leitfaden%20_Techniken_des_wissenschaftlichen_Arbeitens_eb.pdf, 20.04.2016.

KOMA (2008): Über, Unter, Neben, Zwischen? [Forum-Eintrag], goLaTeX – Mein LaTeX-Forum, veröffentlicht am 04. Juli um 19:06 Uhr, online unter: http://golatex.de/viewtopic,p,9046.html, 25.02.2014.

Kornmeier, M. (2013): Wissenschaftlich schreiben leicht gemacht – für Bachelor, Master und Dissertation. 6. Aufl., Bern [u.a.]: Haupt.

Kruse, O. (2007): Keine Angst vor dem leeren Blatt. Ohne Schreibblockaden durchs Studium. Frankfurt [u.a.]: Campus.

Kruse, O. (2010): Lesen und Schreiben. Der richtige Umgang mit Texten im Studium, Konstanz: UVK-Verlag.

Kruse, O./ Jakobs, E.-M. (1999): Schreiben lehren an der Hochschule: Ein Überblick. In: Kruse, O. (Hrsg.): Schlüsselkompetenz Schreiben. Neuwied [u.a.]: Luchterhand, S. 19-34.

Kousha, K./ Thelwall, M./ Abdoli, M. (2012): The role of online videos in research communication: A content analysis of YouTube videos cited in academic publications, online unter: http://www.scit.wlv.ac.uk/~cm1993/papers/TheRoleOfOnlineVideosInResearchCommunication-preprint.pdf, 20.04.2016.

Kousha, K./ Thelwall, M./ Abdoli, M. (2012): The role of online videos in research communication: A content analysis of YouTube videos cited in academic publications, online unter: http://www.scit.wlv.ac.uk/~cm1993/papers/TheRoleOfOnlineVideosInResearchCommunication-preprint.pdf, 22.04.2015.

Koch, W./ Liebholz, B. (2014): Bewegtbildnutzung im Internet und Funktionen von Videoportalen im Vergleich zum Fernsehen. Ergebnisse der ARD/ ZDF-Onlinestudie 2014. Media Perspektiven, 7-8, S. 397-407, online unter: http://www.ard-zdf-onlinestudie.de/fileadmin/Onlinestudie_2014/PDF/0708-2014_Koch_Liebholz.pdf, 22.04.2015.

Lange, U. (2013): Fachtexte – lesen, verstehen, wiedergeben. Paderborn: Ferdinand Schöningh.

Lee, C. (2010a): The Generic Reference: Who? [Blogeintrag am 7. Januar], APA-Style-Blog, online unter: http://blog.apastyle.org/apastyle/2010/01/the-generic-reference-who.html, 27.04.2015.

Lee, C. (2010b): How to Cite *Facebook*: Fan Pages, Group Pages, and Profile Information [Blogeintrag am 19. März], APA-Style-Blog, online unter: http://blog.apastyle.org/apastyle/2010/03/how-to-cite-facebook-fan-pages-group-pages-and-profile-information.html, 27.04.2015.

Lee, C. (2013): How to Cite Social Media in APA Style (*Twitter*, *Facebook*, and *Google+*) [Blogeintrag am 18. Oktober] APA-Style-Blog, online unter: http://blog.apastyle.org/, http://blog.apastyle.org/apastyle/2013/10/how-to-cite-social-media-in-apa-style.html, 26.01.2015.

Leibniz-Forschungsverbund Science 2.0 (2015): Nutzung von Social Media und onlinebasierten Anwendungen in der Wissenschaft – Ergebnisse des Science 2.0-Survey 2014, Datenreport Hochschulen 2014, online unter: http://nbn-resolving.de/urn:nbn:de:bsz:14-qucosa-163135, 20.04.2016.

Lewandowski, D. (2006): Journal Impact Factor, in: Schlagwörter des Wissenschaftssystems. Hrsg. Institut für Forschungsinformation und Qualitätssicherung (iFQ), online unter: http://www.forschungsinfo.de/iq/iq_inhalt.asp?agora/Journal_Impact_Factor/journal_impact_factor_inc.htmlXXXJournal%20Impact%20Factor, 28.04.2016.

Lück, W./ Henke, M. (2009): Technik des wissenschaftlichen Arbeitens: Seminararbeit, Diplomarbeit, Dissertation. 10. Aufl., München: Oldenbourg.

Martin, B. (1994): Plagiarism: A misplaced emphasis, in: Journal of Information Ethics, Vol. 3, No. 2, 36-47, online unter: http://www.uow.edu.au/~bmartin/pubs/94jie.html, 07.04.2016.

McAdoo, T. (2015a): How to Cite Software in APA Style [Blogeintrag am 13. Januar], APA-Style-Blog, online unter: http://blog.apastyle.org/apastyle/2015/01/how-to-cite-software-in-apa-style.html, 27.04.2015.

McAdoo, T. (2015b): How to Cite a Hashtag in #APAStyle [Blogeintrag am 4. Februar],], APA-Style-Blog, online unter: http://blog.apastyle.org/apastyle/2015/02/how-to-cite-a-hashtag-in-apa-style.html, 27.04.2015.

Michelmann, R./ Michelmann, W. U. (1995): Effizient lesen. Das Know-how für Zeit- und Informationsgewinn. Wiesbaden: Gabler.

MLA → siehe Modern Language Association of America

Modern Language Association (MLA) (2009): MLA Handbook for Writers of Research Papers, 7. Aufl., New York, NY.

Modern Language Association (MLA) (2012): How do I cite a tweet?, online unter: http://www.mla.org/style/handbook_faq/cite_a_tweet, 26.01.2015.

OECD (2014): Ein Profil der Schülerleistungen in Lesekompetenz, in: PISA 2012 Ergebnisse: Was Schülerinnen und Schüler wissen und können (Band I, Überarbeitete Ausgabe, Februar 2014) Schülerleistungen in Lesekompetenz, Mathematik und Naturwissenschaften. W. Bertelsmann, DOI: 10.1787/9789264208858-de

Paetzel, U. (2001): Wissenschaftliches Arbeiten. Überblick über Arbeitstechnik und Studienmethodik. Berlin: Cornelsen.

Park, T. (2011): The visibility of Wikipedia in scholarly publications, in: First Monday, Vol. 16, No. 8, online unter: http://firstmonday.org/article/view/3492/3031#p6, 12.04.2016.

Paulussen, S./ Harder, R. A. (2014): Social Media References in Newspapers, in: Journalism Practice. Vol. 8, Iss. 5, 542-551. DOI: 10.1080/17512786.2014.894327

Reavley, N. J./ MacKinnon, A. J./ Morgan, A. J./ Alvarez-Jimenez, M. et al. (2011). Quality of information sources about mental disorders: A comparison of Wikipedia with centrally controlled web and printed sources. In: Psychological Medicine, Vol.42,No.8:1753-1762.doi:10.1017/S003329171100287X

Rector, L. H. (2008): Comparison of Wikipedia and other encyclopedias for accuracy, breadth, and depth in historical articles, in: Reference Services Review Vol. 36, Iss. 1, 7-22. doi:10.1108/00907320810851998

Ridley, D. (2008): The literature review. A step-by-step guide for students. London [u. a.]: SAGE.

Robinson, F. P. (1961): Effective study, überarb. Aufl., New York [u.a.]: Harper & Row.

Rosenzweig, R. (2006): Can History be Open Source? Wikipedia and the Future of the Past. In: The Journal of American History, Vol. 93, No. 1: 117-146. doi:10.2307/4486062.

Scheloske, M. (2008): Ist die Wikipedia zitierfähig? » Der Umgang mit wissenschaftlichen Quellen. Werkstattnotiz 126. [Blogeintrag]. Wissenswerkstatt [Weblog], veröffentlicht am 1. November, online unter: http://www.wissenswerkstatt.net/2008/11/01/ist-die-wikipedia-zitierfaehig-der-umgang-mit-wissenschaftlichen-quellen-werkstattnotiz-126/, 12.12.2015.

Schestag, A. (2014): Ich sehe für den Fall, dass eine wissenschaftlich korrekte Zitierweise zwingend erforderlich ist [Blogkommentar], veröffentlicht am 8. März 2014 um 02:06 Uhr, PR-Doktor [Blog], online unter: http://www.kerstin-hoffmann.de/pr-doktor/2014/03/07/wie-zitiere-ich-korrekt-aus-social-media/, 29.01.2015.

Schmitz, W. (2008): Schneller lesen – besser verstehen. Reinbek bei Hamburg: Rowohlt-Taschenbuch-Verlag.

Schoenbach, R./ Greenleaf, C./ Cziko, C./ Hurwitz, L. (2007): Lesen macht schlau: Neue Lesepraxis für weiterführende Schulen. Berlin: Cornelsen Scriptor.

Schröder, C./ Bergmann, M./ Sturm, M. (2010): Richtiges Zitieren. Ein Leitfaden für Jurastudium und Rechtspraxis. München: Vahlen.

Schweikle, G. (2007): Exzerpt. In: Metzler Lexikon Literatur: Begriffe und Definitionen. Hrsg. Burdorf, D./ Fasbender, C./ Moennighoff, B., Stuttgart, Weimar: Metzler, S. 225.

Schwenke, T. (2012): Wann ist ein Bildzitat erlaubt? – Anleitung mit Beispielen und Checkliste [Blogeintrag am 24. Oktober 2012], I law it [Blog zum Social Media –, Marketing-, Online- und Datenschutzrecht], online unter: http://rechtsanwalt-schwenke.de/wann-ist-ein-bildzitat-erlaubt-anleitung-mit-beispielen-und-checkliste/, 23.02.2015.

Schwenke, T. (2013): Urheberrecht und Präsentationsunterlagen – Pflichtwissen für Vortragende & Veranstalter [Blogeintrag am 5. September], I law it [Blog zum Social Media –, Marketing-, Online- und Datenschutzrecht], online unter: http://rechtsanwalt-schwenke.de/urheberrecht-praesentationsunterlagen-pflichtwissen-vortragende-veranstalter/, 23.02.2015.

Spielkamp, M. (2012): Zitieren im WWW – Regeln und Besonderheiten von Text- und Bildzitaten im Internet. In: Spielregeln im Internet 2 – Durchblicken im Rechte-Dschungel [Broschüre]. Hrsg. klicksafe (www.klicksafe.de) und iRights.info e. V., Hitzegrad Print Medien und Service GmbH, Dortmund, online unter: http://www.klicksafe.de/service/materialien/broschueren-ratgeber/spielregeln-im-internet-2-durchblicken-im-rechte-dschungel/, 26.01.2015.

St. John, I./ Thelen, G./ Oertner, M (2014): Wissenschaftlich Schreiben: Ein Praxisbuch für Schreibtrainer und Studierende, Stuttgart: UTB; Paderborn: W. Fink.

Stickel-Wolf, C./ Wolf, J. (2013): Wissenschaftliches Arbeiten und Lerntechniken. Erfolgreich studieren – gewusst wie! 7. aktual. und erw. Aufl., Wiesbaden: Springer Gabler.

Stiftung Warentest (2015): Lesetrainings im Test, test 03/ 2015, online unter: https://www.test.de/Lesetrainings-im-Test-Wie-Sie-zum-Schnellleser-werden-4817442-0/, 05.04.2015.

Theisen, M. R. (2013): Wissenschaftliches Arbeiten. Erfolgreich bei Bachelor- und Masterarbeit. 16. Aufl., München, Vahlen.

Universität Duisburg-Essen (o. J.): Was ist ein Plagiat? [Webseite], online unter: https://www.uni-due.de/plagiate/definition.shtml, 07.04.2016.

University of Portsmouth (2014): Bibliographic References APA style. 6. Aufl., online unter: http://www.libr.port.ac.uk/libguides/LG190.pdf, 13.04.2015.

University of Sydney (2014): Your Guide to Harvard Style Referencing (zuletzt aktualisiert am 2.11.2014), online unter: http://sydney.edu.au/library/subjects/downloads/citation/Harvard_Complete.pdf, 15.04.2015.

VroniPlag (o. J.): Zur Bedeutung der Fußnote mit und ohne „vgl." [Forum-Seite im Wiki], online unter: http://de.vroniplag.wikia.com/wiki/Forum:Zur_Bedeutung_der_Fu%C3%9Fnote_mit_und_ohne_%E2%80%9Evgl.%E2%80%9C, 07.04.2016.

Wales, J. (2014): „Studenten sollten uns nicht zitieren" [Interview mit Wikipedia-Gründer Jimmy Wales, Interviewer: R. Thielicke], Technology Review 4, S. 102, online unter: http://heise.de/-2158448, 29.04.2015.

Weber-Wulff, D. (2013): Softwaretest 2013. Hochschule für Technik und Wirtschaft Berlin, online unter: http://plagiat.htw-berlin.de/software/2013-2/, 28.04.2015.

Weber-Wulff, D. (2014): False feathers. A perspective on academic plagiarism. Berlin; Heidelberg [u. a.]: Springer.

Weber-Wulff, D. (o. J.): Fremde Federn finden [Lerneinheit Kurse über Plagiat], online unter: http://plagiat.htw-berlin.de/ff/startseite/fremde_federn_finden, 24.03.2016.

Wiegand, D. (2007): Entdeckungsreise. Digitale Enzyklopädien erklären die Welt, in: c't, Ausgabe 6, 136-145.

Wikipedia (o. J.): Kritik an Wikipedia, online unter: http://de.wikipedia.org/wiki/Kritik_an_Wikipedia, 29.04.2015.

Winter, W. (2014): Wissenschaftliche Arbeiten schreiben: Hausarbeiten; Seminar- und Projektarbeiten; Bachelor- und Masterarbeiten; Dissertationen. München: REDLINE.

ZBW/ GESIS/ RatSWD (2014): Auffinden, Zitieren, Dokumentieren: Forschungsdaten in den Sozial- und Wirtschaftswissenschaften. DOI: 10.4232/10.fisuzida2014.1.1.

Anmerkung: Nicht aufgeführt sind hier jene Quellen, die lediglich als beispielhafte Umsetzung der Zitationsempfehlungen herangezogen wurden.

Abbildungsverzeichnis

Register